依頼者の争続を防ぐための

ケーススタディ
遺言・相続の法律実務

東京弁護士会弁護士業務改革委員会
遺言相続法律支援プロジェクトチーム［編集］

ぎょうせい

発刊にあたって

東京弁護士会ではこのたび､「依頼者の争続を防ぐためのケーススタディ　遺言・相続の法律実務」を発刊しました。

東京弁護士会は、明治26（1893）年に、弁護士法（旧々法）の成立と同時に誕生し、令和4（2022）年1月1日現在、8,700名を超える会員数を誇る日本最大の弁護士会であり、法律の調査・研究、啓蒙活動等の委員会活動や法律相談、弁護士紹介、紛争解決等様々な活動をしています。その中で、弁護士業務改革委員会は、広く弁護士業務に関する諸問題に取り組み、弁護士業務を拡充することの調査・研究を行い、その実現を目指しています。

今般、同委員会は、遺言・相続という誰もが避けては通れない問題について、遺言相続法律支援プロジェクトチームを立ち上げました。本書は、同プロジェクトチームに所属する弁護士を中心とした経験豊富な当会会員が､遺言・相続全般についてケーススタディ形式で解説を行ったものです。誰にでも起こり得る多数の事例について、利用者の目線から検討し、法律的な解説のみならず実務的な留意点も示されています。遺言・相続を取り扱う弁護士等の専門家にとって､有用な一冊になったと確信しております。

是非一人でも多くの弁護士等の専門家の方に手に取っていただき、遺言・相続について市民の皆様により良いリーガルサービスを提供するための一助としていただければ幸いです。

令和4（2022）年1月

東京弁護士会

会長　矢吹　公敏

はしがき

遺言・相続は、誰にとっても他人事ではない、身近な法律問題です。あらゆる法律問題の中で、最も身近なものだといえるかもしれません。

遺言・相続について専門家に相談しようと考えたとき、多くの人が思い浮かべるのは税理士や司法書士といった、弁護士以外の法律の専門家であるようです。実際に、遺言・相続専門をうたう税理士や司法書士が多数存在しています。

たしかに、税金の専門家である税理士は、相続税について相談する際に最も頼りになります。司法書士は、多くの場合に遺産の大部分を占めることになる不動産の登記手続の専門家です。

しかし、遺言・相続は、単に相続税や不動産登記について処理するだけでは解決できない法律問題です。相続をきっかけに、仲の良かった家族が険悪な関係になってしまうことは珍しくありません。これを防ぐために遺言を残しても、その内容によっては、かえって残された家族の争いを招いてしまうこともあります。遺言・相続という法律問題に取り組む際には、争いを防ぎ、あるいは生じてしまった争いを解決するという視点が必要不可欠です。

弁護士法72条によって、弁護士以外の者は、職業として、争いを防いだり、解決したりすることができません。これは弁護士以外の法律の専門家であっても例外ではありません。税理士や司法書士は、依頼を受けた遺言・相続が争いに発展してしまった場合には、その解決を弁護士に委ねることになります。実際に、私たち弁護士の多くは、税理士や司法書士から、争いに発展してしまった遺言・相続の解決を委ねられることを経験しています。

私たち東京弁護士会弁護士業務改革委員会は、弁護士が、市民の皆様にとってより使いやすい法的サービスを提供できるようになることを目的に活動しています。その中で、従来は税理士や司法書士が窓口となることが多かった遺言・相続について、当初から弁護士が依頼を受けるようになれば、より効果的に争いを解決し、さらに争いを未然に防ぐことができるのではないかと考え、遺言相続法律支援プロジェクトチームを立ち上げました。

私たちプロジェクトチームが思い描く未来は、弁護士が遺言・相続の窓口となり、これを解決する中で、相続税の処理については専門家である税理士に依頼を行い、不動産登記については専門家である司法書士に依頼を行い、不動産の評価については専門家である不動産鑑定士に依頼を行うといったものです。遺言・相続という争いに発展する可能性が高い法律問題については、唯一、争いの予防・解決を職業とすることができる弁護士が中心となり、それぞれの専門家がそれぞれの専門性を発揮することで、誰にとっても最善の解決を導くことができると考えています。

本書では、私たち弁護士の経験をケーススタディの形式にまとめて、遺言・相続の現場ではどのような問題が想定され、それをどのように解決すればよいのかを解説しました。遺言・相続を解決するための実務的な知恵だけでなく、遺言・相続を解決する中での弁護士の役割の重要性についても解説しています。本書が、遺言・相続の解決に役立つだけでなく、遺言・相続についての相談先として弁護士を選んでいただける一助となれば幸甚です。

令和4（2022）年1月

東京弁護士会弁護士業務改革委員会委員長
同委員会遺言相続法律支援プロジェクトチーム座長
大塚　康貴

編集責任者・執筆者一覧

（50音順、敬称略）

編集責任者

大塚康貴	大塚由香	柿沼　彰	田村哲雄
中井陽子	中田圭一	土方恭子	

執筆者

飯塚順子	伊庭　潔	岩田真由美	大塚由香
柿沼　彰	帷子翔太	川西　満	佐藤正章
清水　晃	田村香代	田村哲雄	中井陽子
中田圭一	土方恭子	松村寧雄	山口正徳
湯山花苗			

凡　例

◆裁判例関係

裁判例を示す場合、「判決」→「判」、「決定」→「決」、「審判」→「審」と略した。また、裁判所の表示・判例の出典については、次のア、イに掲げる略語を用いた。

ア　裁判所名略語

大	大審院
最（最大）	最高裁判所大法廷
最（○小）	最高裁判所第○小法廷
○○高	○○高等裁判所
○○高○○支	○○高等裁判所○○支部
○○地	○○地方裁判所
○○地○○支	○○地方裁判所○○支部
○○家	○○家庭裁判所
○○簡	○○簡易裁判所

イ　判例集・雑誌等出典略語

民　集	最高裁判所民事判例集／大審院民事判例集
刑　集	最高裁判所刑事判例集／大審院刑事判例集
民　録	大審院民事判決録
下民集	下級裁判所民事裁判例集
家　月	家庭裁判月報
行裁例集	行政事件裁判例集
判　時	判例時報
判　タ	判例タイムズ
労　判	労働判例
LEX/DB	LEX/DBインターネット（TKCローライブラリー）
LLI/DB判例秘書	LLI/DB 判例秘書INTERNET

目　次

第2章◆ケーススタディ

序

遺言相続における弁護士の役割

1 遺言相続で想定される諸問題

どんな人にも最期の時は必ず訪れます。そのため、誰も遺言相続を避けて通ることはできません。

しかし、自分はまだまだ元気だから死が間近に迫ってから考えようと思っていたり、子供たちは仲が良いから自分の死後も話し合って決めてくれると思っていたりして、遺言や相続対策を他人事のように考えている人はたくさんいます。また、せっかく遺言や相続対策のことを考えても、弁護士以外の士業に相談したり、関連書籍を読んだりしながら、遺言書を作成する人もいます。

元気な人でも、突然の事故や病気で亡くなってしまうことがあります。自分の死を予感したときには既に認知症になっていて、有効な遺言ができないこともあります。仲の良かった兄弟が、相続をきっかけに骨肉の争いを始めてしまうことは珍しくありません。特に、高額な不動産を残された場合には、その処分方法や評価を巡って争いとなることが多いのです。せっかく書いた遺言書が、法律上の要件を満たしておらず無効になってしまったり、遺留分を考慮しない内容になっているためにかえって争いを招いてしまったりすることも珍しくありません。

相続開始後も、目先の相続税対策ばかりを考えたり、その場で対立が生じないことばかりを考えたりして問題を先送りすると、将来により大きな混乱を招くことになってしまいます。

遺言相続は複雑な問題です。誰に財産を残したいのか、誰が相続人になるのか、どのように相続人と連絡を取るのか、生前に財産を増やすことに貢献した人はいるのか、生前に贈与した金品は遺産に含まれるのか、どのように遺産を調査して評価するのか、遺産の分け方をどうするのか、相続税をどうやって支払うのか、近い将来に生じるであろう問題（高齢の相続人の死亡や認知症発症）への備えなど、いくらでも問題が出てきます。そして、これらの問題のうち一つでも見落としてしまえば、かえって将来の争いを招くことになってしまいかねません。

2 弁護士の関与の必要性

⑴ 弁護士法72条

弁護士法72条は、弁護士以外は報酬を得る目的で法律事件に関して法律事務を取り扱うことができないとしています。これにより、弁護士以外は、原則として、裁判において代理人になることはもちろん、法律相談をすることもできません。

例外的に、行政書士は、遺言書を作成することや、作成についての相談をすることが可能です（行政書士法1条の2第1項、同法1条の3第1項4号）。しかし、行政書士は、書面を作成することが本分であり、争いを避けたり解決したりする職業ではありません。そのため、相談者の意思に従って遺言書を作成することしかできず、できる相談も、作成のために必要な内容に限られます。相談者と一緒に遺言の内容を検討したり提案したりすれば弁護士法72条違反になってしまいます。遺産分割協議に関わることもできません。

弁護士は、遺言書を作成するだけでなく、遺言書がない場合や、遺言書の内容に問題があった場合の争いを解決することも仕事としています。その経験から、どのような遺言書を作成すれば後の争いを避けられるのか、どのような遺言書が後の争いを招いてしまうのかも知っています。遺言書に限らず、他の相続対策や、相続開始後の遺産分割協議についてもよく知っており、遺言相続の全体像を把握しています。

遺言相続では、被相続人、相続人、その他の親族、受遺者など、様々な人物が登場します。しかも、財産が争われるだけでなく、人間同士の感情的な対立も問題になります。そのような複雑な法律問題を解決するためには、単に相談者の意思に従うだけでは足りません。全体像を把握しながら、相談者にとって最善の解決策を提案する能力が必要となります。それができるのは弁護士だけであるため、弁護士法72条は、弁護士以外による法律相談を禁じているのです。

⑵　弁護士が関与しないことで想定されるトラブル

弁護士が関与しない遺言相続においては、様々なトラブルが想定されます。

本人が本などを参考にして遺言書を作成した場合、法律上求められる形式を満たしておらず、無効になってしまうことがあります。また、遺言書の形式を覚えて自分で頻繁に書き直すようになると、途中で認知症になってしまった場合に、どこまでの遺言書が有効であるのかが争われることになります。

行政書士に相談するなどして、形式的には有効な遺言書を作成した場合にも、遺産の一部や相続人の一部しか登場しないなど内容が不十分であったり、相続人の遺留分侵害額請求権を考慮していなかったりして、かえって相続人間の争いを招いてしまうことがあります。

税理士に相談して相続税の節税ばかりを意識してしまうと、相続人間に不公平感を招いて、争いを招いてしまいます。ご両親の一方が亡くなった場合に、遺産の大半をもう一方の親が相続すれば目先の節税になりますが、問題の先送りに過ぎません。

本人が亡くなった後の遺産分割協議においても、弁護士が関与していないと、相続税の納付期限までに話がまとまらなかったり、複雑な親族関係の場合に相続人を見落としていたりといったトラブルが想定されます。

⑶　広がる弁護士の利用

裁判所が発表している司法統計情報によると、平成16年度における遺産分割事件（家事事件手続法別表第二の12項に掲げる遺産の分割に関する事件）の総数は9,286件で、そのうち5,697件に代理人弁護士が関与していました。平成21年度は、総数10,741件中6,741件に弁護士が関与、平成26年度は総数12,577件中8,966件に関与、令和元年度は総数12,785件中10,080件に関与しています。

これは遺産分割を裁判所で争うことになってしまった場合の統計なのですが、事件の総数も、弁護士が関与している比率も増加していることがわかります。

かつては親族間の争いは自分たちだけで解決することが多かったのでしょう。しかし、時代が進むにつれて親族が離れた場所で暮らすようになり、親族のなかから海外に移住する者が出ることも珍しくなくなりました。自分たちだけで争いを解決することが困難になり、その結果、遺産分割事件の総数が増え、遺産分割事件は複雑であることから弁護士を利用しなければ解決できないと考える人の割合が増えてきたのでしょう。

争いが増えて、それを自分たちだけで解決できないようになると、争いを生じさせないための備えが必要になります。それが遺言書作成などの相続対策です。相続対策における弁護士の関与を示す統計は見当たりませんが、争いを解決できるのが弁護士だけならば、争いを防ぐことができるのも弁護士だけなので、遺言書の作成などの相続対策においても積極的に弁護士を利用することが望ましいといえます。

3 遺言相続における弁護士の業務

⑴ 生前の遺言・相続対策

自分が生きているうちに遺言書を作成するなどの相続対策をしたいという相談者がいる場合、弁護士の業務はヒアリングから始まります。相談者は何をしたいのか、相談者の家族や親族の構成、資産状況をヒアリングし、その中では、過去の婚姻歴やその際の子供の有無など、聞きづらいことも聞く必要があります。

生前の相続対策は遺言だけではありません。相談者の状況によっては、生前贈与や民事信託の組成が適していることもあります。個人事業主であったり不動産収入があったりする場合には、法人設立が適していることもあります。相続対策と関連して、認知症の不安がある場合には、任意後見契約や民事信託を利用して老後に備えることも可能です。相談者にとって最善の相続対策を提案することも弁護士の業務です。

相続対策を提案する中では、相談者の意向だけでなく、残された家族が納得できる内容になっているかも考える必要があります。そのためには、推定相続人が何を求めているのかもヒアリングしておく必要があります。例えば、子供のうちの１人がお金を払ってでも実家を自分で使いたいと希望している場合には、遺言書の中で代償分割を指定することも検討されます。

⑵　相続への対応

被相続人が死亡し、相続が開始された場合には、弁護士の業務は調査から始まります。相続人の調査と遺産の調査のどちらも必要です。

相続人の調査では、被相続人が出生してから死亡するまでの履歴を全て調査します。後から相続人が発覚すると遺産分割協議をやり直すことになってしまうので、相続人からのヒアリングに頼らず、必ず公的な記録にあたることが必要です。多くの場合、戸籍謄本や除籍謄本だけでなく、改製原戸籍も調査することになります。

遺産の調査では、不動産、有価証券、現金・預貯金、生命保険などの他、生前贈与の有無、税金の未納の有無も調査します。遺産の詳細は相続人もわからないことが多いので、被相続人が暮らしていた家を探して、発見された固定資産税・都市計画税の納税通知書や銀行の預金通帳などを手がかりに調査していくことなります。

遺産分割は、遺言書があれば原則それに従い、遺言書がなければ相続人同士の話し合いで決めることになります。遺産分割協議は、相続人同士が疎遠な場合はもちろん、親密な関係にある場合にも感情的な対立を招きがちです。そこに関与することで、冷静な話し合いを実現することも弁護士の業務です。

4 遺言相続と弁護士倫理

遺言相続は、類型的に弁護士倫理の問題を生じやすい分野です。特に問題となることが多いのは、遺産分割事件において複数の相続人から依頼を受ける場合と、遺言執行者に就任している場合です。

⑴ 複数の相続人から依頼を受ける場合

弁護士職務基本規程32条は、同一の事件について複数の依頼者があってその相互間に利害の対立が生じるおそれがあるときについて、辞任の可能性等の不利益が生じるおそれについての説明義務を定めています。さらに、同規程28条3号は、依頼者の利益と他の依頼者の利益が相反する事件については原則受任してはならず、依頼者と他の依頼者の双方の同意があるときのみ受任を認めています。

遺産分割事件において、相続人間は常に利害の対立が生じるおそれを抱えています。利害の対立は、感情的な部分だけでなく、経済的な部分においても生じます。例えば、長男、次男、三男の3人の相続人がいる場合で、長男と次男は良好な関係にあるものの、三男と感情的に対立しており、長男は遺産の中で不動産を、次男は預貯金を、それぞれ相続することを希望している場合を想定します。この場合、長男と次男は良好な関係にあるので、感情的な部分での対立はありません。しかし，長男は不動産の、次男は預貯金の相続を希望しているので、不動産の評価においては長男と次男が対立する可能性は高いといえます。

遺産分割事件においては、共同歩調を取る複数の相続人が、同時に同じ弁護士に依頼することがよくあります。この場合、弁護士としては、依頼者全員に対して、現在は共同歩調を取っているからといって必ずしも最後まで利害対立することはないとはいえないことをきちんと説明し（弁護士職務基本規程32条)、受任に際しては、依頼者全員から書面で同意を取ることが望ましいといえます（同規程28条ただし書3号)。さらに、利害の対立が顕在化した場合には、辞任等の対応をする必要があります。

⑵　遺言執行者に就任している場合

弁護士は、遺言書において遺言執行者に指定されたり、相続人等の希望により裁判所によって遺言執行者に選任されたりすることがあります。この場合には、弁護士は、遺言執行者として、相続人の利害から離れた客観的かつ公正な立場（中立的な立場）から職務を執行することを求められることになります。平成30年の民法改正前は、遺言執行者は相続人の代理人とみなすと規定されており（改正前民法1015条）、弁護士が、遺言執行者の職務につきながら、相続人のうち1人の代理人となることは、弁護士職務基本規程28条3号に違反しました。民法改正後においては、遺言執行者の権利義務が具体的に規定された一方で、相続人の代理人とみなす旨の文言はなくなりました（民法1012条1項、1015条）。しかし、中立的な立場から職務を執行することを求められている点に変わりはないので、弁護士が、遺言執行者の職務につきながら、相続人のうちの1人の代理人となることは、引き続き控えるべきです。

問題は、遺言執行者としての職務を終えた後に、相続人のうちの1人から、遺留分侵害額請求などの代理人となることを求められた場合です。当初から相続人間の対立が生じていたような場合には、職務を終えた後であれ、遺言執行者が相続人のうち1人の代理人となることは、その職務の公正を疑わせることになりかねず、ひいては弁護士の職務の公正さを疑わせるおそれがあります。そのため、遺言執行者としての職務を終えた後であっても、相続人のうち1人の代理人となるべきか否かは、慎重に検討する必要があります。

5　他士業との連携

遺言相続は複雑であるため、法律の専門家である弁護士だけでは対処できない場面もあります。そのため、事案に応じて他士業との連携が求められます。

生前の相続対策においても、仕事の遺産分割協議においても、相続税が問題となる場合には、税の専門家である税理士との連携が必要です。相続税を節税するための手段はもちろん、非上場会社の株式の評価についても、税理士の専門性が必要になります。

国税庁が発表している令和元年分相続税の申告実績の概要によると、相続財産に占める不動産（土地及び家屋）の割合は、減少傾向にはあるものの、現金・預貯金等よりも高く、4割程度となっています。そのため、遺言相続においては、不動産をどのように扱うかが重要となります。

遺言相続において不動産の評価が問題となるのは、生前に遺言書作成等の相続対策をする場面、遺産分割を行う場面、相続税を申告する場面です。いずれの場面においても、財産評価基準に従って機械的に計算をすれば、不動産の評価を行うことが可能です。しかし、財産評価基準に従って不動産を評価すると、実際の不動産の価値に比べて、過大あるいは過小に評価されてしまう場合があります。相続税を申告する際に、不動産を過大に評価すれば、不必要な相続税の負担が生じます。相続対策や遺産分割の際に不動産を過小に評価してしまうと、相続人間の公平を図れなくなります。実際の不動産の価値を評価すべき場合には、不動産鑑定士の専門性が必要になるので、連携する必要があります。

相続対策としての民事信託において不動産を信託財産とする場合や、不動産を相続した場合には、不動産登記が必要になります。その場合には、登記の専門家である司法書士と連携することになります。

このように、弁護士は、遺言相続を取り扱う中で、必要に応じて、様々な士業と連携することが必要です。これを怠り、法律の専門性だけで遺言相続を解決しようとすると、相談者に不必要な相続税の負担を強いるなどの問題が生じかねず、場合によっては弁護過誤と評価されることになります。

6　新しい問題への対応

平成30年の民法改正により、被相続人名義の不動産に配偶者が居住している場合に、配偶者の占有権原が明確化されました（配偶者短期居住権、民法1037条以下）。さらに、遺産分割や遺贈によって、配偶者が死亡するまでの間、無償で不動産に居住することができる権利を設定することができるようになりました（配偶者居住権、民法1028条以下）。

同改正により、自筆証書遺言に添付する相続財産の目録を、自筆によることなく作成することが可能になりました（民法968条2項）。また、法務局における遺言書の保管等に関する法律（遺言書保管法）が成立し、作成した自筆証書遺言を法務局に保管する制度が利用できるようになりました。

同改正では遺留分についての抜本的な見直し（民法1042条以下）、相続開始後遺産分割前の財産の処分に関する規定の新設（民法906条の2、909条の2）、相続人以外の親族が被相続人に貢献した場合の特別寄与料の支払請求権の新設（民法1050条）なども行われています。

令和3年には、所有者不明土地の解消に向けた民事基本法制の見直しが行われました。その中では、不動産の相続登記申請が義務化されるとともに、相続土地国庫帰属制度が創設されました。

平成26年には空き家対策特別措置法も成立しています。これにより、放置することが不適切な状態にある空き家（特定空家等）については、市町村から必要な措置をとるよう指導助言を受けるようになりました。

これらの法改正よって新たな問題も生じています。配偶者居住権が設定された不動産の評価、相続人にとって価値のない不動産の相続登記申請義務、空き家の管理負担などです。遺留分については、従来とは全く異なる考え方の中で処理することが迫られます。弁護士は、法改正の内容を把握するだけでなく、それによって生じる新たな問題に対応しながら、新たな制度の利用も検討しつつ、相談者にとって最善の解決策を提案する必要があります。

第1章

遺言相続及び関連業務に関連する前提知識

第1 遺言について

1 遺言の類型

⑴ 遺言の作成と効力

遺言は、遺言をする時に、満15歳に達していて、意思能力を有している者が法定の方式に従って行うことができます(民法960条ないし963条)。すなわち、未成年者であっても、成年被後見人（ただし、民法973条の方式によります）や被保佐人、被補助人であっても、満15歳以上で意思能力を有していれば、遺言を行うことができます。認知症に罹患している場合であっても、その症状には波があるといわれているため、調子がよく、意思能力がある場合であれば、遺言を行うことが可能です。他方、15歳未満の者が行った遺言は無効となります。

遺言は、遺言者の死亡の時からその効力が生じます（民法985条1項)。

よって、遺言者は、自身が生存している間は、いつでも、遺言の方式に従って、その遺言の全部又は一部を撤回することができます（民法1022条)。

遺言が複数存在する場合、前の遺言が後の遺言と抵触するときは、その抵触する部分については、後の遺言で前の遺言を撤回したものとみなします。後の遺言に抵触している部分のみが撤回したものとみなすのであり、前の遺言全体を撤回したものとみなすものではない点に注意が必要です(民法1023条1項)。

遺言は、1通のみ作成する場合や、撤回や修正のため複数の遺言が存在する場合、いずれにおいても、法律に定める方式に従わなければ無効となってしまうので（民法960条)、各遺言の方式や特徴を押さえることが重要です。

民法は、普通の方式による遺言として、自筆証書遺言、公正証書遺言、秘密証書遺言の3つを規定しています（民法967条以下)。

以下、各遺言の内容について概説します。

⑵　自筆証書遺言

自筆証書によって遺言をするには、遺言者が、その全文、日付及び氏名を自書し、これに印を押す必要があります（民法968条1項）。

この点、従来、遺産目録の全てについて自書が必要でしたが、平成31年1月13日から施行された改正後の民法968条2項によって、「自筆証書にこれと一体のものとして相続財産…の全部又は一部の目録を添付する場合には、その目録においては、自書することを要しない。」とされました。

そこで、遺産目録については、パソコンのワープロソフトで作成した書面が認められるだけでなく、遺言者以外の者による代筆や不動産登記事項証明書、預貯金通帳の写し等を添付した上で、それを目録として使用する方法も認められます。

ただし、遺言者は、その目録の毎葉（自書によらない記載がその両面にある場合にあっては、その両面）に署名し、印を押す必要があります（民法968条3項）。

自筆証書遺言は、他の遺言と比べて、費用がかからず、簡単にできるので、遺言者が自筆証書遺言を選択することも自然です。しかし、遺言は法律に定める方式に従っていないと無効になってしまうので（民法960条）、遺言者の生前に、遺言の作成について相談を受けた際は、特に注意が必要です。

⑶　公正証書遺言

証人二人以上の立会いで、遺言者が遺言の趣旨を公証人に口述し、公証人が、遺言者の口述を筆記し、これを遺言者及び証人に読み聞かせ、又は閲覧させて、遺言者及び証人が、筆記の正確なことを承認した後、各自これに署名し、印を押すことで、公正証書遺言が作成されます（民法969条）。

実際の流れとしては、遺言者から公正証書遺言について依頼を受けた弁護士は、遺言内容の原案を公証役場に出向いて公証人に提出します。その際、手数料の確認や証人の手配、病院や介護施設への出張の有無等、今後の対応について、打合せを行います。

公証役場に支払う手数料は、相続する資産の額、相続人の人数、出張の有無、用紙の枚数等で変動します。

証人には、未成年者や推定相続人等はなることができず（民法974条）、遺言者側で用意できない場合は、公証役場に証人の手配を依頼することができます。

公証役場の選択は自由ですが、各公証人は属する法務局の管轄区域となる都道府県から外に出張することはできないので、遺言者の自宅や入院している病院等に公証人が出張して公正証書遺言を作成することを予定している場合、出張先と同じ都道府県内の公証役場を利用する必要があります。

⑷　秘密証書遺言

遺言者がその証書に署名し、印を押し、封じて、証書に用いた印章をもってこれに封印します。そして、公証人一人及び証人二人以上の前に封書を提出して、自己の遺言書である旨並びにその筆者の氏名及び住所を申述し、公証人がその証書を提出した日付及び遺言者の申述を封紙に記載した後、遺言者及び証人とともにこれに署名し、印を押す方式で作成されるのが秘密証書遺言です（民法970条）。

自筆証書遺言とは異なり、全文を自書する必要はありません。ワープロで作成したり、遺言者以外の者が代筆した書面に遺言者が署名押印することも可能です。

このように、秘密証書遺言の秘密とは、その存在ではなく内容について秘密となるものです。

秘密証書遺言の方式に欠けていた場合であっても、自筆証書遺言の方式（民法968条）を具備している場合は、自筆証書遺言として効力を有することになります（民法971条）。

秘密証書遺言について公証役場に支払う手数料は、定額で1万1,000円です（令和3年9月現在）。

⑸　特別の方式の遺言

自筆証書遺言、公正証書遺言、秘密証書遺言の普通方式による遺言とは別に、一部要件が緩和された、死亡危急時遺言（民法976条）、伝染病隔離者の遺言（民法977条）、在船者の遺言（民法978条）、船舶遭難者の遺言（民法979条）の特別方式による遺言があります。

これら特別方式の遺言は、遺言者が普通方式によって遺言をすることができるようになった時から6か月間生存するときは、無効となります（民法983条）。

また、死亡危急時遺言は証人の一人又は利害関係人が遺言の日から二十日以内に（民法976条4項）、船舶遭難者の遺言は証人の一人又は利害関係人から遅滞なく（民法979条3項）、家庭裁判所に請求をして確認を得なければ効力を生じなくなる点、注意が必要です。

なお、新型コロナウイルスに感染して入院した場合や、入院後重症化した場合、上記、死亡危急時遺言や伝染病隔離者の遺言の利用について考えられますが、死亡危急時遺言の場合は証人三人以上の立会い、伝染病隔離者の遺言の場合は警察官一人及び証人一人以上の立会いが必要ですので、実際に利用する場合は、証人や警察官の確保及びその者の立会いについて、病院との調整が必要になると思われます。

⑹　包括遺贈と特定遺贈

遺言者は、包括又は特定の名義で、その財産の全部又は一部を処分することができます（民法964条）。このように、遺言で遺産をどのように処分するかを定めることを遺贈といい、法定相続人である者に対して遺言で財産の処分を行う場合も遺贈にあたります。

そして、財産（権利、義務の両方を含みます）の全部もしくは割合的に示された一部を対象とする遺贈を「包括遺贈」といい、遺贈の対象とする遺産を特定して行う場合を「特定遺贈」といいます。

両者の大きな違いは、「包括受遺者は、相続人と同一の権利義務を有する」

（民法990条）という定めにより、例えば、相続人ではないものであっても、包括遺贈を受けた者は相続人と同様に扱われてしまうことにあります。

具体的には、包括遺贈では包括受遺者が相続債務も負担しなければならなくなり、また、包括遺贈の放棄・承認については相続人同様の手続き（民法915条以下）に従う必要があるので、放棄したい場合は、自己のために遺贈があることを知った時から3か月以内に家庭裁判所に放棄の手続きを取る必要があります。

他方、特定遺贈の場合の受遺者は、遺言者の死亡後、いつでも自由な方式で、遺贈を受け入れるのか、放棄するのかを選ぶことができます。

条文は「受遺者は、遺言者の死亡後、いつでも、遺贈の放棄をすることができる。」（民法986条1項）と規定され、「受遺者」に限定がなされていませんが、前述のとおり、包括遺贈の受遺者は相続人と同一の権利義務を有する（民法990条）ことから、この規定の「受遺者」は「特定遺贈の受遺者」を指すことに注意が必要です。

2　遺言の検索（自筆証書遺言に係る遺言書の保管制度、公正証書遺言）

⑴　自筆証書遺言の保管制度と検索

遺言者が自筆証書遺言を作成した後、遺言書を紛失したり、厳重に保管したため、遺言者の死後、相続人に発見されなかったり、遺産分割終了後に発見される等のおそれがあります。

そこで、令和2年7月10日に施行された「法務局における遺言書の保管等に関する法律」（以下、「遺言書保管法」といいます。）により、法務局で自筆証書遺言が保管される制度が創設されました。

遺言者の死後、相続人等は、法務局に設置されている遺言書保管所から遺言書保管事実証明書の交付を受けることで、自筆証書遺言を法務局が保管しているか否かを確認できます（遺言書保管法10条1項）。遺言書保管事実証明書交付の手数料は、証明書1通につき800円です（令和3年9月現在）。

そして、遺言書情報証明書の交付を受けることで、法務局に保管された遺言書の内容を知ることができます。遺言書情報証明書交付の手数料は、証明書1通につき1,400円です（令和3年9月現在）。

遺言書情報証明書に記載されているのは、保管されている遺言書の画像となります。相続人等が遺言書の筆跡や筆圧など遺言書の画像ではなく保管されている遺言書自体を確認したい場合には、遺言書の原本を保管している遺言保管所に対して原本閲覧の請求を行います。なお、事前に来庁日の予約が必要です。原本閲覧の手数料は、1回につき1,700円です（令和3年9月現在）。

(2)　公正証書遺言の検索

平成元年以降に作成された公正証書遺言の場合、全国の公証役場において、遺言の有無、存在する場合は、遺言の作成年月日、証書番号、遺言者の氏名、作成した公証人の氏名を検索できます。

この情報をもとに、遺言書を作成した公証役場に赴いて、謄本請求をすることが可能です。

なお、東日本大震災を契機として、日本公証人連合会では公正証書の原本を電磁的記録化して、これをその原本とは別の場所に保管する、いわゆる原本の二重保存が実施されています（日本公証人連合会HP）。今後、大規模災害等によって、公証役場が損壊した場合でも、平成26年以降の遺言であれば、原本を確認することができます。

公証役場における遺言の検索に手数料はかかりません（令和3年9月現在）。

3　検　認

(1)　検認とは

自筆証書遺言の保管者又はこれを発見した相続人は、遺言者が亡くなったこと知った、すなわち、相続の開始を知った後、遅滞なく、遺言書を家庭裁判所に提出して、その検認を請求する必要があります（民法1004条1項）。

検認とは、相続人に対し遺言の存在及びその内容を知らせるとともに、遺言書の形状、加除訂正の状態、日付、署名など検認の日現在における遺言書の内容を明確にして、遺言書の偽造・変造を防止するための手続です。遺言の有効・無効を判断する手続ではありません。

そこで、検認手続を行わずに開封された場合であっても、要件を満たしている遺言書が無効になることはありません。

なお、自筆証書遺言であっても、遺言書保管所に保管されている遺言書については、検認手続が不要となります（遺言書保管法11条）。また、公正証書遺言も検認手続は不要です（民法1004条2項）。

⑵ 検認の手続き

通常の検認の手続きについて、以下に、令和3年10月11日現在の裁判所WEBサイト（https://www.courts.go.jp/saiban/syurui/syurui_kazi/kazi_06_17/index.html）を引用します。

① 検認の申立てがあると、相続人に対し、裁判所から検認期日（検認を行う日）の通知をします。申立人以外の相続人が検認期日に出席するかどうかは、各人の判断に任されており、全員がそろわなくても検認手続は行われます（申立人には、遺言書、申立人の印鑑、そのほか担当者から指示されたものを持参していただくことになります。）。

② 検認期日には、申立人から遺言書を提出していただき、出席した相続人等の立会のもと、裁判官は、封がされた遺言書については開封の上、遺言書を検認します（封印のある遺言書は、家庭裁判所で相続人等の立会いの上開封しなければならないことになっています。）。

③ 検認が終わった後は、遺言の執行をするためには、遺言書に検認済証明書が付いていることが必要となるので、検認済証明書の申請

（遺言書1通につき150円分の収入印紙と申立人の印鑑が必要となります。）をすることになります。

検認の申立先は、遺言者の最後の住所地の家庭裁判所です。

⑶　罰　則

封印のある遺言書は、家庭裁判所において相続人又はその代理人の立会がなければ開封できません（民法1004条3項）。検認手続を行わずに裁判所外で開封した者には、5万円以下の過料に処されることになります。

4　遺言が遺産分割に及ぼす影響等

⑴　遺言が遺産分割に及ぼす影響

遺言が存在する場合、例えば、①遺言で共同相続人の相続分が定められたり、相続分を定めることを第三者に委託した場合（民法902条1項）は、その定められた相続分を前提に遺産分割が行われることになります。②遺言で遺産の分割方法が定められたり、分割方法を定めることを第三者に委託した場合（民法908条前段）は、その指定された分割方法によって遺産分割がなされることになります。③遺言で、相続開始の時から5年を超えない期間を定めて遺産の分割を禁じられた場合（民法908条後段）は、その期間内は遺産分割を行うことができなくなります。

⑵　遺言の存在と遺産分割調停への影響

特定の相続人に特定の遺産を「相続させる」旨の遺言の場合には、その特定の遺産については、相続開始と同時にその相続人が相続することになるので、遺産分割の対象から外れることになります。

このように、遺言が存在する場合、その遺言を前提として遺産分割を行う必要があり、また、全ての遺産について、特定の相続人に「相続させる」旨の遺言がある場合には、遺産分割自体が不要となります。

この場合、遺産分割調停が申し立てられていた場合、家庭裁判所の調停実務においては、申立人に遺産分割申立事件の取り下げを促されます。

他方、遺産分割調停において、相続人間において、遺言を無効とする旨の合意が成立した場合、訴訟事項に関する合意であり、成立した調停の効力は、訴訟上の和解と同様に原則として既判力を有すると解されています。

5　遺言無効確認請求訴訟

遺言が存在するものの、その遺言の効力に争いがある場合に、無効を主張する者が遺言自体が無効であることの確認を求めて提訴するのが遺言無効確認請求訴訟です。

そして、遺言の無効すなわち遺言の効力についての争いは、実体法上の権利関係に係る争いです。そこで、その確定は、家庭裁判所で処理すべき家事審判事項ではなく、地方裁判所で解決すべき事項なので、地方裁判所に訴訟を提起することになります。

なお、遺言無効確認請求事件は、家庭に関する事件ですので、まず家事調停の申立てをする必要があります（調停前置。家事事件手続法257条1項、244条）。これを経ないで訴えが提起された場合は、裁判所は職権で家事調停に付することになります（家事事件手続法257条2項本文）。ただし、相当でないと認めるときは、この限りでないとされていますので（家事事件手続法257条2項ただし書）、調停に当事者が出席しないことや合意成立の見込みがほとんどないような事情がある場合は、調停を経ないで訴訟が進行することが見込まれます。

6　遺言の執行

⑴　遺言執行手続の着手と遺言執行者の通知義務

前記のとおり、遺言書保管所に保管されていない自筆証書遺言の場合、家庭裁判所における検認手続を行う必要があります（民法1004条1項）。そこで、遺言執行手続は、検認を受けた後から行うことになります。

他方、公正証書遺言や遺言書保管所に保管されている自筆証書遺言の場合、検認手続は必要ありませんので、直ちに遺言執行手続に着手できます。

前記改正後の民法1007条2項は「遺言執行者は、その任務を開始したときは、遅滞なく、遺言の内容を相続人に通知しなければならない。」と規定し、また、民法1011条1項は「遺言執行者は、遅滞なく、相続財産の目録を作成して、相続人に交付しなければならない。」と規定しています。

よって、遺言執行者は、遺言執行手続に着手するに際し、まずは、遅滞なく、遺言の内容を相続人に通知するとともに、相続財産の目録を作成して、相続人に交付する必要があります。

⑵　遺言執行者の権利義務

改正前の民法1012条1項は、「遺言執行者は、相続財産の管理その他遺言の執行に必要な一切の行為をする権利義務を有する。」と規定するのみで、遺言執行者の責務や遺言執行者にいかなる権限が付与されているのかは明確でありませんでした。

そこで、改正後の民法1012条1項は、「遺言執行者は、遺言の内容を実現するため、相続財産の管理その他遺言の執行に必要な一切の行為をする権利義務を有する。」と規定することで、遺言執行者の権利義務は、遺言の内容を実現することを責務とするもので、必ずしも相続人の利益のために行われるものではないことを明らかにしました。

⑶　遺言の執行の妨害行為の禁止

従来から民法1013条1項は、「遺言執行者がある場合には、相続人は、相続財産の処分その他遺言の執行を妨げるべき行為をすることができない。」と規定していたところ、改正民法1013条2項は、「前項の規定に違反してした行為は、無効とする。ただし、これをもって善意の第三者に対抗することができない。」という規定を新設し、妨害行為の効力について明確にしました。

⑷ 特定財産に関する遺言の執行

特定財産に関する遺言の執行についても、改正民法1014条の規定により明確にされています。

例えば、預貯金債権の場合には、遺言執行者は、その預金又は貯金に係る契約の解約の申し入れをすることができます（民法1014条3項）。

⑸ 遺言執行者の行為の効果

改正後の民法1015条は、「遺言執行者がその権限内において遺言執行者であることを示してした行為は、相続人に対して直接に効力を生ずる。」と規定し、改正前の民法1015条の「相続人の代理人とみなす」という部分の実質的な意味を明らかにしました。

第2　相続・遺産分割について

1　遺産の評価（評価の基準時、評価の方法）

1　遺産の評価の基準時

⑴　遺産評価の必要性

遺産分割は、被相続人の残した総遺産を、各相続人にその具体的相続分に応じて公平かつ適正に分配する手続きであるため、その前提として、遺産を構成する全ての財産を交換価値（貨幣価値）に引き直す作業（評価）が必要となります。

ただし、全遺産を換価処分してその代金を分配する場合（換価分割）や共有分割を行う場合、全遺産が預貯金等の客観的相場が形成されている財産の場合には、原則として評価は不要です。

⑵　評価の基準時

ア　遺産分割時（現実に分割する時点）とするのが実務です（札幌高決昭和39年11月21日家月17巻2号38頁）。

遺産分割は、相続開始時（被相続人の死亡時）に存在した遺産を分配するものであり、その効果は相続開始時に遡って生じるため（民法909条本文）、相続開始時を基準時とするのが理論的であるとの見解もありますが、遺産分割に時間的制約はなく（ただし、民法等の一部を改正する法律（令和3年4月28日法律第24号）による制約の新設あり）、相当期間経過した後に遺産分割が行われた場合、相続開始時の遺産の評価額が、その後の市場の変動により上昇若しくは下落することで、取得する財産によっては、相続人間で不公平な結果を招くという問題が生じることから、現実に分割する時点を基準時とするのが実務の大勢です。

なお、相続税の申告は、被相続人が死亡したことを知った日の翌日から10か月以内に行うことになっていますが、相続税額を計算する際、評価の基準日は、相続開始日である死亡日です（相続税法27条）。

イ　ところで、特別受益（民法903条）、寄与分（民法904条の2）が問題となる事案においては、特別受益を加えたものや寄与分を控除したものを「相続財産とみなし」て、該当者の具体的な相続分を算出しますが、「具体的相続分は相続開始時に確定していると考えるのが相当であること」（広島高決平成5年6月8日家月46巻6号43頁）から、「みなし相続財産」は相続開始時を基準として算出されます（民法903条、904条「相続開始の時」）。

従って、特別受益や寄与分が問題となる事案では、特別受益の評価は相続開始時に行い、遺産分割時に存在する財産については、遺産分割時の他に相続開始時の評価（二時点での評価）も必要になります（二段階評価方法）。

ウ　家庭裁判所での調停・審判では、上記のような二段階評価方法を原則として採用していますが、相続開始時から遺産分割時までそれほど間がない場合など、相続開始時の評価に基づいて遺産分割をしても不合理、不公平な結果を招かないときは、当事者の合意があれば、相続開始時を基準としても構わないでしょう。

2　遺産評価の方法

遺産の中には、不動産、不動産の利用権、動産、株式、出資金、現金、預貯金、債権、営業権、高価品、書画・骨董品、デジタル遺産など様々な財産的権利があります。現金、預貯金など交換価値が明らかなもの以外は評価が必要であり、その評価の方法は対象となる財産によって異なりますが、いずれも主観的判断ではなく、客観的な方法によって適正に評価することが必要です。

⑴　不動産の評価

不動産の評価については、当事者の合意に基づく評価又は不動産鑑定士による鑑定によります。当事者の合意を形成する際の参考資料として、公示価格、基準地標準価格、固定資産税評価額、相続税評価額などの公表されている資料があり、不動産業者の査定書なども利用されます。また、多くの不動産があり鑑定費用が多額になる場合や鑑定をするほどでもないような場合など、家庭裁判所の指名した専門委員、参与員、調停委員による評価意見（家事事件手続法40条、264条など）を提出してもらい、当事者の合意形成に利用することもあります。

ア　鑑定による方法（不動産鑑定評価基準による）

㋐　取引事例比較法

対象不動産と条件が近い取引事例を収集し、その中から適切な事例を選択し、必要に応じて対象不動産の事情補正や時点修正を行い、地域的要因及び個別的要因の比較を行って求められた価格を比較考慮して対象不動産の価格を求める方法です。

㋑　収益還元法

対象不動産を利用することにより将来得られる収益を基準に対象不動産の価格を算定する方法です（直接還元法やDCF法があります）。

㋒　原価法

対象不動産の再調達原価を元に築年数等の減価修正を行って不動産の価格を算定する方法です。

イ　鑑定以外での参考資料

㋐　公示価格（公示地価）

国土交通省の土地鑑定委員会が、地価公示法に基づき、毎年1月1日を基準日として、都市及びその周辺地域の標準地について公示する価格であり、3月下旬頃官報に掲載されます。この公示地価は、標準地について自由な取引がなされるとした場合の「正常な価格」を算出したもので、相続税評価や固定資産税評価の基準とされています。ただし、標準地の数値しか出ていませんので、標準地から相続財産である土地の値段を推測することになります。

(イ) 基準地標準価格

都道府県知事が、国土利用計画法施行令に基づき、毎年7月1日を基準日として、特定の基準地について公表する価格です。

(ウ) 固定資産税評価額

地方税法349条による土地家屋課税台帳等に登録された基準年度の価格又は比準価格であり、以前は、実際の取引価格の2割ほどとかなり低額であったため参考にされることは少なかったものの、近年は公示価格の70パーセントをめどに設定されています。3年に1回評価換えが行われ、固定資産税、都市計画税、不動産取得税、訴額算定等の基準とされています。

建物の評価については、固定資産税評価額が用いられることが多いです。というのも、建物は土地と比較して価格が安く、固定資産税評価額は、新築時に構造や材料から一律に評価され、築年数の経過により低減していき、立地や収益性は考慮されないため、建物自体の価格として当事者に受け入れられやすいという理由からです。

(エ) 相続税評価額（路線価方式、倍率方式など）

相続税を算出するための土地評価であり、財産評価基本通達により、国税庁から各税務署単位で、毎年その年の1月1日時点における対象土地の価格を、地目ごとに、路線価方式や倍率方式で公表するものです。

路線価方式は、路線価が定められている地域（概ね市街地を形成している地域）における路線（道路）に面する標準的な宅地の1平方メートル当たりの価額をいい、倍率方式は路線価が定められていない地域において、固定資産税評価額に一定の倍率を乗ずる方式です。各国税局長が定めて公表している財産評価基準書（路線価図、評価倍率表）により確認します。なお、路線価は公示地価の80パーセントを目安に設定されています。

山林について、純山林及び中間山林（通常の山林と状況を異にするため純山林として評価することを不適当と認めるもの）は、倍率方式、市街地山林は比準方式又は倍率方式とされています（昭41直資3－19・昭45直資3－13・昭48直資3－33改正）。

⑵　不動産の利用権の評価

ア　借地権（借地借家法に基づく借地権＝建物所有を目的とする地上権又は土地の賃借権）や底地（借地権の負担の付いた土地）の評価については、鑑定によることもできますが、当事者の合意による簡易な評価として、各国税局で公表する路線価図に記載された借地権割合を参考に、更地価格に借地権割合を乗じて借地権の価格を算定し、更地価格から借地権価格を控除して底地の評価をすることも実務ではよく行われています。

イ　借家権については、建物価格に、借家権割合を乗じて評価します。借家権割合は、建物の借家権の割合のことで、財産評価基本通達では、全国一律30パーセントと定められています。

ウ　使用借権の負担の付いた土地について、これは被相続人の土地に相続人等の身分関係を有する者が自分の建物を所有し、土地を無償で利用している場合などですが、財産評価基本通達では、借主の権利は極めて弱いことから使用借権の価格を控除すべきではないとしています。更地価格をもって土地の評価額とする裁判例もあります（東京家審昭和61年3月24日家月38巻11号110頁）。使用借権を付けることとなった事情にもよりますが、競売不動産の評価に準じて、建物の堅固・非堅固により、更地価格から1割ないし3割程度減額されることが多いようです。東京地判令和2年7月20日（LLI／DB判例秘書登載）は非堅固建物で5パーセント、東京地判平成28年9月9日（LLI／DB判例秘書登載）は堅固建物で20パーセントの減価を認めた裁判例です。

エ　貸家建付地（貸家の敷地の用に供されている宅地）は、財産評価基本通達によれば、自己使用の場合の土地評価額（自用地価額）から、自用地価額に借地権割合と借家権割合及び賃貸割合を乗じた価額を控除して算出します。賃貸割合とは、貸し出されている部屋の床面積の割合で、貸し出されている部屋数の割合とは異なります。

オ　抵当権が付着している不動産の評価ですが、遺産分割は積極財産について行われるものであり、債務は各相続人に法定相続分に応じて法律上当然に分割帰属していますので、債務は控除せず、当該不動産は抵当債務の負担のないものとして評価します。抵当債務の弁済を伴う求償関係は、担保責任の問題となります（民法911条）。

ただし、調停実務では、当該不動産を取得する相続人が、自身のみではなく他の相続人の負担する被担保債務全額を引き受ける約束をして、債務相当額を対象不動産の評価額から控除することで、抵当権付き不動産の評価とする場合もあります。

⑶　株式の評価

上場株式や店頭登録銘柄株など取引相場において取引価格が公表されているものは、客観的な時価が日々明らかとなっているので、分割時に最も近い日の最終価格（終値）、若しくは最終価格の月平均価格などで算定します。

取引相場のない株式については、会社法上の株式買取請求における株価算定方法や税務上の財産評価基本通達が参考になります。後者については、相続や贈与などで株式を取得した株主が、その会社の経営支配力を持っている同族株主等か、それ以外の株主かの区別により、原則的評価方式又は特例的評価方式により評価します。原則的評価方式は、会社の規模等により大中小の区別をし、大会社は類似業種比準方式、中会社は類似業種比準方式と純資産価額方式の併用、小会社は純資産方式により、特例的評価方式では配当還元方式により評価します。

遺産分割の実務では、相続税申告書記載の評価額を参考に、会社の過去3年ほどの決算書類の提出を求め、各相続人から意見を聞いて、株式価格の合意形成を行う場合もあります。当事者間で合意ができないときは公認会計士等の専門家による鑑定も利用されます。

⑷　現金、預貯金、債権等の評価

現金は額面で評価します。預貯金については、金融機関の残高証明書や預金通帳で確認します。ただし、特別受益として持戻す場合、贈与時の金額ではなく、相続開始時の貨幣価値に換算した価額をもって持戻します（最一小判昭和51年3月18日民集30巻2号111頁）。預貯金以外の債権については、弁済期が到来し回収見込みがあるものは額面で評価し、回収可能性が低い債権、期限・条件付き債権については、当事者の意見を参考に、評価額の合意を行うことになるでしょう。

⑸　高価品、書画・骨董品等の動産

鑑定は費用を要するため、客観的な交換価値を有する動産については、市場価格や購入価格を参考にして当事者間で評価に関する合意をするか、古物商、貴金属商などの専門家に調査を依頼し、適当な評価額で合意するのが実務です。

⑹　動　産

家財道具などの交換価値が低い動産類については、相続人間で形見分けとして分配しあうか、現に使用している相続人にそのまま使用させるなど合意して、遺産分割の対象から除外し、評価の問題を生じないことが多いです。

参考文献

・片岡武＝管野眞一『家庭裁判所における遺産分割・遺留分の実務（第4版）』（日本加除出版、2021年）
・国税庁HP　「相続財産や贈与財産の評価」
https://www.nta.go.jp/taxes/shiraberu/taxanswer/hyoka/zaisan301.htm

2　特別受益

1　特別受益の概念

「共同相続人中に、被相続人から、遺贈を受け、又は婚姻若しくは養子縁組のために若しくは生計の資本として贈与を受けた者があるとき」に、その者が受けた贈与のことを特別受益といいます。そして、民法903条では、その者に対して行った贈与の価額を、被相続人が相続開始の時において有していた財産の価額に加えたものを相続財産とみなすことにしました。例えば、Aが、銀行預金3,000万円を相続財産として残して死亡し、子どもB・C・Dが法定相続分にしたがって、各自1,000万円ずつ相続したとします。ところが、その後、AがDにのみ、Dが結婚するときに600万円を贈与していたことがわかった場合、実質的には、Aの財産から1,600万円もらっていることになり、B・Cとの間で不公平が生じることになります。そこで、相続開始時に存在した3,000万円の銀行預金に、Dが贈与を受けた600万円を加えて、3,600万円を相続財産とみなすことにしました。これが、特別受益の「持戻し」といわれるものです。このように、共同相続人の中に、贈与という形で特別な利益を得た者がいるときには、「持戻し」を行うことによって、相続人間の公平を保つことにしました。ただし、この「持戻し」は、実際に贈与を受けた金銭やそれ以外の物、例えば、家や株式などであっても、それらを実際に戻す必要はなく、計算のうえで持ち戻すことになります。

2　特別受益の具体的な計算方法

共同相続人中に、特別受益を受けた者がいる場合には、「持戻し」により計算した相続財産を基礎として、「900条から902条の規定により算定した相続分の中からその遺贈又は贈与の価額を控除した残額をもって」実際の相続額を計算することにしました。上記の例ですと、B・C・Dは1,200万円ずつ相続し、Dは、先に600万円の贈与を受けていますから、1,200万円から600万円を控除した600万円を相続することになります（民法903条1項）。

一方で、Dが受けた贈与の価額がDの具体的相続分を超えている、もしくは具体的相続分と同額である場合には、DはAの相続開始時の相続財産から受け取るものがなくなります。つまり、「遺贈又は贈与の価値が、相続分の価値に等しく、又はこれを超えるときは、受遺者又は受贈者は、その相続分を受けることができない」（民法903条2項）とされています。上の例のようにDが600万円の贈与を受けていた場合には、Dの具体的相続分である1,200万円を超えるものではありませんので、Dは金額が少なくなっても相続をすることができました。けれども、Dの受けた贈与が1,800万円であった場合には、銀行預金4,000万円とあわせて4,800万円がAの相続財産になり、共同相続人の各自の相続分は1,600万円です。しかし、Dは既に1,800万円を受け取っていますので、1,600万円の相続分を既に受け取ったものと考えられるわけです。

3 被相続人による意思表示があった場合

特別受益が認められる場合の原則は以上のとおりですが、相続手続では、被相続人の意思を大切にすることも必要です。そこで、民法は、共同相続人のうちの一人が特別受益を受けている場合の計算について、異なった意思を表示したときは、その意思に従うものとすることを定めました（民法903条3項）。なお、民法903条3項は、令和3年4月1日に施行された改正相続法で規定の仕方が変わりました。従前の民法では、被相続人の「意思表示は、遺留分に関する規定に違反しない範囲内で、その効力を有する。」と定められていました。これは、従前の相続法と改正相続法では、遺留分を有する相続人が遺留分減殺請求権を行使した場合の効果が異なることになり、それに対応するためです。改正相続法における遺留分侵害額請求については、後で解説します。

4 配偶者の保護

改正された相続法では、被相続人が配偶者を残して死亡した場合、その配偶者の保護を強化することが重要視されました。特別受益に関する規定においても配偶者の保護のための規定が新設されました。つまり、婚姻期間が20年以上に及ぶ夫婦の一方が配偶者を残して死亡し、被相続人が、居住の用に供する建物や敷地を遺贈又は贈与した場合には、民法903条1項の持戻しを免除する意思を表示したものと推定することとしました。これは、婚姻期間が20年以上に及ぶ夫婦の場合には、被相続人の財産の形成に残された配偶者の貢献が相当程度あったものと評価することができること、被相続人が居住の用に供するための不動産を贈与もしくは遺贈するその裏には、残された配偶者の生活保障の意味があることを尊重するという考え方から規定がなされたものとされています。したがって、改正相続法のもとでは、例えば、Aが配偶者Bを残して死亡し、相続人としてBの他、A・Bの間の子どもC・Dがいたとして、Aの相続財産として銀行預金3,000万円の他にAからBに遺贈された不動産があったとしても、Aは、相続人間で分割されるのは銀行預金3,000万円のみとするという意思を表示したものと推定されます。なお、この「持戻し免除の意思表示」は推定されるにすぎません。したがって、被相続人が持戻しを免除する意思がなかった、あるいは撤回したという事実を立証することができれば、原則に戻って、「持戻し」の対象となることに注意が必要です。

3 具体的相続分の算定

1 法定相続分と具体的相続分

相続人間で話し合って、それぞれが取得する財産を決めることができればよいのですが、必ずしも話し合いが円滑に進むとは限りません。そのような場面では、民法が定める相続人が被相続人の相続財産を取得することができる金額を決めるための計算の方法にしたがって取得分を決定することになります。

まず、相続人となる資格を有するのは、被相続人の配偶者、子、直系尊属、兄弟姉妹ですが（民法887条、889条、890条）、法定相続分どおりに相続財産の分配を決定する場合、被相続人に子がいるケースでは直系尊属と兄弟姉妹が相続人となることはありません。

しかし、法定相続分どおりに分配すればそれで足りるという場合ではないのが現実です。

例えば、被相続人が法定相続分とはかけ離れた相続財産の分配を記した遺言書を残して亡くなった場合や相続人の一人だけが生前の被相続人から相続財産を贈与されていた、など、相続財産の分配に偏りが出ることもあります。そこで、被相続人の意思を尊重しながらも相続人間の公平な分配を実現するため、法は具体的な相続分の算定のために必要な規律をおいています。

2　具体的相続分算定のための規律

⑴　遺言による相続分の指定

被相続人は、遺言で法定相続分と異なった相続分の指定をし、または、相続分を指定することを第三者に委託することができるとされています（民法902条）。この場合、被相続人が、共同相続人中の一人もしくは数人の相続分の指定をすることにした場合には、他の共同相続人の相続分は、法定相続分に従って定められることになります。

⑵　特別受益

被相続人が生前に相続人の一人にだけ多額の贈与を行っていた場合など、特別な利益を与えているような場合があります。このような特別受益があると考えられる場合には、特別受益に相当する金額を相続財産に加えて計算することになります（特別受益の持戻し・民法903条）。

⑶ 寄与分

共同相続人が複数ある中で、そのうちの一人が被相続人の財産の維持又は増加に貢献したと考えられる場合、寄与分を主張する者の請求により、相続財産の分配において、寄与分に相当する財産を具体的な相続分に加えて取得することが認められます（民法904条の2）。

4 具体的な分割方法（一部分割を含む）

被相続人の財産が銀行預金のような分割をしやすい金銭だけであればその分割・分配は容易ですが、相続財産は、金銭以外に各種不動産・動産のように評価や換価のしやすさがそれぞれ異なる財産で構成されることがほとんどです。そこで、相続財産の分配額が決まったとしても、実際にそれをどのように分割するのかということが問題になります。共同相続人間での話し合いや家庭裁判所によって分割方法が決められますが、現物分割、代償分割、換価分割という方法があります。

現物分割は、被相続人の財産の形状や性質を変更することなく、各相続人に分配する分割方法で、分割の基本の形です。例えば、相続人の財産が、土地と建物、絵画、預貯金で構成されているとして、三人の相続人Ａ・Ｂ・Ｃに対して、Ａには土地、Ｂには建物と絵画、Ｃには預貯金といった分配をすることが考えられます。

次に、代償分割とは、共同相続人の一人が決定された相続分を超えて財産を取得した場合、他の共同相続人に対して、相続分を超えた部分に相当する額の代償金を支払うことで公平な分配を実現する方法です。例えば、上記の例で、個々の財産の性質や形状を変えることは避けたいが、Ａが取得した土地の価額が非常に高いため、相続分を超える額の財産の分配を受ける結果となった場合、その超えた部分の額を、Ｂ・Ｃの相続分に応じて支払うことで精算するという解決方法です。この分割方法は、相続財産の中に、著作権のように共同相続人の一人に帰属させたほうが便宜であると考えられる場合、換価が困難な財産が含まれている場合に用いられます。

最後に換価分割ですが、相続財産のすべての財産について換価処分を行い、取得した代金を分配する方法です。

また、遺産分割の場面では、相続財産の全部を分割することもあれば、その一部だけを分割し、残りの財産については分割しないままに置いておくことも可能です。この点、平成30年の改正で、各共同相続人は、遺産分割の前であっても、遺産に属する預貯金債権の一部を単独でその権利を行使することができること、権利行使をした預貯金債権については、遺産の一部を取得したものとみなされること、つまり一部分割を受けたものと考えることが新たに定められました（民法909条の2）。これは、被相続人の葬儀費用や残された配偶者などの当面の生活費用など相続開始直後にまとまった資金が必要であるという相続人の事情を背景として認められた規定であることから、標準的な当面の必要生計費や平均的な葬式費用の額その他の事情を勘案して定められる額を上限として、預貯金債権の行使が認められることとされています。

5　寄与分・特別の寄与

1　「寄与分」と「特別の寄与」について

寄与分とは、民法904条の2に定められている制度で、共同相続人の中に、被相続人の財産の維持又は増加について特別の寄与をした者があるときには、相続手続において、特別の寄与をした者の貢献に報いるための制度です。

「寄与分」という考え方は、もともとは共同相続人において認められてきた考え方ですが、この制度には大きな問題がありました。つまり、「寄与分」が認められるのは「相続人」に限定されていたという点です。しかし、現実の家族関係において、被相続人の財産の維持や増加に寄与するのが「相続人」となる人には限られません。例えば、被相続人の長男の妻が、長期間に亘って被相続人の財産の維持又は増加に貢献を被相続人の長男とともに行ってきたが、長男が被相続人より先に亡くなってしまい、長男の死亡後もなお被相続人のために貢献してきたということはよくあることです。しかし、いよいよ被相続人が死亡し、いざ相続が発生したときには、長男の妻は相続人ではありませんので、自身の貢献により形成された被相続人の財産を一切受け取ることができませんが、これでは、あまりにも不公平です。そこで、改正相続法では、一定の範囲の者に限って、その貢献に報いる制度を設けました。

2 「寄与分」について

⑴ 「寄与分」と相続財産の計算

「寄与分」と「特別の寄与」は前述したとおりですが、まず、従来から定められている「寄与分」について述べます。寄与分とは、民法904条の2に規定がありますが、共同相続人の中に、被相続人の療養看護その他の方法により、被相続人の財産の維持又は増加について特別の寄与をした者があるときには、被相続人の財産から、その者の寄与分を控除したものを相続財産とすることになります（民法904条の2第1項）。例えば、被相続人の相続財産の開始時の財産が5,000万円だとします。被相続人Aには3人の子どもB・C・Dがいて、Bの貢献によって被相続人の財産が増加し、その増加が2,000万円であると評価された場合、5,000万円から2,000万円を控除した3,000万円が相続財産となります。したがって、B・C・Dは各自1,000万円を相続しますが、このうちBは、この1,000万円に貢献に相当する2,000万円を加えた3,000万円を取得することができることになります。

⑵ 「寄与分」の評価

このように「寄与分」というのは、他の相続人よりも被相続人の財産の維持又は増加に貢献した者がいる場合に、その貢献を正当に評価することができる制度ですが、財産の給付のようにその評価が比較的容易なものもあれば、労務の提供や被相続人の療養看護のように評価が困難なものもあります。これらの評価は、原則として、共同相続人間の協議で決定することとされていますが（民法904条の2第1項）特に、他の相続人に対して「寄与分」の主張がなされている場面では、往々にして、被相続人の財産を巡って争いが発生していることが多い傾向にあります。そのため、他の相続人は特定の相続人らが、寄与したこと自体を認めないという場合もあれば、寄与したことは認めるけれども、寄与分の評価が大きすぎる、評価額としては高すぎる、というふうに意見がわかれることはまま起こることです。このような場合に備えて、民法は、寄与分を決定する方法を定めています。つまり、共同相続人の間で寄与分の金額についての協議が調わないときや協議ができないときには、寄与分を主張する者が家庭裁判所に請求することにより裁判所が定めることになっています（民法904条の2第2項）。家庭裁判所は、寄与があったとされる時期、寄与の方法、寄与の程度、相続財産の額のようなその事案の一切の事情を考慮したうえで、寄与があったか否か、寄与があったとして、その寄与をどのように評価するかということを判断することになります。この寄与分の家庭裁判所への申立は、遺産分割協議の申立が家庭裁判所になされた場合（民法907条2項）、相続開始後に認知によって相続人となった者が遺産分割請求を家庭裁判所になされた場合（民法10条）に、その中で行うことになります。

3 「特別の寄与」について

「特別の寄与」とは、改正相続法によって新たに創設された制度です。前述したように、相続人ではない者は、被相続人の財産の維持又は増加にどれだけ貢献しても、被相続人が特別にその者に財産を残すなどの意思を遺言で示すなどしていない限り、その貢献は相続手続の中で評価されることは非常に難しく、不公平な結果となっていました。そこで、被相続人に対して、無償で療養看護その他の労務の提供をした結果、被相続人の財産の維持又は増加に特別の寄与をした被相続人の親族に限って、「特別寄与料」として家庭裁判所に対して請求することができるものとされました。この「特別寄与料」を請求することができるのは、「親族」に限られますので、まったくの第三者の貢献は「特別寄与料」の対象にはなりません（民法1050条1項）。この「特別寄与料」の評価については、相続人との間で協議ができるときは問題になりませんが、協議が調わないとき、または、協議をすることができないときには、特別の寄与を主張する者は、家庭裁判所に対して協議に代わる処分を申し立てることができます。これは、「特別寄与料」を請求する者は相続人ではありませんので、遺産分割協議の当事者になることができませんので、独自に申立をすることができるものとされたものです。ただし、特別寄与料を主張するための申立には期間がある点に注意が必要です。つまり、特別寄与を主張する者は、相続の開始と相続人を知った時から6か月を経過したとき、または、相続開始の時から1年を経過したときには、特別の寄与を主張することができないものとされています（民法1050条2項）。特別寄与料の額を家庭裁判所が判断する際の基礎となる事情は、従前の「寄与分」と同様に、その事案における事情を個別に判断して決定することになります。

6　配偶者居住権

1　配偶者居住権の概要

配偶者居住権の制度は、改正相続法においてはじめて導入された制度です。この配偶者居住権の制度も、被相続人が他の配偶者を残して死亡した場合、残された配偶者を保護するために導入されました。現代の日本社会では、高齢化が非常に進んでおり、残された配偶者が高齢になっていることが多いことから、住み慣れた環境で居住を継続したいという要望を叶えると同時に、居住用不動産以外の預貯金のような財産についても一定程度確保をしたいという希望もありました。そこで、一時的な居住権の確保を目的として、配偶者短期居住権の制度が、配偶者の取得する相続財産を減少させることなく配偶者の長期に亘る居住権を保護する制度として、配偶者居住権という2種類の制度が設けられました。配偶者短期居住権は使用貸借契約に類似した権利として、長期配偶者居住権は賃貸借契約に類似した権利として考えられていますが、配偶者居住権というのは、建物の所有権を取得するわけでもなく、また、被相続人の居住用建物を相続した他の相続人に対して賃料を払って居住を継続するという賃貸借契約ともまったく異なった類型の権利であり、「法定の債権」、すなわち、法律の規定に基づいて要件を満たせば発生する債権として規律されました。改正相続法では、配偶者居住権の取得要件、その効力、終了等について詳細な規定をおいています。以下、具体的に、配偶者居住権の概要について説明します。

2　配偶者短期居住権の概要

配偶者短期居住権は、残された配偶者の一時的な居住を保護するために創設された制度であることは先に述べたとおりです。配偶者短期居住権の制度が創設される前は、例えば、当事者の合理的意思解釈に基づき、相続開始時から遺産分割時までの使用貸借が成立したものと解釈することで配偶者の保護の居住を保護してきました。しかし、これは、あくまでも、その事案においてのみ認められたものであり、他の事案で認められるとは限りません。また、被相続人が居住建物を第三者に遺贈した場合には、仮に、配偶者に居住を継続する必要性があったとしても退去しなければならないという事態が生じ得ることになります。そこで、配偶者が被相続人の財産に属した建物に相続開始の時に無償で居住していたという場合に限ってではありますが、配偶者は一定の期間、当然に居住の権利を取得することが定められました（民法1037条1項）。

(1)　配偶者短期居住権取得の要件

配偶者短期居住権の対象となる建物は、ア　被相続人の財産に属していたものであること、イ 残された配偶者が相続開始時に、その建物に居住していたこと、ウ 配偶者の居住が無償であったことが必要です。また、無償で居住していたのが建物の一部分であった場合には、その一部にのみ配偶者短期居住権が成立することになります。

⑵ 配偶者短期居住権の存続期間

配偶者短期居住権の存続期間は、次のように定められています。

ア 配偶者を含む共同相続人間で居住建物について遺産の分割をすべき場合

この場合には、遺産分割の結果、居住建物の帰属が確定した日又は相続開始の時から6か月を経過する日のいずれか遅い日までとされています。したがって、共同相続人間の遺産分割協議が長期間に及んだ場合などは、遺産分割協議が成立するまで、その建物の居住を継続することが可能であることになります。

イ 共同相続人間で、居住建物の遺産分割協議を要しない場合

この場合には、配偶者が居住していた建物の所有者は決まっていることになります。そして、建物の新所有者は、いつでも配偶者短期居住権の消滅の申入れをすることができることが定められています（民法1037条3項）。しかし、被相続人の建物を配偶者以外の者が取得した場合であっても、一定期間の配偶者の居住の権利は守らなければなりません。そこで、民法は、居住建物の取得者が配偶者短期居住権の消滅の申入れをした日から6か月を経過する日まで配偶者は居住することができると定めました（民法1037条1項2号）。

⑶ 配偶者短期居住権の効果

配偶者短期居住権を取得した配偶者は、居住建物を、被相続人の相続開始前と同様の態様で使用する権利を取得します。つまり、配偶者は、従前の用法に従って建物の居住を継続することができます。居住建物の取得者

は、配偶者による居住建物の使用を妨害する行為をしてはならないものとされています（民法1037条2項）。しかし、この居住は一定の期間に限って認められた権利ですので、配偶者には、自己の建物に居住するのとは異なった義務を負います。例えば、居住建物を毀損したりしないよう善良な管理者の注意義務をもって使用しなければなりません（民法1038条2項）。また、居住建物の所有者の承諾を得なければ、配偶者は居住建物を第三者に使用させることができず（民法1038条2項）、例えば、配偶者は、原則として、居住建物を第三者に賃貸して賃料を取得するなどをすることは認められません。

⑷ 配偶者短期居住権の消滅

配偶者短期居住権は一時的に認められた権利ですが、次のような場合に消滅するものとされています。

ア 配偶者短期居住権の期間の経過

民法1037条1項で定めた期間の経過により、配偶者短期居住権は消滅します。

イ 配偶者が配偶者居住権を取得したとき

配偶者が、民法1028条以下に定める「配偶者居住権」を取得した場合には、配偶者短期居住権を認める必要性がなくなりますので消滅します。

ウ 配偶者が相続人としての地位を失ったとき

配偶者が、相続の欠格事由に該当したとき（民法891条）や廃除された場合など、相続人としての資格を失ったときには配偶者短期居住権は消滅します。

エ 配偶者が建物使用に関して負担する義務に違反したとき

例えば、配偶者による建物の使用形態における善管注意義務に反したときには、居住建物の取得者はその消滅を申し入れることができるものとされています（民法1038条3項）。

⑸ 配偶者短期居住権終了時の権利関係

ア 居住建物の返還

配偶者短期居住権が消滅したときには、配偶者は、居住建物の返還をしなければなりません(民法1040条1項)。また、居住建物の返還については、使用貸借の規定が準用されています（民法1040条2項、1041条)。これは、配偶者短期居住権が、法定の使用貸借類似の権利だからであるといわれています。ただし、これには一定の例外があります。例えば、配偶者居住権を取得したことをもって配偶者短期居住権が消滅した場合には、配偶者は居住を継続することができますので、建物の返還をする必要はありません。また、配偶者が居住建物の共有者となっている場合には、その持分に基づいて建物全体を使用することができますので、配偶者短期居住権が消滅しても建物を返還する必要はありません。

イ 附属物等について

配偶者が、相続開始後に居住建物に附属させた物がある場合には、原則として、それらを収去する義務を負います。ただし、分離することができない物や分離するのに過分の費用を要する物については収去する必要はありません（民法1040条2項、599条1項)。また、附属物等については、配偶者自身にも収去の権利が認められています（民法1040条2項、599条2項)。

3 配偶者居住権の概要

配偶者居住権は、配偶者の居住の権利をより長期的に認める制度です。したがって、配偶者短期居住権よりも詳細な規律が設けられています。

⑴ 配偶者居住権の取得要件

配偶者居住権の対象となる建物は、ア 被相続人の財産に属していたものであること、イ 残された配偶者が相続開始時にその建物に居住していたこと、ウ 配偶者の居住が無償であったことが必要です（民法1028条1

項柱書)。また、配偶者居住権を配偶者に取得させる方法として、ア 遺産分割の結果、配偶者居住権を取得させる場合と、イ 遺贈によって配偶者居住権を取得させる場合が定められています（民法1028条1項)。その他、ウ 家庭裁判所における遺産分割審判手続の中でも配偶者居住権を取得させることができますが（民法1029条)、共同相続人間で配偶者居住権を取得させることについて合意が成立している場合（民法1029条1項1号）と居住建物の所有者の受ける不利益の程度を考慮してもなお、配偶者の生活維持に特に必要があると認めるとき（民法1029条1項2号）に限られることとなります。

⑵ 配偶者居住権の存続期間

配偶者居住権は、原則として、配偶者の終身の間、存続するものとされています（民法1030条本文)。ただし、遺産分割の協議や遺言、家庭裁判所の遺産分割の審判の内容に、存続期間について配偶者の終身以外の期間が定められたときには、その定める期間に従って配偶者居住権が成立することになります。

⑶ 配偶者居住権の対抗要件

配偶者居住権は、長い期間存続することが想定される権利であるため、第三者に対して配偶者居住権が存続していることを示すことが必要になります。そのため、配偶者は、居住建物の所有者に対して配偶者居住権の登記請求権を有するものとされ、これに対応して、居住建物所有者は、登記を備えさせる義務を負うものとされました（民法1031条1項)。そして、登記を備えた配偶者居住権は、居住建物を所有した者に対して、その権利を主張することができることになります（民法1031条2項､605条)。また、配偶者居住権設定の登記をした場合には、第三者が配偶者居住権の行使を妨害するような行為に出た場合には、その妨害を止めるように請求することが認められます（民法1031条2項、604条の2)。

⑷　配偶者居住権の効果

配偶者居住権を取得した配偶者は、従前の用法に従って、建物の使用を続けることができます。また、被相続人の死亡前に居住部分として使用していなかった部分についても、居住用として使用することができます（民法1032条1項ただし書）が、その使用及び収益は、善良な管理者の注意義務をもって行わなければなりません（民法1032条1項本文）。また、長期間に亘る使用を想定している権利であることから、配偶者短期居住権の場合とは異なり、配偶者は、所有者の承諾を得れば、第三者に使用・収益させることができるとされています（民法1032条3項）。一方で、配偶者居住権は譲渡をすることができないものとされています（民法1032条2項）。そのため、配偶者は、配偶者居住権を譲渡し、第三者から金銭を取得することはできません。

また、配偶者居住権の存続中、配偶者は、居住建物の使用・収益に必要な修繕をすることができるものとされていますが、居住建物の所有者は、居住建物の修繕が必要な状態にあるにも関わらず、配偶者が必要な修繕を行わないときには、自らその修繕を行うことができるものとされました（民法1032条1項、2項）。このような修繕には費用が伴うものですが、民法は、このような費用負担についても規定しています。費用負担の規律は、賃貸借契約と同様の定めがなされており、固定資産税のような公租公課や通常の修繕のための費用は、配偶者が負担するものとされています（民法1034条1項）、これに対して、大規模な災害によって発生した損傷の修繕などに要する費用、いわゆる特別の必要費や、居住建物の価値を増加させるような費用、いわゆる有益費については、配偶者は所有者に請求することができるものとされています（民法1034条2項）。

⑸　配偶者居住権の消滅

配偶者居住権は、その取得の際に定められた期間の経過、配偶者の死亡によって消滅することとされています。これに加えて、配偶者による居住建物の使用が善管注意義務に反したものである場合、また、所有者の承諾を得ずに、増改築を行い、あるいは、第三者に使用収益をさせたような場合には、所有者は、相当の期間を定めた是正の催告をした後、期間内に是正がなされなかった場合には、配偶者居住権の消滅を申し入れることができるものとされています（民法1032条4項）。

⑹ 配偶者居住権終了時の権利関係

ア 居住建物の返還

配偶者居住権が消滅したときには、配偶者は、居住建物の返還をしなければなりません（民法1035条1項）。また、居住建物の返還については、使用貸借と賃貸借の規定が準用されています（民法1035条2項、589条1項及び2項、621条）。ただし、これには一定の例外があります。例えば、配偶者が居住建物の共有者となっている場合には、その持分に基づいて建物全体を使用することができますので、配偶者居住権が消滅しても建物を返還する必要はありません。

イ 附属物等について

配偶者が、相続開始後に居住建物に附属させた物がある場合には、原則として、それらを収去する義務を負います。ただし、分離することができない物や分離するのに過分の費用を要する物については収去する必要はありません（民法1035条2項、599条1項）。また、附属物等については、配偶者自身にも収去の権利が認められています（民法1035条2項、599条2項）。配偶者は、原状回復義務も負担することとされていますが、賃借人に責任のない損傷については、原状回復義務を負わないことになります（民法1035条2項、621条）。

7 相続登記の申請の義務化（促進）・遺産分割の期間制限（主張の制限）

現在、遺産分割には期間制限がありませんので、相続開始後、いつまででも遺産分割協議を行うことができます。しかし、遺産分割を行う期間に定めがないことから、共同相続人間で親から相続した不動産をどのように処分するのか決めないままに放置される不動産が増えてきました。また、現在の不動産登記法では、相続が発生しても相続を原因とした登記を行うことが義務づけられていませんので、登記をしないという場面が多く見られます。相続が発生しているのに相続を原因とする登記を行わないままに相続が繰り返されると（数次相続の発生）、不動産の持分が細分化されていき、誰が管理しているのかがわからない不動産が多数発生することになりました。

全国的に、所有者がわからない、所有者がわかったとしても所在がわからなくなっている不動産が増え、適切な管理がなされないまま放置されている土地がたくさんあるといわれています。これらの土地は、適切な管理を求めようとしても誰に求めればよいのかわからず、管理のなされない状態がさらに悪化します。また、その土地を利用したいと思っても、所有者がわからないため、土地の利用や購入を申し入れる相手がいないため、土地を使うこともできません。土地の所有者がわからないことによって問題が発生する、いわゆる「所有者不明土地問題」の原因は一つではありませんが、遺産分割に期間制限がなく、また、相続登記が義務化されていないために土地の所有者を明らかにすることができないことが一つの原因になっているものと考えられたという経緯から、令和3年4月28日に成立した民法の改正では10年を経過した後に行った遺産分割における特別受益・寄与分の主張制限が、不動産登記法の改正では、相続開始後に適切に相続登記を行うための方法が導入されることになりました。ただし、これらの改正は、本書出版時点では施行されておらず、令和5年以降に段階的に実施される予定です。

1 遺産分割の期間制限

遺産分割に期間制限が設けられたといっても、何年以内に遺産分割を行わなければ遺産分割が行えなくなるというわけではありません。具体的相続分を決める際に考慮される特別受益の持戻しと寄与分の主張が制限されることになります。つまり、相続開始時から10年を経過した後にする遺産の分割については、遺産分割手続において認められる特別受益の持戻しの規定と寄与分の規定（民法903条～904条の2）の適用がなくなるとされました（民法904条の3柱書）。ただし、相続開始の時から10年を経過する前に、相続人が家庭裁判所に遺産分割を請求した場合と相続開始時から10年の期間の満了前6か月以内に、相続人が遺産分割の請求をすることができないやむを得ない事由があった場合、その事由が消滅した時から6か月を経過する前に、当該相続人が家庭裁判所に遺産分割の請求をした場合には、相続開始時から10年を経過していた場合であっても、特別受益、寄与分に関する規定が適用されることになります。

2 相続登記の義務化・促進

相続の発生によって、土地の所有者がわからなくなることを防ぐために導入された相続登記の申請の義務化と相続登記の促進のための制度は次のとおりです。

⑴ 相続登記の申請の義務化

不動産を取得した相続人は、その取得を知った日から3年以内に相続登記の申請をすることが義務づけられます（改正不動産登記法76条の2）。そして、正当な理由がないにも関わらず相続登記の申請を行わない場合には、10万円以下の過料の罰則という制裁が科される可能性があります（改正不動産登記法164条1項）。

⑵　相続人申告登記制度の新設

現行法の下でも、相続人が法定相続分で共有している状態を登記することも可能ですが、誰が法定相続人であるのかを決め、法定相続分の割合を決めなければ登記をすることができません。しかし、これを決めるためには、被相続人の出生から死亡に至るまでの大量の書類を収集する必要もありますので、スムーズに登記をすることはなかなか困難です。

そこで、改正不動産登記法では、「相続人申告登記制度」という新しい登記制度を創設しました。この「相続人申告登記制度」のもとでは、相続の対象となっている土地の所有権の登記名義人について相続が開始したこと、自分がその相続人であることを、不動産の取得を知った日から3年以内に申し出ることで、相続登記の申請義務を果たしたことになるという制度です。これによって、相続登記義務を履行しなかったことによる過料の制裁を免れることができます。なお、義務を果たしたものとされるのは申請の結果、登記簿に氏名・住所が記録された相続人のみが、その義務を果たしたこととされます。なお、この申請を行った後に遺産分割が成立した場合には、遺産分割の成立の日から3年以内に、遺産分割で決められた内容を反映させるために相続登記の申請を行うこととされています。

第2章

ケーススタディ

第1　生前対策　1　遺言書の作成

(1)　資産を承継させたい者がいる場合

Case 1

妻が自宅に住み続けられるようにしつつ、生活資金を残したい

●相談の概要

A（75歳）の資産には、土地・建物（時価3,000万円）と預金2,000万円があり、建物はAが35歳のときに新築したものです。Aには妻B（75歳）がおり、AとBとの間には子C（45歳）が、Cには子D（22歳）がいます。BがAの死亡後も生活に困らないように、Bが亡くなるまで自宅に住み続けられるようにし、預金もできるだけBに残したいと考えています。

●相談を受けた弁護士の回答

Aが配偶者居住権をBに遺贈して、配偶者居住権の対象となる居住建物・土地についてはCに相続させる旨の特定財産承継遺言をし、遺言執行者の指定、補充遺言（Cが先に亡くなった場合のDへの特定財産承継遺言）、持ち戻し免除の意思表示、遺留分に配慮しつつ預金Bに相続させることを内容とする遺言書の作成をアドバイスします（遺言書案は末尾を参照）。

解　説

1　遺言書の作成

Aさんには妻のBさんだけでなく二人の子どもであるCさんがいます。もし遺言がなく、その他の考慮要素がないとすると、具体的相続分はBが2,500万円、Cが2,500万円となり、Bが自宅を取得（3,000万円）すること

になった場合、預金2,000万はCが相続し、さらにBはCに500万円を代償金として支払うことになります。しかし、これではBの老後の生活資金に困ることになります。そうすると、Aさんの希望を叶えるためには、相続人に任せるということではなく、まずは遺言書を作成しておくことが大前提となります。遺言書については、自筆証書遺言、公正証書遺言のいずれかを選択することになります。この選択については、**第1章第1**の1「遺言の類型」をご参照ください。

2 配偶者居住権について

⑴ どのような遺言書を作成するか

遺言書の作成するにしても、どのような遺言書を作成するのか、その内容が問題となります。今回のAさんのケースでは、自宅での居住と生活資金の両方の確保がポイントです。この場合、平成30年7月13日の改正相続法で認められた配偶者居住権の制度（民法1028条以下）を検討する必要があります。配偶者居住権の意義、要件等については、**第1章第2**の6「配偶者居住権」をご参照ください。ここでは配偶者居住権の制度を利用する場合の留意点について説明いたします。

⑵ 配偶者居住権制度利用のための留意点

ア 配偶者居住権の取得について

Bさんが遺産分割以外の方法で配偶者居住権を取得するためには、遺贈による必要があり（民法1028条1項2号）、特定財産承継遺言によることができません。これは、遺贈の場合は配偶者居住権のみを放棄することが可能ですが、特定財産承継遺言の場合は配偶者居住権の取得を拒絶するには相続放棄が必要となり、配偶者居住権以外の財産についても相続できなくなることが不都合と解されたためです。配偶者居住権を取得させたい場合は、配偶者居住権の取得の効力について事後的に争いを生じさせないために、遺贈であることを遺言書に明記すべきです。

イ　居住建物について遺贈か特定財産承継遺言か

㈠　居住建物の承継について

配偶者居住権の制度趣旨は、配偶者のために居住建物の使用収益権限のみを認め、処分権限のない権利を創設することにより、相続時において配偶者が居住建物の所有権を取得するよりも低廉な価格で居住権を確保することができるようにするというものです。

したがって、遺言書に単に配偶者居住権を遺贈する、と記載しただけでは足りず、居住建物の所有権の承継についても検討することが必要です。

㈡　遺贈か特定財産承継遺言か―登記実務との関係

前述したように、配偶者居住権そのものについては遺産分割以外の方法で取得させるには遺贈によらなければなりませんが、配偶者居住権の対象となる居住建物については、遺言により相続人に承継させる方法として、遺贈と特定承継遺言のいずれの方法も考えられるところです。この点、配偶者居住権の設定対象たる居住建物の登記について「民法及び家事事件手続法の一部を改正する法律の施行に伴う不動産登記実務について（配偶者居住権関係）（通達）」（法務省民二第324号、以下「通達」といいます。）では、以下の取り扱いをすることとなりました。

① 配偶者居住権の設定登記の申請にあたっては、その前提として、配偶者居住権の設定対象たる建物について、相続や遺贈を原因とする所有権の移転登記がされている必要がある。
② 配偶者居住権の設定の対象たる居住建物の所有権の移転の登記の申請において、配偶者に配偶者居住権を取得させ、子などの法定相続人に居住建物を相続させる旨の記載がされた遺言書を登記原因証明情報として提供するにあたっては、遺言書全体の記載からこれを遺贈の趣旨と解することに特段の疑義が生じない限り、居住建物の所有権の帰属に関する部分についても遺贈（負担付遺贈）の趣旨であると解して、当該所有権の移転の登記を申請する必要がある。（以下略）

すなわち、仮に居住建物を相続させる旨の遺言があったとしても特段の問題がない限り、遺贈と解すべきとされており、そのため、遺言で居住建物について特定の相続人に相続させる旨を記載しても、登記実務上、特定財産承継遺言の趣旨ではなく遺贈の趣旨と解釈されることになります。

登記実務上が上記のとおりとしても、居住建物を遺贈するか、特定財産承継遺言とするかで下記のような違いが生じます。

(ウ) 遺贈と特定財産承継遺言でどのような違いが生じるか

居住建物について遺贈となった場合には、居住建物の受遺者は承認・放棄を選択可能であり、遺贈が承認された場合の登記手続は、登記権利者たる受遺者と登記義務者たる（受遺者を除く）相続人全員又は遺言執行者の共同申請によることととなります。これに対し、特定財産承継遺言の場合には、居住建物を承継する相続人の承認は不要であり、登記手続は、当該相続人又は遺言執行者による単独申請が可能となります。

このように、遺贈の場合、共同申請となるため、相続人が多数いる場合には手続きが煩雑となりますが、遺贈と併せて遺言執行者の指定をしておくことで、手続きの煩雑さは一定程度解消されると思われます。

なお、通達によれば、配偶者居住権の設定登記に先立って建物の所有権移転登記をしなければならないため、居住建物について遺産分割協議が必要となるのであれば、それが未了の間、配偶者居住権の設定登記も困難になると考えられます。

(エ) 対　策

① 遺言執行者の指定

仮に、登記実務に配慮して、居住建物については遺贈とした場合には、手続きの煩雑さを回避するために遺言執行者の指定をしておくことが必要です。

② 遺言の記載方法

遺贈とすることの不利益を回避するために、居住建物について特定財産承継遺言とした場合には、前述の登記実務にて遺贈と解釈されないように、例えば、「特定財産承継遺言」とのタイトルで「遺産の分割方法の指定として、○○を●●に承継させる」としておくことも一つの対策です。

ウ　補充遺言の設定の必要性

なお、居住建物について遺贈するとした場合に、その受遺者が遺言者よりも先に死亡した場合には当該遺言が無効となり（民法994条）、特定財産承継遺言の場合も原則として同様となります（最三小判平成23年2月22日民集65巻2号699頁）。念のために、居住建物を取得する予定の方が亡くなった場合に備えた補充遺言があることが望ましいでしょう。

⑶　配偶者居住権と特別受益

配偶者居住権が遺贈された場合に、具体的相続分の算定にあたり特別受益として扱われます（民法903条1項）。この点、婚姻期間が20年以上である夫婦の一方である被相続人が他の一方に対してその居住用不動産を遺贈又は贈与したときは、当該被相続人は、その遺贈又は贈与について、いわゆる「持戻し」の規定を適用しない旨の意思表示を推定するものとされています（民法903条4項）。また、配偶者居住権の遺贈についても、民法903条4項が準用されます（民法1028条3項）。したがって、婚姻期間が20年以上である夫婦において配偶者居住権が遺贈された場合、持戻しの免除の意思表示があったものと推定されます。

もっとも、民法903条4項の規定は、「持戻し」の意思表示を推定するにとどまりますので、確実に持戻しの免除を行いたい場合には、弁護士としては遺言書にその旨記載するようにアドバイスすべきです。

⑷　居住建物の必要費の負担

居住建物の固定資産税については、その所有者に支払義務がありますが、配偶者居住権を有する配偶者は、居住建物の通常の必要費を負担しなければならないとされており（民法1034条1項）、居住建物の所有者は配偶者に固定資産税相当額の支払を請求できます。また、修繕費等の通常の必要費も、配偶者負担となります。相談を受けた弁護士としては、Bさんが固定資産税相当額及び修繕費等の必要費を負担することも踏まえて、配偶者居住権について検討すべきでしょう。

3　遺留分及び納税資金への配慮

配偶者居住権の場合は居住建物自体を取得するよりも評価が低いとしても、それ以外の財産、本件では預金の取得について遺留分に配慮しながら検討する必要があります。

仮に、本件において配偶者居住権の評価が1,000万円、居住建物（配偶者居住権を控除した価値）と土地の評価の合計額が2,000万円という場合には、預金額を全部Bに相続させても、Cの遺留分額1,250万円が確保されているため、Cの遺留分の侵害はないということになります。ただし、本件で相続税の納税が必要となる場合に、Cが居住建物を相続することに配慮して、納税資金の一部あるいは全部に相当する額をCに相続させるという配慮が必要かどうかも、検討すべきと考えられます。

4　税務に対する配慮

配偶者居住権が、①配偶者と不動産所有者の合意、②配偶者による権利放棄、③配偶者の債務不履行に基づく不動産所有者からの消滅の意思表示（民法1032条4項）によって消滅した場合、不動産所有者が消滅時における配偶者居住権の価格に相当する金額を贈与によって取得したものとみなされ（相当な対価を支払っていない場合に限ります。）、不動産所有者に贈与税が課税されることになります（相続税基本通達9－13の2）。

贈与税は相続税よりも高率であることから、安易な合意解約や権利放棄は差し控えるべきでしょう。

また、配偶者居住権の消滅に際し、不動産所有者から配偶者に対し、相当な対価を支払ったことで、配偶者に譲渡所得が発生する場合、配偶者において譲渡所得税が課税されます。

そのため、配偶者居住権設定の際には上記のような税務リスクにも配慮する必要があります。

5 結　論

遺言書の概要としては冒頭に記載しましたが、具体的には下記のとおりとなり、相談を受けた場合には、下記のような遺言書案を提示することになるかと思います。

遺言書例

（特定財産承継遺言）

1　遺言者は、C（住所、生年月日）に遺言者所有の別紙物件目録記載1の土地（以下「本件土地」という。）及び同2の建物（以下「本件建物」という。）並びに遺言者名義の預金のすべてを相続させる。

（遺贈）

2　遺言者は、B（住所、生年月日）に本件建物について存続期間をBの死亡時までとする配偶者居住権を遺贈する。

（補充遺言）

3　CがAよりも先に死亡した場合には、遺言者はDに本件土地と及び本件建物を遺贈する。

4　遺言者は弁護士□□□□を遺言執行者に指定する。

（中略）

（以下略）

Case 2 同性のパートナーに資産を残したい

●相談の概要

Aには、資産として土地・建物と預金があります。Aの同性パートナーBがAの死亡後も生活に困らないようにBが亡くなるまで自宅に住み続け、預金もできるだけBに残したいと考えています。

●相談を受けた弁護士の回答

遺言又は死因贈与契約により、必要と思われる財産を譲渡することが必要です。

相続人がいる場合には遺留分について配慮が必要です。

相続人がいない場合は、包括遺贈の方法が相続後の手続きを考えると簡便です。ただし、権利義務を承継するので、債務にも注意してください。

解　説

1 問題点の整理

自らの死後、同性のパートナーに財産を残したいという場合、現在の日本の制度では、同性のカップルに対する法律上の婚姻は認められていませんので、相続人がいない際の特別縁故者として保護される場合を除き、法的に相続権を保障する制度はありません。

近年、各自治体で取り組みが進んでいる、同性カップルを婚姻に相当する関係と公的に認める、いわゆるパートナーシップ制度を利用した場合であっても、当該制度はあくまで、行政上や民間におけるサービスを享受しやすくするための制度であるため、法的な効力までは認められておらず、相続の問題を解決することはできません。

また、民法改正により新たに認められた、配偶者居住権等も法律婚を前提にした制度であるため、適用されません。

そうすると、同性のパートナーの居住と生活を確保するためには、遺言を作成して財産を譲渡する遺贈や死因贈与の方法を執ることが必要です。

以下、具体的な方法について、注意すべき点などに触れながら詳述します。

2 具体的な方法

⑴ 相続人について

相続人とは、被相続人の財産に属した一切の権利義務を承継する者をいいますが（民法896条）、民法上、相続人の種類と範囲については明確に定められており、①子（及び代襲者（再代襲も含む）、②直系尊属、③兄弟姉妹（及び代襲者）と配偶者（民法887条、889条、890条）と例外である、胎児（民法886条）です。子については、実子か養子かを問いません。被相続人の意思などによって、相続人を創出することは認められていませんので、相続できる者は以上のみです。

なお、被相続人に法定の相続人がいない場合には、同性のパートナーが特別縁故者として、相続財産管理人による清算後、残存すべき相続財産の全部又は一部を受領できることもあり得ます（民法958条の2）。

もっとも、特別縁故者とされるかどうかは、家庭裁判所の判断によるものですから、確実に同性のパートナーへ、被相続人の財産が承継されるかどうかは未知数です。結局のところ、同性のパートナーは、相続人たり得ないことから、財産を承継するには他の方法を執らざるを得ません。

⑵ 遺贈の活用

ア 相続人以外にも財産を残せる

被相続人は、遺言により、相続人以外の者に対して自己の財産を与えることが可能です（民法964条）。

遺贈には、大きく分けて包括遺贈（遺言者の財産の全部又は一部を一定の割合にて示して遺贈する）と特定遺贈（遺言者の所有する特定の財産を具体的に示して遺贈するもの）があります。このうち、包括受遺者は、相続人と同一の権利義務を有するものとされておりますので、なかでも財産の全部の遺贈を受けた場合は、相続人同様の権利義務を負うことになります。

もちろん、包括受遺者は、代襲制度がない、遺留分が認められないなど、相続人と同等の取扱いではありませんが、権利義務の観点からは相続人と同様ですので、同性のパートナーに相続させたいという要請には、この全部包括遺贈の方法を執ることにより応えることができるでしょう。

イ　遺贈の活用方法

もっとも、全部包括受遺者の場合は、義務をも承継することから、債務が多い場合などは、場合によっては、居住する場所だけを確保したいとして、土地建物だけを特定遺贈するという方法も考えられます。

しかしながら、この場合に注意しておかなければならないことは、遺贈による権利変動については、第三者対抗要件が必要とされる点と被相続人に相続人がいない場合には相続財産管理人の選任が必要とされる点です。

前者については、遺贈は、「意思表示によって物権変動の効果を生ずる点においては贈与と異なるところはない」から、「登記をもって物権変動の対抗要件とするとした」判例（最二小判昭和39年3月6日民集18巻3号437頁）がありますので、特段問題はなかろうかと思われます。

後者に関し、全部包括受遺者が存在している場合については、民法951条にいう「相続人のあることが明かでないとき」に該当しないとの判例（最二小判平成9年9月12日民集51巻8号3887頁）がありますが、一部包括遺贈や特定遺贈の場合には、相続人不在と扱われることから（一部包括遺贈については見解が分かれます。）、相続人不存在として、相続財産管理人の選任が必要です。

そうすると、相続財産管理人による清算手続の一つとして、特定遺贈がなされるため、遺言どおりに遺贈がなされるのかどうか不確定なところがあり、無事になされたとしても期間や費用がかかることが予想されます。

特定遺贈の場合には、上記のようなことを想定しておく必要があります。

なお、上記相続財産管理人が選任される事案において、遺言執行者を選任しておいた場合の取扱いがどうなるかが問題となりますが、相続財産管理人の権限が優先され、遺言執行者の権限は相続財産管理人の業務終了まで一旦休止という取扱いとされるようですので、遺言執行者を選任していてもそれほど大きな違いはないといえそうです。

⑶ 死因贈与について

贈与者は、生前に自己の財産を、自身の死亡を条件として贈与する契約を締結することができ、このような契約は死因贈与契約と呼ばれ、実質的には遺贈を同様の効力があることから、その性質に反しない限り、遺贈の規定が準用されています（民法554条）。

もっとも、死因贈与と遺贈は、①要式行為であるかどうか、②一方的な意思表示か意思表示の合致が必要かという点で大きな違いがあり、この違いが場合によっては結論を左右することもあるので、注意が必要です（無効な遺言を死因贈与として有効と判断した例（東京高判昭和60年6月26日判時1162号64頁。））。

本件でも、遺贈のみならず、死因贈与契約による方法が考えられます。

⑷ 遺留分への配慮

上記⑵、⑶により、遺贈や死因贈与がなされた場合にあっては、相続人が他にいる場合には、遺留分への配慮が必要であるのは、他の案件と同様です。

⑸ 養子縁組について

上記のような財産の移転行為のみに頼るだけでなく、法定の血族関係である、養子縁組の手続きによれば、当然に法的にも相続人と認められますので、このような手続きを執っているというカップルもいるかもしれません。

しかしながら、お互いにカップルとして、婚姻関係を望んでいるのですから、気持ちと異なる関係（親子関係）を結ぶのは違和感が否めませんし、それを乗り越えて養子縁組を行ったとしても、縁組意思がない等の理由で、法定相続人らから、養子縁組無効確認の訴え（人事訴訟法2条3号）が起こされるおそれも否定できません。

この点、同性の受刑者間における養子縁組について、専ら外部交通を確保するためになされたものとして、養子縁組の有効性が争われた事案について、「成年同士の養子縁組」における、「養子縁組に求められる縁組意思における社会通念上親子と認められる関係というのは、一義的には決められず、相当程度幅の広い」ものとした上で、「成年である養親と養子が、同性愛関係を継続したいという動機・目的を持ちつつ、養子縁組の扶養や相続等に係る法的効果や、同居して生活するとか、精神的に支え合うとかなどといった社会的な効果の中核的な部分を享受しようとして養子縁組をする場合については、取りも直さず、養子縁組の法的効果や社会的な効果を享受しようとしているといえるのであるから」、縁組意思が認められるとし、「年齢差のない成年同士の養子縁組にあっては、典型的な親子関係から想定されるものと異なる様々な動機や目的も想定され得るものであり、その中で、同性愛関係を継続したいという動機・目的が併存しているからといって、縁組意思を否定するのは相当ではない」と判断した裁判例（東京高判平成31年4月10日裁判所HP）が参考になります。

上記裁判例はあくまで事例判決であって、同性カップルにおける養子縁組をすべて有効とするものではありませんが、近年の同性カップルに対する社会的な認知度の高まり等に応じて、本来的には婚姻関係であるところを養子縁組にせざるを得ない点を捉えて、養子縁組の意思がないという単純な発想による判断がなされていない点は、注目に値するといえるでしょう。

養子縁組による方法で、相続人たる地位を確立するという方法も検討に値するということがいえるでしょう。

なお、現行法においては、養親子関係にあった者は、離縁後も婚姻はできないことから（民法736条）、仮に、性同一性障害の性別の取扱いの特例に関する法律により戸籍上の性別を変更し、婚姻が可能となったとしても、かつて養子縁組をしていたということをもって、婚姻ができないことには注意しなければなりません。

⑹ 税務面

相続人ではないことから、課税上の控除の点や相続税の2割加算など、取扱いが異なります。

3 結 論

遺言書の概要としては冒頭に記載しましたが、具体的には下記のとおりとなり、相談を受けた場合には、下記のような遺言書案を提示することになるかと思います。

第○条　遺言者Ａは、遺言者の有する一切の財産を、Ｂに包括して遺贈する。
　または、
第○条　遺言者Ａは、次の不動産及び金融資産を、Ｂに遺贈する。
第○条　遺言執行者の指定
第○条　遺留分減殺の順序の指定

参考文献

・堀越みき子「相続人不存在の実務」判タ996号98頁（平成11年）
・片岡武＝管野眞一『家庭裁判所における遺産分割・遺留分の実務〔第4版〕』504頁（日本加除出版、2021年）
・片岡武＝金井繁昌＝草部康司＝川畑晃一『家庭裁判所における成年後見・財産管理の実務〔第2版〕』560頁（日本加除出版、2014年）

Case 3 事実婚のパートナーとそのパートナーの子どもに資産を残したい

●相談の概要

Aには、資産として土地・建物と預金があります。AとBは法律上の婚姻関係はなく、いわゆる事実婚の状態です。BにはAとの血縁関係のない子Cがいるところ、Aの死亡後も生活に困らないようにBが亡くなるまで自宅に住み続け、預金もできるだけBとCに残したいと考えています。

●相談を受けた弁護士の回答

事実婚のパートナーへの遺贈が公序良俗違反とされる可能性、パートナーとその子の生活を確保することを念頭に、遺贈の対象となる財産を指定します。仮に重婚的内縁である場合は、パートナーへの遺贈が公序良俗違反とされる可能性も考慮する必要があります。

解　説

1　問題点の整理

AとB及びCとの間には、法律的な婚姻関係や親子関係がないことからすると、**Case2**（同性のパートナーに資産を残したい）と同様に、相続人がいない場合に特別縁故者として保護される場合を除き、法的に相続権を保障する制度はありません。

また、民法改正により新たに認められた配偶者居住権等も法律婚を前提にした制度である以上、適用はありません。

そうすると、事実婚の妻と子の居住と生活を確保するためには、遺言を作成し、財産を譲渡する遺贈や死因贈与の方法を執らなければなりません。

以下、具体的な方法について、注意すべき点などに触れながら詳述します。

2 具体的な方法

⑴ 相続人について

民法上、相続人の種類と範囲については定められており、それ以外については相続人として認められておりません。被相続人に相続人がいない場合については、相続人不存在の場合の手続きとして、相続財産管理人により、遺産の清算がなされ、特別縁故者として残存する遺産の全部又は一部を受領できる可能性はありますが（民法958条の2)、当該手続は家庭裁判所の判断によることから、設問にあるように、自宅に住み続けるという要請を満たすかどうかは未知数といわざるを得ません。

⑵ 遺贈の活用

ア 被相続人は、遺言により、相続人以外の者に対して自己の財産を与えることができる（民法964条）

ここでは、事実婚のうち、重婚的内縁関係にある者に対する遺贈が公序良俗に反しないかが問題です。

この点、最高裁は、「妻子ある男性が、いわば半同棲の関係にある女性に対し、遺産の3分の1を包括遺贈した場合であっても、右遺贈が妻との婚姻の実態がある程度失った状態のもとで当該関係が約6年間継続したのちに、不倫な関係の維持継続を目的とせず、専ら同女の生活を保全するためにされたものであり、当該遺言において相続人である妻子も遺産の各3分の1を取得するものとされていて、右遺贈により相続人の生活の基盤が脅かされるものとはいえないなどの事情があるときは、右遺贈は公序良俗に反するものとはいえない」と判示し、いわゆる不倫関係にある男女の関係について、一定の理解を示し、不倫関係にある女性への遺贈を有効としました（最一小判昭和61年11月20日民集40巻7号1167号)。

上記判決は、法律婚における妻がいる男性が、不倫な関係にある女性に対してなした遺贈が、公序良俗に反するか否かを判断した初めての最高裁判決であり、参考にすべきものといえます。

上記判決が出される以前から、裁判例の集積により、遺贈の目的が、不倫な関係の維持継続を目的とするか、相手の生活を維持することを目的とするか、財産的利益の供与が社会通念上著しく相当性を欠くかどうかという点を判断の基準とした上で、公序良俗に反し無効といえるかどうかを判断してきましたので、上記判決は、従来の枠組みの範囲内にあるものといえ、改めて、最高裁として判断基準の妥当性を確認したということができるでしょう。

とはいえ、本判決は事例判決に過ぎないことから、果たして不倫関係の維持目的とする遺贈が直ちに無効といえるのか、仮に当該目的があったとしても財産的利益の供与が相当な範囲内であれば有効といえるのか等については、まだ判断基準が示されたとはいえません。

また、公序良俗の判断自体が時代の潮流により変化し得ることや、不倫関係や事実婚についての社会的な捉え方の変動等を考慮すると、上記の判決が出された昭和61年当時と遺言をした時期との社会的な認識の相違等も検討する必要があるといえるでしょう。

少なくとも、現状では、上記判例が唯一の判断基準といえることから、遺贈の目的については、事実婚の相手方の生活の維持を目的とすること、遺贈により相続人の生活が脅かされるといえない程度とする（財産的利益の供与について社会通念上相当といえる程度のものとする）ことに配慮しながら、遺贈の範囲、額等を決めていくことになろうかと思われます。

このように、事実婚の妻子に対する遺贈については、公序良俗に反するとして、無効を争われる可能性がある点を考慮すべきです。

イ　遺贈の方法

また、遺贈の方法としては、包括遺贈と特定遺贈が考えられますが、上記アで検討したとおり、相続人があることを念頭に置く場合、割合を示して行う包括遺贈か、特定の遺産について無償にて与える特定遺贈のいずれかの方法になると思われます。

ただ、生活の本拠である自宅に住み続けられるようにするためには、割合的包括遺贈では、分割協議の中で自宅が相続財産とならない可能性があり、その目的が実現しないことがあり得ます。確実に自宅に居住できるようにすることを考えるのであれば、自宅である土地建物を特定遺贈することがベターといえるでしょう。生活費相当分については、預金等をはじめとする金融資産で賄うという方法を考えるとよいと思われます。

なお、法律上の婚姻関係にはないことから、民法改正で認められた、配偶者居住権等の適用はありません。従前より判例で認められた、内縁配偶者の居住権保障のために、相続人に帰属した借家権の援用は可能と思われますが（最三小判昭和42年2月21日民集21巻1号155頁）、相続人に帰属した権利を援用する以上、不安定な権利といわざるを得ず、借家の場合のみに妥当する権利ともいえることからすれば、所有する土地建物がある場合に、そこに確実に居住するためには、上記の特定遺贈の方法がよりよい選択といえるでしょう。

⑶　遺留分への配慮

遺言者に遺留分を有する推定相続人がいる場合、遺留分への配慮は必要です。特に重婚的内縁のケースにおいては、公序良俗違反とならないよう留意する必要があります。遺贈と公序良俗の関係において検討したように、公序良俗に反しないというためには、遺贈により相続人の生活が脅かされるといえない程度とすることが判断基準の一つとして掲げられていることを考慮すると、少なくとも、遺留分を侵害する態様の遺贈は、公序良俗違反とされる可能性が高く（遺留分が侵害されるかどうかで判断する考え方もあります。）、通常より慎重に判断する必要があります。

なお、遺留分侵害がないように配慮すべきではありますが、万一、遺留分侵害額請求がなされた場合に備えて、受遺者がその目的の価格の割合に応じて負担する必要があるところ、遺言に別段の意思を表示したときはそれに従うとされている（民法1047条1項2号）ことを利用して、遺留分侵害額負担の指定を行うことにより、土地建物への影響がなくなる可能性もありますので、これも活用できると万全です。

⑷ 遺言執行者の指定

本件の遺言についても、遺言執行者の指定は行っておくべきと思われます。特に、不動産の特定遺贈を念頭に置く場合、受遺者への登記手続は相続人と受遺者で行う必要があるところ、遺言執行者がある場合には、遺言執行者と共同申請により登記が可能であることから、相続人からの協力が得られにくい類型であることを考えれば、遺言執行者の存在は、事実上、かなり重要な存在になることはいうまでもありません。

同様のことは、預金の払戻しにもいえ、通常、預金の遺贈については、債権譲渡として、金融機関に対抗するための通知又は承諾が必要であるところ、これには相続人の協力が不可欠ですが、遺言執行者により、受遺者への名義書換、払戻請求が可能であることから、スムーズに当初の目的を達成することが可能となるのです。

⑸ 補充遺言の必要性

本件では、事実婚のパートナーに実子もおり、実子の生活の保障も考える場合には、パートナーが先に亡くなった場合のことも考えておく必要があります。

これについては、**Case4**（資産を残したい者が先に亡くなった場合に備える）に述べているとおり、遺言者の死亡以前に、受遺者であるパートナーが亡くなった場合には、次の受遺者としてパートナーの子を指定するという方法により、遺言を行うことで対応が可能です。

⑹ 税務に対する配慮

相続人ではないことにより、課税上の控除の点や相続税が2割加算されるなどは、他の場合と同様です。

3 結 論

遺言書の概要としては冒頭に記載しましたが、具体的には下記のとおりです。

第○条 遺言者Aは、次の不動産及び金融資産を、Bに遺贈する。
第○条 Bが、遺言者Aの死亡以前に死亡したときは、Bの子C（住所、生年月日）を受遺者とする。
第○条 遺言執行者の指定
第○条 遺留分減殺の順序の指定

参考文献

・床谷文雄「重婚的内縁の法律関係」判タ1100号103頁（平成14年）
・都築弘「不倫な関係にある女性に対する包括遺贈が公序良俗に反しないとされた事例」判タ677号23頁（昭和63年）
・片岡武＝管野眞一『家庭裁判所における遺産分割・遺留分の実務〔第4版〕』504頁（日本加除出版、2021年）

Case 4 資産を残したい者が先に亡くなった場合に備える

●相談の概要

Aは、その子BとCがいますが、Bに資産のうち不動産全部を相続させたいと考えています。ただ、Bに万一のことがあった場合に、Bの子Dに相続させたいとも考えています。どのように手当てすればよいでしょうか。

●相談を受けた弁護士の回答

Bにすべての不動産を相続させるとするだけではなく、受遺者Bが死亡したときは、その子Dを受遺者とする（補充遺言）旨、遺言を作成しておく必要があります。

解　説

1　問題点の整理

遺言者が死亡し、相続が開始されたものの、遺言により財産を取得する予定であった者が既に死亡していた場合、その遺言はどのような効果があるのか、特に、いわゆる「相続させる」旨の遺言があった場合に、遺贈は遺言者の死亡前に受遺者が死亡したときは、その効力を生じない（民法994条1項）とされるのか、代襲相続そのものの性質を重視し、代襲相続を認めるかにより、当該遺言の効果が変わり得ることから、まずはこの点について検討をした上で、どのような遺言を作成すればよいかを考えます。

2　「相続させる」旨の遺言と代襲相続の可否

(1)　「相続させる」旨の遺言の法的性質

いわゆる「相続させる」旨の遺言（特定財産を共同相続人のうち一人又は数人に承継させる場合は、民法1014条2項の特定財産承継遺言として定義されます。）について、判例（最判平成3年4月19日民集45巻4号477頁）は、「遺産の分割方法を定めた遺言であり、他の共同相続人も」当該「遺言に拘束され、これと異なる遺産分割の協議、さらには審判もなしえない」ものであるとし、相続人として、「何らの行為を要せずして、被相続人死亡の時（遺言の効力の生じた時）に直ちに」遺産を承継させるものと判断していることから、この遺言は、遺産分割の方法を指定することで遺産分割の効果までも認められるものです。

なお、上記判例は、特定の遺産を特定の相続人に単独で承継させることについて言及したものですが、被相続人がすべての遺産を特定の相続人に相続させる遺言についても及ぶものと解されます（最判平成21年3月24日民集63巻3号427頁）。

⑵ 遺言による財産を取得する予定の者が死亡した場合の問題点

上記遺言においては、遺言による財産を取得する予定の者は、相続人である場合と相続人以外の者である場合が考えられますが、後者の場合には、当該遺言は遺贈と解されるところ、受遺者が遺言者の死亡以前に死亡した場合には、その遺贈は効力がないとされます（民法994条1項）。

他方、前者の場合については、相続人であることから、代襲相続の適用を受けられるのかどうか、受けられるとすれば「相続させる」旨の遺言の記載により、相続人の死亡にも備えることが可能となるところ、代襲相続の関係について、民法上は何の手当もされていないことから、問題とされてきました。

⑶ 最三小判平成23年2月22日（民集65巻2号699頁）による判断

この点、最高裁は、「被相続人の遺産の承継に関する遺言をする者は、一般に、各推定相続人との関係においては、その者との各推定相続人との身分関係及び生活関係、各推定相続人の現在及び将来の生活状況及び資産その他経済力、特定の不動産その他の遺産についての特定の推定相続人の関わりあいの有無、程度等諸般の事情を考慮して遺言をするものである」から、「通常、遺言時における特定の推定相続人に当該遺言を取得させる意思を有するにとどまると解される」とした上で、「上記のような『相続させる』旨の遺言は、当該遺言により遺産を相続させるものとされた推定相続人が遺言者の死亡以前に死亡した場合には、当該「相続させる」旨の遺言に係る条項と遺言書の他の記載との関係、遺言書作成当時の事情及び遺言者の置かれていた状況などから、遺言者が上記の場合には、当該推定相続人の代襲者その他の者に遺産を相続させる旨の意思を有していたとみるべき特段の事情のない限り、その効力を生ずることはない」と判示し、「相続させる」旨の遺言と代襲相続の関係について、これまで、分かれていた裁判例や学説に対して、遺言者の意思の解釈から、特定の相続人への遺産分割を指定することを原則論としつつ、遺言者の意思が代襲者への相続を許容するような場合については、遺言のとおりの効力を認めるとの結論を示しました。

この判決によって明確となったことは、単に、特定の相続人に「相続させる」旨の遺言がなされた場合においても、遺言の内容によっては、代襲相続人に相続させるという直接的な文言がない場合であっても、代襲相続人に承継される可能性は残されるとはいえますが、原則としては、遺言により相続させるものとされた相続人が先に死亡していた場合には代襲相続人に承継されるとはいえないということです。

なお、特段の事情がある場合には、代襲相続人に相続させることも可能であるとの判断ですので、どのような場合が特段の事情といえるのかは別途考慮が必要と思われます。

これについては、遺言書において、補充的に、遺言により相続させるものとされた相続人が遺言者より先に死亡した場合には別の相続人に相続させる、というような文言が記載されている場合は当然として（この場合はむしろ遺言の解釈の問題として考えれば足り、特段の事情とはならないと思われます。）、「遺言書作成当時の事情及び遺言者の置かれていた状況」の点からすると、例えば遺言者が遺言により相続させるものとされた相続人に対し、事業の承継を行うか行った状況下において、財産が事業承継用財産である場合において、当該特定相続人の相続人も事業を承継していたというような事情があれば、特段の事情があると認められる可能性も高まるといえるでしょう。

3 遺言による補完

上記判決により、「相続させる」旨の遺言によっても、原則として代襲相続人への承継が発生しないことが明らかとなりましたので、遺言者が、遺言者死亡以前に特定の相続人が死亡した場合に、自己の望む遺産承継を実現させるためには、いわゆる補充遺言の方法により、補完しておく必要があります。

仮にこのような遺言をしなかった場合、当該遺言は原則として効力を生じませんので（前掲最判平成23年2月22日）、遺言がなかったと同じ状況に陥ってしまいます。遺言者が改めて遺言を作成しなおせば、その点は補完することは可能ですが、遺言能力が欠如したり、遺言者が受遺者の死亡後、遺言を再作成することなく亡くなった場合など、遺言がないことにより、遺産は、相続人全員の共有となり、遺産分割協議が必要です。遺産分割協議により、遺言者が当初想定していたような内容で遺産分割ができれば問題はありませんが、そのような分割協議ができる保証はどこにもありません。

このような事態を避けるべく、「相続させる」旨の遺言が当該遺言により相続させるものとされた相続人の死亡により効果を生じない場合でも、その相続人の相続人（遺言者から見ると代襲相続人）が承継できるように対応することが有用です。

このような遺言は、第一の遺言と、第二の遺言が合わさったものであり、第二の遺言は、第一の遺言が効力を生じない場合に備えた補充の遺言と考えることができます。

なお、補充遺言においては、その遺言によって財産を取得する者は、相続人を指定することも可能ですし、相続人以外の者を指定することも可能です。

4 結 論

遺言書の概要としては冒頭に記載しましたが、具体的には下記のような遺言案を提示することになりましょう。

> 第○条　遺言者は、次の不動産を、遺言者の子Bに相続させる。
> (不動産の表記)
> 第○条　遺言者の子Bが、遺言者の死亡以前に死亡したときは、前条の不動産を、遺言者の孫D（住所、生年月日）に相続させる。
> 第○条　遺言執行者の指定

参考文献

・水野謙「『相続させる』旨の遺言の解釈」『別冊ジュリスト判例百選Ⅲ　親族相続』174頁（有斐閣、2015年）
・浦野由紀子「受益相続人の先死の場合における『相続させる』旨の遺言の効力」『法学教室』372号48頁（有斐閣、2011年）
・伊藤正晴「最高裁時の判例」ジュリ1465号88頁（2014年）
・雨宮則夫＝寺尾洋編『Q&A遺言・信託・任意後見の実務〔第3版〕』110頁（日本加除出版、2018年）
・片岡武＝管野眞一『家庭裁判所における遺産分割・遺留分の実務〔第4版〕』544～545頁（日本加除出版、2021年）
・片岡武＝管野眞一『改正相続法と家庭裁判所の実務』189頁（日本加除出版、2019年）

Case 5

資産を社会の役に立てたい

●相談の概要

Aは、資産として土地・建物と預金があります。Aには相続人がおらず、他に身寄りもないが、資産を社会の役に立てたいと考えています。どのようにすればよいですか。

●相談を受けた弁護士の回答

相続人がいない場合は、受遺者を明確にして包括遺贈とする、遺言執行者を定めた上で、遺産を全額金銭に換金し、遺贈する旨の記載をするとよいでしょう。

解　説

1　問題点の整理

Aは、相続人がないということですから、亡くなった場合のAの資産は、特別縁故者がいない場合、国庫に帰属します（民法958条の2、959条）。

究極的には、国庫に帰属することにより国家予算として社会に使用されることにもなりますので、Aが単に社会に役立てたいということであれば、そのまま何もしなくとも希望を叶えることは可能といえそうですが、国庫に帰属した遺産がどのように使用されるかについてまでは、Aの希望は通りません。

また、国庫に帰属する過程において、相続人のいない相続財産は法人とされ（民法951条）、利害関係人や検察官の請求によって、家庭裁判所により相続財産管理人が選任され、同相続財産管理人により、財産の調査等がなされるなどの手続きが予定されており、遺産の詳細が全く不明の場合には、調査に必要な費用がかかるなど、実際に国庫に帰属する金額が目減りしてしまう可能性があるだけでなく、手続きにはどうしても時間が必要となることから、社会の役に立てたいというAさんのせっかくの希望を汲み取れない要素が出てきてしまいます。

このような場合には、まずは、遺言により寄付することを明確にするのが重要です。とはいえ、何をどのように記載すればよいのでしょうか。

2 問題点の検討

⑴ 受遺者とその選定の委託について

ア 受遺者

民法上、遺言により、包括又は特定名義の遺産を処分すること（民法964条）だけでなく、遺言執行者の指定（民法1006条）や相続人の廃除（民法893条）など、遺産処分以外の事項についても認められていますが、遺言によって法的な効力を生ずるのは、民法に定められた事項に限られています。

受遺者についても、当然、遺産処分の名宛人として、遺言において指定することは認められていますので、自然人だけでなく法人を選定することも、認められることはいうまでもありません。

ここで、法人とはいえない団体について受遺者たり得るかという点が問題となりますが、それは結局のところ、権利能力（受遺能力）の有無の問題に帰着しますので、いわゆる権利能力なき社団として、団体としての組織を備え、多数決の原則が行われ、構成員の変更にもかかわらず団体が存続し、その組織において代表の方法、総会の運営、財産の管理等団体としての主要な点が確定している場合（最一小判昭和39年10月15日民集18巻8号1671頁）には、受遺者たり得るということになりましょう。

なお、権利能力なき社団については、立法により、かなりの団体で法人格を付与されていることから、本来的に権利能力が問題となる場合はそこまで多くはないと思われますが、受遺者の選定については、そのような立法がなされているかの確認も必要です。

イ　受遺者の選定の委託は有効か

受遺者の選定を遺言執行者その他の第三者に委ねるという旨の遺言は有効といえるでしょうか。

この点、最高裁は、「遺産は一切の相続を廃除し」「全部を公共に寄与する」との条項を記載し、遺言執行者を指定した遺言について、「遺言の解釈にあたっては遺言書に表明されている遺言者の意思を尊重して合理的にその趣旨を解釈すべきであるが、可能な限りこれを有効となるように解釈することが右意思に沿う」「そのためには、遺言者が遺言作成に至った経緯及びその置かれた状況を考慮することも許される」として、「公共に寄与する」と「遺産の帰属すべき主体を明示することなく、遺産が公共のために利用されるべき旨の文言を用いていることからすると、本件遺言は、右目的を達成できる団体等にその遺産を包括遺贈する趣旨であると解するのが相当」とし、「本件遺言に先立ち、本件遺言執行者指定の遺言書を作成」していることから、「遺言執行者に」「右団体等の中から受遺者として特定のものを選定することを委ねる趣旨を含むと解するのが相当」として、このような遺言も有効としました（最三小判平成5年1月19日民集47巻1号1頁）。

このような判例を前提にすれば、受遺者の選定を遺言執行者に委ねる遺言も有効といえそうですが、他方で、上記判例はあくまで一事例に過ぎないことや遺言執行者が受遺者の意思に沿って行動するかどうかは未知数であること、公共の団体の範囲はどこまでかという疑問もあることからすれば、一般化するのは少々危険であろうと思われます。

遺言執行者について、適正な執行が確保されるというのであれば、上記遺言も許されるという考え方も可能とは思われますが（このような考え方を考察するものとして、半田吉信「受遺者の選定を遺言執行者に委託する旨の遺言の効力」ジュリ1042号117頁（平成6年））、現状、これを認める判例があるわけではなく、そのような遺言を行うことは、現時点ではやはりリスクを伴うと考えるべきでしょう。

そうすると、遺言者としては、受遺者を明確にしておくことが、最も確実な遺言の方法ということがいえましょう。

⑵ 受遺者の遺贈の放棄の可能性

受遺者を選定したといえども、受遺者は、遺贈の放棄をすることができますから（民法986条）、遺贈を放棄されてしまうと遺言がなかったこととなり、遺言者の希望が実現しないという事態が生じてしまいます。

このようなことを避けるために、遺言する前に、受遺者の受遺の意思を確認しておく必要があります。

現実的には、受遺者側で遺贈を受けやすいようにするために、予め、問い合わせをしておくことになりましょうか。

⑶ 遺産の渡し方の問題

遺贈の方法としては、包括遺贈と特定遺贈が考えられます。いずれの方法が妥当でしょうか。

一般的には、特定遺贈による場合は、特定の財産の遺贈を受けるわけですから、遺言者の債務を考える必要はありませんが、相続人がいない場合ですので、相続財産管理人の選任手続が必要です。遺言執行者の定めがある場合についても同様で、両者の関係がどうなるかという問題がありますが、民法上は両者の権限調整の定めはありません。

この場合、相続財産管理人の権限が優先され、遺言執行者の権限は相続財産管理人の業務終了まで一旦休止という取扱いとされるようですので、遺言執行者を定めたからといって、手続きがスムーズに進むかは不明なところがあります。

他方、包括遺贈による場合については、判例（最二小判平成9年9月12日民集51巻8号3887頁）は、「遺言者に相続人は存在しないが相続財産全部の包括受遺者が存在するときは民法951条にいう『相続人のあることが明かでないとき』にはあたらない」とするので、この場合には相続財産管理人の選任手続は不要となろうかと思われます。もっとも、全部の包括受遺者ではない場合には、相続人と同様には考えられないことから、上記の特定遺贈の場合と同様の手続きになろうかと思われます。

上記の検討からすると、遺産全部の包括遺贈以外は、相続財産管理人の選任手続が必要です。相続財産管理人が選任されなければならないこと自体は当然としても、時間や費用の問題などを考慮すると、包括遺贈の方が自由度は高いとはいえるでしょう。

⑷ 遺産の内容について

遺贈を包括遺贈で行う場合でも、特定遺贈を行う場合でも、土地建物等を現物で遺贈するか、金銭にした上で遺贈するかも検討する必要があります。

この点、公益法人においては、土地建物等の現物を遺贈されても活用方法に困ることや売却した場合の課税等の問題があることから、遺言において遺言執行者によりすべて現金化した上で遺贈するように求めているところがほとんどであり（公益財団法人日本ユニセフ協会、日本赤十字社など）、この点を加味して、遺贈を受諾するかの判断も行っているようですので、遺言作成の段階においても、予め、当該公益法人に受遺の意思確認を行うことが肝要です。

なお、一定の公益法人やNPO法人への遺贈は相続税の対象としないとする特例がありますが、これに該当するかどうかは、国税庁等から情報を収集しておくとよいでしょう。

3 結 論

上記から考察すると、遺言の内容としては、以下のような例が考えられます。

第○条　遺言者は、その所有する下記の財産について、全てを換価処分し、その換価代金の中から契約に係る費用、登記費用、譲渡所得税、住民税等その他本条項を執行するに必要な一切の費用を控除した残金を、下記の受遺者に遺贈する。
（遺贈する財産の表示）
（受遺者の表示）
第○条　遺言執行者の選任

参考文献

・半田吉信「受遺者の選定を遺言執行者に委託する旨の遺言の効力」ジュリ1042号117頁（1994年）
・堀越みき子「相続人不存在の実務」判タ996号98頁（1999年）
・床谷文雄「家族③相続人はいないが相続財産全部の包括受遺者が存在する場合と民法951条にいう『相続人のあることが明らかでないとき』」判タ965号79頁（1998年）
・雨宮則夫「平成10年度主要民事判例解説」判タ1005号160頁（1999年）
・NPO法人遺言・相続リーガルネットワーク編著『遺言条項例278&ケース別文例集』129頁（日本加除出版、2012年）
・片岡武＝金井繁昌＝草部康司＝川畑晃一『家庭裁判所における成年後見・財産管理の実務〔第2版〕』560頁（日本加除出版、2014年）

(2) 資産を継がせたくない者がいる場合

Case 6

不仲の子がいる場合

●相談の概要

Aには、妻B、長男C、次男Dがいます。現在Aは、自宅で妻B、次男D、次男Dの妻及び孫と生活しています。Aと長男Cは、長男Cの素行等が原因で不仲となり、絶縁状態です。

Aは、相続に当たって、長男Cに財産を相続させたくないと考えていますが、相続させない方法はありますか。

●相談を受けた弁護士の回答

長男Cを相続人の範囲から除外する、相続人の範囲から除外できなくとも、長男Cの遺留分対策をしつつ、最低限の相続となるように対処することが考えられます。

解　説

1　相続権の剥奪

民法によって相続人となる一般的な資格を有するものであっても、必ず相続人になるものではなく、相続欠格又は相続廃除によって、相続権がなくなる場合があります。そこで、長男Cの過去の言動等が欠格事由又は廃除事由に当たる可能性があれば、相続権を剥奪して、Aの相続人の範囲から除外することが考えられます。

(1) 相続欠格（民法891条）

民法891条は、次の5つの欠格事由を定めています。

① 故意に被相続人又は相続について先順位若しくは同順位にある者を死亡するに至らせ、又は至らせようとしたために、刑に処せられた者
② 被相続人の殺害されたことを知って、これを告発せず、又は告訴しなかった者（ただし、その者に是非の弁別がないとき、又は殺害者が自己の配偶者若しくは直系血族であったときは除かれる）
③ 詐欺又は強迫によって、被相続人が相続に関する遺言をし、撤回し、取り消し、又は変更することを妨げた者
④ 詐欺又は強迫によって、被相続人に相続に関する遺言をさせ、撤回させ、取り消させ、又は変更させた者
⑤ 相続に関する被相続人の遺言書を偽造し、変造し、破棄し、又は隠匿した者

実際には、⑤の事由が多いとされています。

民法所定の欠格事由に該当した場合、当然に相続権を失います。

ただし、相続欠格事由は、当該被相続人と特定の相続人間の関係で発生する相対的なものであるため、相続欠格に該当して相続人ではなくなった者が亡くなり、その者に子がいるような場合、代襲相続人になり得ます。

また、相続人の範囲は、遺産分割等の相続手続の前提問題であるので、共同相続人間で、特定の相続人に欠格事由があるかどうか揉めた場合には、遺産の範囲について揉めた場合の遺産確認の訴えと同様に、相続権又は相続分不存在確認の訴え等の訴訟手続において判断されることになります。

⑵ 推定相続人の廃除（民法892条、893条）

民法892条の定める廃除事由は、被相続人に対する①虐待、②重大な侮辱又は③その他の著しい非行の3つです。

虐待は、被相続人に対する暴行、精神的苦痛を与えること等を、重大な侮辱は、被相続人の名誉や感情を著しく害することをいうとされています。また、著しい非行は、虐待又は重大な侮辱には該当しないものの、これに類する遺留分を否定することが正当といえる程度の非行であって（名古屋

高金沢支決平成2年5月16日家月42巻11号37頁)、例えば、犯罪行為、遺棄、被相続人財産の浪費、不貞及び行方不明等といわれています。

廃除するための方法は、生前廃除（民法892条）と遺言廃除（民法893条）があります。生前廃除は、被相続人が生存中に、自ら家庭裁判所に審判を申し立てる制度です（民法892条、家事事件手続法39条、188条1項、別表第Ⅰの86項)。この審判が確定すれば、廃除対象となった相続人は、相続権を喪失します。また、遺言廃除は、被相続人が遺言で推定相続人を廃除する意思を表示したときは、遺言執行者がその遺言が効力を生じた後、遅滞なく、その推定相続人の廃除を家庭裁判所に審判を申し立てる制度です（民法893条、家事事件手続法188条1項ただし書)。

廃除事由も、欠格事由と同様に、当該被相続人と特定の相続人間の関係で発生する相対的なものであるため、廃除事由に該当して相続人ではなくなった者が亡くなり、その者に子がいるような場合、代襲相続人になり得ます。なお、遺言廃除の場合において、審判が確定した場合、廃除の効果は、相続発生時に遡って生じます（民法893条後段)。

2 遺留分対策

長男Cが相続人である場合、子であるため、遺留分があります。遺留分は、被相続人が有していた相続財産について、その一定割合の取得を一定の法定相続人に保障するために、被相続人の意思にかかわらず、被相続人の財産から最低限の取り分を確保する制度です（民法1042条以下)。相続人が保障されたはずの遺留分に満たない財産しか得ることができない場合、被相続人から遺産を受け取った受遺者又は受贈者に対し、侵害された遺留分に相当する金銭の請求（遺留分侵害額請求）をすることができます（民法1044条)。遺留分については、**本章第3の5**「遺留分」もご参照ください。

そのため、Aが遺言によって、長男Cには一切財産を相続させなかった場合でも、長男Cから、他の相続人に対し、遺留分侵害額請求をされてしまいます。そこで、できるだけ当該相続人に遺産を相続させたくない場合には、遺留分の対策を講じる必要があります。なお、遺留分は、兄弟姉妹以外の相続人に認められるため、相続人が兄弟姉妹である場合には、遺留分はなく、対策は不要です。

⑴ 遺留分の放棄

遺留分を有する相続人であっても、被相続人の生前に、遺留分を放棄することができます（民法1049条）。遺留分を放棄するときは、家庭裁判所に対して遺留分放棄の許可を求める審判を申し立てて、家庭裁判所の許可を得る必要があります。遺留分の放棄が認められれば、その相続人は遺留分がありませんので、遺言で当該相続人以外のみに遺産を取得させても、遺留分侵害額請求の問題は生じません。

しかし、被相続人が、当該相続人に対し、単に遺留分の放棄を求めても、了承を得て家庭裁判所へ審判の申し立てをすることは難しいため、一定の財産を贈与する等、一定の代償措置を講ずる必要があると考えられます。

なお、被相続人の相続開始後は、相続放棄をしてもらい、相続人ではなくなるという対応が考えられますが、この場合も、遺留分放棄の場合と同様に、一定の財産を贈与する等、一定の代償措置を講ずる必要があると考えられます。

⑵ 遺産を減らして遺留分を減らす

遺留分は、遺産全体に遺留分率を掛けて算定されますので、遺産の全体額を減らせば、これに比例して遺留分も減少します。そこで、（遺産分割の対象となる）遺産の価額を減少させ、遺留分も減少させるという対応が考えられます。

ア 贈　与

遺留分を計算するときの基礎となる財産を算定する場合、相続時の被相続人の積極財産だけでなく、相続人に対する生前贈与は原則10年以内、第三者に対する生前贈与は原則1年以内の贈与した財産の価額を加えることになります。そのため、相続時から1年以上前に相続人以外（例えば孫など）に贈与していた場合、原則として遺留分算定の基礎となる財産に含まれないことになります。また、特別受益は、相続人に対する婚姻若しくは養子縁組のため若しくは生計の資本としての贈与であるため、相続人以外への贈与は、特別受益には算入されません（民法903条）。そこで、遺産の全体価額を減少させ、ひいては特定の相続人の遺留分を減少させるために、財産の一部を、相続人以外の者へ贈与して、財産を減らすことが考えられます。

ただし、贈与には、原則として贈与税がかかるため、非課税となる特例（年間110万円以内の暦年贈与、住宅資金等の贈与、教育資金等の贈与又は結婚や子育て資金の贈与等）を利用して、当該非課税の枠内で贈与をすべきであると考えられます。なお、税制については改正があるため、確認が必要です。

以上を踏まえると、遺留分算定の際に考慮されないように配慮し、かつ非課税となるように贈与して、財産及び遺留分を減少させて、遺言によってこれに見合った最低限の遺産を取得してもらうという対応になると考えられます。

イ　みなし相続財産の活用

贈与のほか、みなし相続財産を活用して財産及び遺留分を減少させることが考えられます。生命保険の受取人が受領する保険金は、みなし相続財産として課税の対象にはなりますが、受取人である相続人の固有の権利として、相続財産にはなりません。また、原則として、特別受益にも該当せず、保険金受取人である相続人とその他の共同相続人との間に生ずる不公平が民法903条の趣旨に照らし到底是認することができないほどに著しいものであると評価すべき特段の事情が存する場合に、同条の類推適用により、特別受益に準じて持戻しの対象となるにとどまります（最二小判平成16年10月29日民集58巻7号1979号）。なお、遺産総額と生命保険金がほぼ同額のケース、遺産と保険金の比率が60％程度という事案では、特別受益性が肯定されています。

そこで、例えば、遺産のうちの一定額を、貯蓄型生命保険契約の一時払の保険料として支払って、その保険金の受取人を、財産を承継させたくない相続人以外の相続人としておけば、相続財産の範囲を減少させて遺留分の範囲を縮減しつつ、保険金という形で被相続人の意図する相続人に取得させることができます。

⑶　相続人の人数を増やして遺留分を減らす

⑵の遺留分対策は、相続財産を減少させることで遺留分を減少させることを意図していました。財産を減少させるほかに、相続人を増やして、1人あたりの相続分を減らすことで、遺留分を減少させることが考えられます。なお、相続人を増やす場合には、養子縁組が考えられますが、相続税の基礎控除が認められる養子は、実子がいる場合は1人まで、実子がいない場合には2人までに限定されており、孫を養子にすると相続税が加算されますので、税務上の取扱いも踏まえて対応することが必要です。

3　遺言の活用

いくら遺留分対策を行ったとしても、遺言がなければ、共同相続人全員で遺産分割協議を行わなければならず、特定の相続人に対する相続をできるだけさせたくないという被相続人の意図に沿うことはできません。そのため、長男C以外の相続人へ財産を相続させるか又は相続人以外の者に遺贈する等の内容の遺言を作成しておく必要があります。

参考文献

・片岡武＝管野眞一『家庭裁判所における遺産分割・遺留分の実務〔第4版〕』110～115頁（日本加除出版、2021年）
・森公任＝森元みのり『法律家のための遺言・遺留分実務のポイント遺留分侵害額請求・遺言書作成・遺言能力・信託の活用・事業承継』98～110頁（日本加除出版、2021年）
・島田充子「遺留分の放棄」判タ688号403頁（1989年）

⑶　資産・事業の承継

Case 7　会社を経営しており、事業を子どもに承継させたい

●相談の概要

被相続人A（70歳）には結婚してから40年になる妻B（68歳）、子C（35歳）、子D（30歳）がいます。Aは株式会社甲社を40年経営しており、経営は堅調で、税理士からは株価が取得時よりも相当に上昇しているといわれています。甲社の株式については、Aが85%、妻Bが10%、子Cが5%を保有しています。甲社の株式以外では、Aは自宅不動産（土地5,000万円、建物3,000万円）と預貯金1億円、その他有価証券2,000万円を保有しています。Aとしては、当初、甲社をCに承継させるつもりであり、そのためにAはCに株式を一部贈与までしていましたが、経営者としてはDの方が優秀であると判断するに至ったため、Dに事業を承継させたいと考えています。なお、BはAの考えを尊重し、すでに財産も十分あるので、Aの遺産について承継する意欲がないが、自宅には住み続けたいと考えています。

●相談を受けた弁護士の回答

①　事業承継を行う意思があるのであれば早めに対策を行うことが必要です。

②　まず、事業承継を行う前提として会社の状況を十分ヒアリングし、後継者の決定とともに、会社の磨き上げをします。

③　税理士などの他士業との連携が必要です。

④　その上で長男Cから株式を買い取るか、買い取りを拒否した場合にはスクイーズアウトを実施します。

⑤　A保有株式については、生前贈与（死因贈与）、遺言又は売買などによりDに承継させるが、売買又は生前贈与をする場合には、株価対策を

十分検討します。

⑥　株式をＤに承継する場合には、Ｄの遺留分に配慮するために、いわゆる円滑化法の適用を検討します。

⑦　不動産は遺言でＣに承継させつつ、Ｂに配偶者居住権を利用できるようにします。

解　説

1　事業承継の意義

創業者としては事業を立ち上げ、売上げを上げて事業を継続させることに力を注ぐべきことはいうまでもありません。もっとも、事業を長年継続してきた場合には次の世代にどのようにして事業を継がせるか、すなわち事業承継が問題となります。特に我が国においては、後継者不足に悩まされており、株式会社東京商工リサーチによれば、2019年も経営者の高齢化や後継者不足を背景に4万件台の水準で企業の休廃業、解散がなされています。

立上げから何十年も継続してきた事業が休廃業することは、創業者の想いに沿わないことが多く、また、日本経済としても損失は大きいといえます。そのため、世代を超えて事業を継続していくための事業承継を適切に行うことが重要となりますが、後述するような事業承継の対策は一気に行えるものではなく、少しずつ時間をかけて行っていくのが望ましいため、早めに対策の検討を行うことが必要です。

2　ヒアリングの意義と会社の磨き上げ

まず、事業承継を支援する際、会社の基本的な情報を入手した上で、会社の状況、経営者の希望、経営者の親族の構成と状況等についてヒアリングを行うことにより、事業承継の大きな方向性を決めることとなります。また、経営者としては事業承継が必要だとしても、特に創業者である場合には、会社を自分が作ってきたという自負が強いために、第三者に会社のことをとやかくいわれるのを良しとしないところがあります。事業承継が遅れ気味になるのはこのような点も影響していると思われます。この事業承継手続開始の壁を乗り越えるには、事業承継の担い手たる弁護士との信頼関係を築くことがその第一歩となります。そのためには何度も経営者とお会いしてその思いをしっかりと聞きながら、経営者がこの弁護士であれば信頼して事業承継のサポートを依頼できる、と理解いただくことが重要です。そのため、このヒアリングの時間、機会は大変大事です。

また、経営者は売上向上、経費削減には強い意識がありますが、法務面においては十分理解していない場合も多いため、承継させる事業が法的に問題ないようにするために、会社法の改正に伴う定款の変更の要否、登記情報の変更の要否、就業規則の見直し、規約類の整備等、会社の磨き上げを行うことが必要となります。

3　税理士など他士業との連携

事業承継のうちの親族内承継においては、経営者が保有する株式など個人資産をどう承継させるのかを検討することが必要であるため、相続税（生前贈与の場合には贈与税）の試算が不可欠であり、その際には税理士の協力が必要となります。事業承継の支援を行う際には、当該企業の顧問税理士など税理士と連絡を取り合って、税務面からの検討を踏まえて事業承継プランを作成することが必要となります。

また、承継すべき資産の中に不動産がある場合、その不動産の時価の算定が必要な場合があります。その際には不動産鑑定士の協力が必要になります。また、実際に不動産にかかる所有権移転登記手続を行う際には司法書士に依頼をすることが有用です。

このように、事業承継を進めるには、他士業との連携が必要となります。

4　スクイーズアウトの実施

本問では、Ａは当初Ｃに事業を承継させたかったのですが、その後Ｄに事業を承継したいと考えるに至ったものの、既にＣが5%の株を保有しています。5%程度であれば、株主総会における特別決議の支障にならない程度であるため、Aが保有する株式をDへ承継すればよく、Cの保有株式については特に対策を取らなくてよいという考えもあり得ると思われます。しかしながら、Cとしては当初承継者と目されながらDが承継者となることを良く思っていない可能性や、それもあり兄弟仲が悪化する可能性がないとはいえません。そのような場合に、Cが少数株主権を行使して、会社の運営に支障を及ぼすおそれがあります。

このようなことが想定される場合には、AとしてはCの株式を買い取るか、それに応じない場合には、少数株主排除といわれるスクイーズアウトを実施することが必要となります。スクイーズアウトの方法としては、株式併合、特別支配株主の株式等売渡請求、全部取得条項付種類株式の利用等が考えられます。以前は全部取得条項付種類株式がよく利用されていましたが、株式併合や特別支配株主の株式等売渡請求制度の方が簡便なため、最近はあまり使われていません。本問では、Aが、特別支配株主の株式等売渡請求の要件となる90%以上の株式を保有しているため、同請求によるスクイーズアウトが可能です。

5 A保有株式の承継

A保有の株式の承継については、生前贈与あるいは死因贈与、遺言、売買などで承継させることが考えられます。生前贈与の場合には、Aが退職し、退職金を受領するタイミング、すなわち、株価の引き下げが可能となる段階で贈与し、承継するDの負担を軽減することが考えられます。ただし、生前贈与をすると仮にDが心変わりした際に業務遂行にストップをかけることができなくなるため、Aが拒否権付種類株式、いわゆる黄金株を1株保有することにより、そのデメリットに対して対策を取ることが考えられます。

また、生前贈与の場合には贈与税の負担が懸念されますが、毎年少しずつ贈与を実施して暦年課税における基礎控除（贈与税の課税に当たり、贈与を受けた金額につき、年間110万円まで控除されます。）を利用する方法のほか、一気に贈与を実施して相続時精算課税制度（贈与があっても、相続時までは課税せず、相続時に遺産と一緒に相続税率で課税して精算する制度です。この制度を使えば2,500万円までは相続時まで納税が猶予されます。）により贈与税の対策を取ることが可能です。

Ｄの心変わりなどを懸念する場合には、遺言あるいは死因贈与による対応が考えられます。ただし、この場合には株価対策を取ることが難しく、相続税の負担がＤに重くのしかかる可能性があります。

これらのＤへの贈与あるいは遺言による承継の場合には、Ｃの遺留分侵害が懸念されるところです。この関係では株価対策を取ったうえで、ＤがＡから株式を時価で購入する方法が考えられます。この場合には、株価対策を取っていても、Ｃに譲渡益が発生し譲渡所得税が課税されることになります。また、Ｄの資金調達の面が問題となります。ただ、Ｄが時価で株式を購入する方法は、将来のＣから遺留分侵害額請求を受けるリスクがない点でメリットがあります。

6 「中小企業における経営の承継の円滑化に関する法律と遺留分に関する民法の特例」について

中小企業において、家族間で遺留分紛争が起きることは、そのまま企業の弱体化、廃業につながりかねません。そこで、中小企業における経営の承継の円滑化に関する法律（以下「円滑化法」といいます。）が定める遺留分に関する民法の特例（円滑化法第2章）の適用を検討することが考えられます。

円滑化法では、合意があれば相続前に遺留分に関する民法の特例を受けることができる制度で、「除外合意」と「固定合意」があります。「除外合意」は、後継者が旧代表者から贈与等により取得した株式等の全部又は一部について、遺留分算定の基礎となる財産に算入しないという合意です（円滑化法4条1項1号）。「固定合意」は、後継者が旧代表者から贈与等より取得した株式等の全部又は一部について、遺留分算定の基礎となる財産に算入すべき価額を相続時ではなく、合意時の価額とする合意です（円滑化法4条1項2号）。

これらの合意ができれば承継者以外の相続人に対する遺留分対策となりますが、その適用の要件として、①先代経営者の推定相続人（ただし、兄弟姉妹を除く。）全員の書面による合意があること、②対象企業が、3年以上継続して事業を行っている非上場の中小企業者（円滑化法2条で業種、従業員数等が細かく規定されています。）であること、③株式を譲渡する先代経営者は、過去又は現在の会社の代表者であること、④後継者が合意の時点で対象会社の代表者であること（なお、先代経営者の推定相続人である必要はありません。）、⑤後継者が自己保有株式及び贈与対象株式を合算して会社の議決権の過半数を保有していること（もともと議決権の過半数を有していた後継者には適用されません。）、⑥合意後1か月以内に当該合意に関する経済産業大臣の確認を申請し、確認受領後1か月以内に家庭裁判所の許可を得ることが必要となります。

このように、手続きが複雑なため利用件数は多くありませんが、遺留分に関してメリットがあるため、利用の可否を検討することが望ましいと考えられます。

7　不動産の承継

遺留分の対策との関係から、不動産は、Dに承継をさせる必要がない場合には、遺言によりCに相続させるのがよいでしょう。ただし、Dが事業を承継するにあたり、Aが会社の債務の連帯保証となっており、自宅不動産がその担保に入っている場合には、金融機関との関係で融資の継続を考えると、連帯保証債務とともに自宅をDに相続させた方がよいでしょう。

また、Bが自宅での居住を希望していますので、配偶者居住権を遺言によりBに遺贈することも検討することが必要です。配偶者居住権については第1章第2の6「配偶者居住権」をご参照ください。

Case 8 個人でクリニックを経営しており、子どもに継がせたい

●相談の概要

Aは個人でクリニックを経営している院長で、現在65歳です。医療法人ではなく、今後も医療法人化する予定はありません。クリニックの土地・建物、医療機器はAが所有しています。相続人は、医師である長男Bと医師ではない二男Cです。長男Bに院長の座を譲りたいと考えていますが、注意すべきこと、今から検討すべきこととして具体的にどのようなことがありますか。

●相談を受けた弁護士の回答

生前承継の可能性を探りつつ、遺言書を作成して相続発生に備えた対応が必要であると考えられます。個人クリニックで、経営者とオーナーが同一のAであるため、事業である医業の承継と、院長個人の財産の相続両面から対策を講じる必要があります。また、医業の承継に伴う各種手続や従業員の雇用契約の対応も準備しておく必要があると考えられます。

解　説

1　事業承継の方法

(1)　承継の類型

会社や事業の事業承継には、代表的に、①親族内承継、②親族外承継及び③外部への引継ぎ（M&A等）があります。

親族内承継は、経営者の子をはじめとした親族に承継させる方法です。一般的に他の方法と比べて、内外の関係者から心情的に受け入れられやすいこと、後継者の早期決定により長期の準備期間の確保が可能であること、相続等により財産を後継者に移転できるため、個人資産も含めた一体的な

承継が期待できるといったメリットがあるといわれます。

親族外承継は、親族以外の役員・従業員に承継する方法です。経営者としての能力のある人材を見極めて承継することができること、社内で長期間働いてきた従業員であれば経営方針等の一貫性を保ちやすいといったメリットがあるといわれます。

外部への引継ぎ（M&A等）は、株式譲渡や事業譲渡等により承継を行う方法です。親族や社内に適任者がいない場合でも、広く候補者を外部に求めることができ、また、現経営者は会社売却の利益を得ることができる等のメリットがあります。

⑵ 検討の順序

一般的には、まず後継者を確保できるかどうかという点から検討をはじめ、親族内に後継者が確保できる場合には親族内承継を検討することになります。次に、後継者が親族内におらず、親族外、従業員等にいる場合には、親族外承継を検討することになります。また、いずれにも後継者が不在の場合には、外部への引継ぎを検討することとなり、難しい場合には、廃業も選択することがあり得ます。

⑶ 個人クリニックの承継

個人クリニックの承継にあっても、大きく異なることはなく、①親族内承継、②親族外承継及び③外部への引継ぎ（M&A等）を検討することとなります。

親族内承継については、個人クリニックの経営者の子は、将来院長として後継者になることを念頭において医師を目指す場合も多く、スムーズに承継ができる場合が想定され、また、従業員や患者からも理解を得られやすい可能性が高いです。

親族外承継では、勤務医や外部の医師等から院長の適任者を見極めて承継する方法が考えられます。ただし、不動産、動産又は機器などの高額の資産を含め、事業を譲り受けるには、後継者に資金力が必要となる場合があります。事業は親族外で承継するものの、一定の収益を子に残したい場合、事業用の不動産を子に相続させるか売却し、当該不動産についてクリニックを引き継いだ方との間で賃貸借契約書を締結して、賃料収入を得られるようにすることも考えられます。

外部への引継ぎでは、クリニックの事業価値、資産価値の計算の他、雇用の維持など院長の希望に沿う条件に応じてくれる売却先を見つけることに困難が伴う場合があります。

2　承継の対象となる財産等

個人クリニックの承継の場合、院長の事業である医業と、院長個人の財産いずれの承継も問題となるため、両面から対策を講じる必要があります。

事業の承継では、主に、①事業用不動産、②医療機器、③事業資金、④医薬品等の棚卸資産、⑤診療報酬等の未収債権、⑥借入金等及び⑦従業員との雇用契約上の地位等を対象として準備することが必要であると考えられます。

個人財産の承継では、事業用以外の不動産（自宅等）、預金、動産類及び有価証券等その他の財産が考えられます。

これらの財産は、事業用のものとそれ以外のものに区分し、後継者に承継させなければならないものを特定する必要があります。事業に必要であるにもかかわらず、承継から漏れてしまったものがある場合、クリニック経営に支障を来してしまうおそれがあり、注意を要すると考えられます。

3　生前承継の検討

⑴　事業用不動産・医療機器について

事業用不動産を生前に後継者に承継する場合、後継者への①贈与、②売却又は③賃貸（使用貸借）のいずれかの方法が考えられます。

事業承継後の経営プラン、所得税・住民税・贈与税・相続税等の各種税金の負担等も踏まえながら、手段の選択を図り、売買の場合には低廉譲渡にならないように売却額を検討したり、賃貸の場合には賃料金額をどのようにするか等を慎重に検討する必要があります。なお、土地については、「小規模宅地等の評価減の特例」を利用できる場合があり、相続発生までは賃貸にし、遺言書で相続させることも考えられます。

事業用不動産を承継者へ生前贈与する場合、土地は路線価ないし倍率方式、建物は固定資産税評価額を基準とした相続税評価額により、贈与を受けた者（後継者）が贈与税を支払わなくてはなりません。贈与税は累進税率が高く、不動産を贈与する場合、高税率が予想され、相続まで待った方が税負担上は有利なことがあります。なお、相続時精算課税制度を利用することも考えられます。

医療機器についても、基本的には事業用不動産と同様に、どのように承継するか検討することになります。なお、賃貸であれば、現在の院長と後継者が生計を一にするか否かで課税関係の取扱いが異なります。両名が、生計を別にしていれば、賃貸料を収受する現在の院長側では雑所得、賃貸料を支払う後継者側では必要経費を計上することになります。

ただし、税務については、税理士等の専門家の意見を踏まえながら進めることが必要です。

⑵ 棚卸資産・診療報酬債権等

いずれも現在の院長の個人財産であることから、売却又は贈与によって後継者への承継を検討することになります。棚卸資産については動産であることが通常であることから、後継者への引渡しで対抗要件は足りますが、債権については、債務者の承諾を得る通知をする等によって対抗要件を備える必要があります。

⑶ 借入金

金融機関等の債権者から同意を得て、債務引受の方法（併存的債務引受又は免責的債務引受）によって債務を承継することが考えられます。

⑷ 患者情報

患者の情報やカルテに記載された各情報は、個人情報（個人情報の保護に関する法律（以下「個人情報保護法」といいます。なお、本書発行日現在のもの。2条1項）に該当します。また、クリニックでは、患者の情報をデータベース化していると考えられるため、同データベースは「個人情報データベース等」に該当し（個人情報保護法2条4項）、データベースを構成する個人情報が「個人データ」（同条6項）に該当します。

個人データは、本人の同意なしに第三者提供することが禁止されますが（個人情報保護法23条1項）、後継者への承継は、同条5項2号の「合併その他の事由による事業の承継に伴って個人データが提供される場合」として第三者提供に該当しないと考えられるので、本人からの個別同意なく承継は可能であると考えられます。

もっとも、センシティブな情報を取り扱うため、患者への周知や説明等については行うべきであると考えられます。

⑸ 従業員の承継等

生前に事業承継を行う場合、従業員との雇用契約の承継も検討しなければなりません。クリニックで働く従業員は、現在の院長であるAと雇用契約を締結しているため、同雇用契約上の地位を後継者に承継しなければなりません。このとき、雇用契約を継続して契約上の地位を変更とするのか、一旦退職として退職金を支払い、新たに後継者との間で雇用契約を締結するといった対応が考えられます。

4 相続による承継

⑴ 相続承継における遺言書の文例

生前に一定程度クリニック承継の準備をしながら、遺言書による相続での承継を行う場合、次のような内容の遺言書が考えられます。

遺言書例（事業承継に関する該当条項のみ）

遺　言　書

第○条　遺言者は、遺言者が営む「○○クリニック」の事業に関する下記の財産を、遺言者の長男B（平成○年○月○日生）に相続させる。…①

記

1　土地（所在等省略）
2　建物（所在等省略）
3　預貯金（銀行名、支店名、種別、口座番号及び口座名義省略）
4　動産類（医療設備等を記載。指定等省略）
5　債権（指定等省略）
6　その他「○○クリニック」の事業に関する財産及び無体財産

第○条　遺言者は、この遺言の遺言執行者として、次の者を指定する。…②

住　　所　東京都○○区○○□丁目□番□号
職　　業　弁護士
氏　　名　D
生年月日　昭和○年○月○日

【付言事項】

私は、○○クリニックを創業し、現在に至るまで事業を拡大してきましたが、今後は、長年私の業務を補佐し、事業の発展に寄与してくれた長男Bが、○○クリニックを承継して、継続してくれることを希望します。私の希望を受け入れ、家族が争うことなく協力し、○○クリニックが益々発展してくれることを願います。…③

(2) 文例に関する説明

ア　文例の①は、事業に関わる各種財産を後継者である相続人に相続させることを内容とするものです。ここで漏れが生じてしまうと、相続人全員で遺産分割協議をしなければならないため、漏れなく記載することが望ましいです。また、財産的に評価の難しい屋号等の無体財産についても対象にしています。

イ　文例の②は、遺言執行者に関するものです。遺言執行者とは、遺言を執行する者のことで、遺言内容を実現するために、相続財産の管理等一切の行為（遺言に基づく権利移転の実現や、それに必要となる事務手続を行うこと）をする権利義務を有する者です（民法1012条1号参照）。遺言執行者は、遺言内容の実現のために、当該預金の管理処分が遺言者の指定した者によってなされるように手続や準備を実施すべき義務を負います。したがって、遺言執行者を指定した方が、事業承継に必要な財産承継という遺言内容の実現がより確実なものになるといえます。

ウ　文例の③は、付言事項に関するものです。遺言書では、付言事項として、相続人間の紛争を避けるために、遺言者の意思や気持ちをしたため、相続人に理解を求める場合があります。付言事項は、遺産の処分そのものについてのものではありませんが、相続人の心情への配慮をし、クリニックの承継をより確実にしようと試みることが考えられます。

5　留意事項

⑴　事業用財産以外の財産の相続

遺言書の文例では、事業用資産を対象とした例を置いていますが、個人で経営しているクリニックの相続の場合、事業用資産以外の資産もすべて相続の対象となります。事業用資産以外についても、遺言書には記載し、誰がどの遺産を取得するのかどうかを指定する必要があります（指定がない場合、遺産分割協議をしなければならず、事業承継に支障を来すおそれがあります。）。その際、⑵に記載の遺留分への配慮をしつつ、指定を行っていくことが重要です。

⑵ 遺留分への配慮

Aが遺言書を作成して事業用資産を相続させた場合でも、共同相続人のBには遺留分があります。遺留分は、被相続人が有していた相続財産について、その一定割合の取得を一定の法定相続人に保障する制度です（民法1042条以下）。相続人が保障されたはずの遺留分に満たない財産しか得ることができない場合、被相続人から遺産を受け取った受遺者又は受贈者に対し、侵害された遺留分に相当する金銭の請求（遺留分侵害額請求）をすることができます（民法1044条）。そのため、例えば、後継者である長男に財産を承継させたいからといって、全ての財産を相続させてしまった場合、二男から、長男に対し、遺留分侵害額請求をされてしまう可能性があります。事業承継を円滑に進めるために遺言書を作成したにもかかわらず、遺留分の問題が生じてしまっては、紛争を生じさせ、かえって承継を妨げてしまう可能性があります。

そのため、事業用の資産を後継者である長男に承継させる代わりに、事業用以外の遺産については、二男に相続させる等の工夫をして、二男の遺留分を侵害しないように対処する必要があります。

⑶ 資金の準備等

後継者以外の相続人の遺留分に配慮をしたとしても、相続時の財産の状況や価値によっては、二男の遺留分侵害を引き起こしてしまうことが否定できません。この場合、後継者である長男は、二男から、遺留分侵害額請求を受ける場合が想定されます。同請求に備えて、例えば、長男を受取人とする保険契約を締結して長男に一定の保険金が支払われるように対処するなどの方法が考えられます。

⑷ 債務の承継について

金銭債務は、相続により当然に共同相続人に法定相続分に従って承継され（最二小判昭和34年6月19日民集13巻6号757頁）、遺言で特定の相続人に債務を相続する旨記載しても、債権者に対しては対抗することはできません。そのため、遺言書に記載をしても、当然に債務を承継することにはならず、金融機関等の債権者から承諾を得て、他の共同相続人を免責する免責的債務引受(民法472条)を行う必要があります。この点を踏まえて、遺言書の文例には、債務に関する取扱いは記載していません。ただし、遺言書に記載があることによって、遺言者の意思が明確となり、金融機関等での手続きが行いやすくなる可能性等を踏まえて、次のような文言を入れることは考えられます。

> 第○条　長男Bは、前条の財産の相続に伴い、遺言者が相続開始時に有する「○○クリニック」の事業に関する債務を全て支払うこと。

なお、相続分の指定を行う場合については、最三小判平成21年3月24日民集63巻3号427頁を踏まえて相続法改正によって規定が新設されており（民法902条の2)、債務に関する相続分の指定にかかわらず、債権者は相続分に従った請求ができますが、債権者が承諾した場合にはこの限りではなく、債務を承継した相続人にのみ請求できることとなります。

⑸　患者情報の承継

前述と同様に、個人データの第三者提供の例外に位置づけられると考えられますが、患者への説明等を実施することが望ましいと思われます。

⑹　従業員の承継

クリニックの承継にあたっては、従業員の承継も重要です。会社の場合には、法人格を有し、解散等で法人格が消滅しない限り、法人格を有するので、創業者の株式や事業用資産を後継者が承継しても、会社と従業員との雇用契約には影響しません。しかし、自然人である個人事業主の場合には、事業主が死亡すると、雇用契約上の使用者が死亡することになります。

エッソ石油事件（最二小判平成元年9月22日判時1356号145頁）は、労働者が死亡した場合の地位確認請求訴訟の承継の成否が問題となった事件で、「労働契約上の地位自体は当該労働者の一身に専属的なものであって相続の対象になり得ないものであるから、労働者の提起した労働契約上の地位を有することの確認を求める訴訟は、右労働者の死亡により当然に終了する」旨判示しています。この判断を前提にすると、個人である使用者が死亡した場合にも雇用契約は終了するかのように考えられますが、死亡した個人事業主の相続人が従業員とともに事業を承継し営業を続けている場合には、新事業主との間に黙示の労働契約が成立するとした裁判例（府中おともだち幼稚園事件東京地判平成21年11月24日労判1001号30頁参照）があります。また、広島高判平成29年1月27日（LEX／DB25563617）は、「使用者の死亡によって雇用契約が終了するか否かにつき民法その他の法令上に明文の規定はない。しかし、相続人は、被相続人の一身に専属したものを除き、被相続人の財産に属した一切の権利義務を承継するのであるから（民法896条）、相続の対象となる使用者の債務（従業員の就労請求権に対応する債務）の具体的内容自体が使用者個人を看護又は教育するための雇用である場合のように使用者の一身に専属するものである場合や、使用者の変更によって労務の内容に重大な差異が生ずるような場合を除いては、雇用契約上の使用者の地位は相続の対象となり、使用者の死亡によって当然に雇用契約が終了することにはならないと解するのが相当である。」旨判示して、同判断を最高裁も是認して上告を棄却し、上告受理申立ては受理していません（最一小判平成29年7月27日LEX／DB25563728）。

以上を前提とすると、一身専属性を有しない場合等は、雇用契約は終了せず、後継者が承継することが可能であると考えられます。しかし、一身専属性の判断は容易ではなく、遺言書に記載することにも困難が伴うと考えられますので、事業を承継しつつ、勤務を継続する従業員との間では、後継者との間で新たに雇用契約を締結する等の対応が望ましいと考えられます。

⑺ 開業等の手続

個人のクリニックでは、院長個人が開設者となっているため、後継者への承継にあたっては、当該院長の廃止手続と、後継者による新規での開設手続を行う必要があります。手続きとしては、保険医療機関の指定申請(厚労省)、開設届(保健所)、開業届(税務署)等が必要です。

⑻ 後継者が医学生である場合

遺言書の文例では、既に後継者が医師である場合を想定していますが、医学部に通学中であるなど、医師資格をこれから取得するという場合もあり得ます。このような場合、停止条件付の遺言書を作成しておくことが考えられます。遺言書に停止条件を付けた場合、遺言の効力は、遺言者の死亡時(民法985条1項)ではなく、停止条件成就から効力を生ずることとなります(同条2項)。そこで、例えば、次のような停止条件付の遺言書を作成しておくことが考えられます。なお、遺言書は、いつでも遺言書の方式に則って撤回可能であり(民法1022条1項)、新たな遺言を作成した場合、旧遺言と矛盾抵触する箇所は旧遺言の撤回とみなされるので(同1023条1項)、後継者が医学部を卒業して無事に医師資格を取得した場合には、遺言書を書き換えることで対応が可能です。

> 第○条　遺言者は、遺言者が営む「○○クリニック」の事業に関する下記の財産を、遺言者の長男B(平成○年○月○日生)が医師資格を取得したことを条件に、相続させる。

参考文献

・小松大介他『医業承継の教科書』(日本医事新報社、2020年)
・鈴木克己『病医院の事業承継とM&A講座』(税務経理協会、2020年)
・医業経営研鑽会編『病院の引き継ぎ方・終わらせ方が気になったら最初に読む本』(日本法令、2019年)

Case 9 社団医療法人を経営しており、これを子どもに継がせたい

●相談の概要

Aは、出資持分の定めのある社団医療法人であり、運営状況等は以下のとおりです。

・クリニックA’を運営

・院長B（75歳）が5,000万円を出資しており、持分100%

・Bの推定相続人は、医師である長男C（クリニックA’に勤務）と医師ではない二男D

・Aの社員は、B、長男C、Bの弟E（医師）及びF（医師）の4名

・Aの理事は、B、長男C及びBの弟Eで、理事長はB

・Aの監事には顧問外の税理士が就任

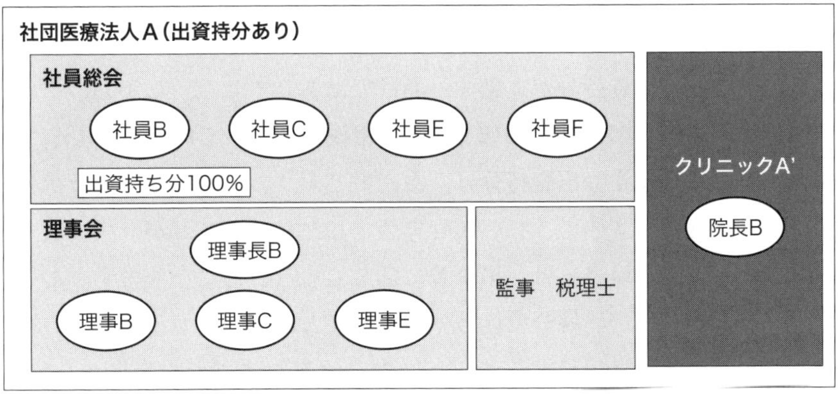

Bは、長男Cを後継者として医療法人を承継したいが、注意すべきこと、今から検討すべきこととして具体的にどのようなことがありますか。

●相談を受けた弁護士の回答

出資持分を後継者に承継する方法が重要であり、生前承継又は相続承継の場合の税金等をシミュレーションしながら、適切な方法を選択する必要があります。医療法人の詳細な収益等についても留意しなければなりません。また、経営を後継者に承継するために、社員総会及び理事会を掌握しておく必要があります。

解　説

1　社団医療法人の出資持分と事業承継

社団医療法人の出資持分は、社団医療法人に出資した者が、定款の定めるところにより出資額に応じて払戻又は残余財産の分配を受ける権利をいいます（医療法（平成18年法律第84号）附則10条の3第3項2号）。

株式会社において株式と株主の地位が結合しているのとは異なり、社団医療法人の出資持分と社員たる地位とは連動しておらず、また、社団医療法人の社員総会における議決権は、持分額とも関係なく、社員1人1議決権を有するのみです。そのため、社団医療法人Aの経営をBからCに承継するにあたって出資持分が連動するわけではありません。しかし、この出資持分は、出資者の財産を構成し、Bの相続にあたっては、遺産として相続の対象になります。出資持分は、上記のとおり、払戻又は残余財産の分配を受ける権利ですので、払い戻しを請求したり、又は万が一医療法人を解散等するような場合には、出資者に戻ってくることになります。こうした出資持分が、法定相続分に従って共同相続人に分散してしまえば、社団医療法人に対し払戻の請求をされてしまい、多額の支払いを余儀なくされ、経営に支障を来す可能性があります。そこで、BがCを後継者としたいのであれば、社団医療法人Aの出資持分を後継者であるCに承継すべきであると考えられます。

今回のケースでは、院長Bの有する出資持分をどのようにして後継者である長男Cに承継するかという点が最も重要な部分になります。

なお、上記のとおり、出資持分と社員たる地位は連動せず、また社員たる地位は相続の対象になりませんので、後継者が社員となっていない場合には、事前に社員にしつつ、社員総会及び理事会を掌握しておく必要があります。

2 社団医療法人の出資持分を後継者に承継するためのスキーム

出資持分の承継のスキームとしては、概要、以下のような類型が考えられます。

生前承継	譲渡（暦年贈与や相続時精算課税を用いる場合も含む）で出資持分承継
相続承継	遺言書による承継
持分をなくす	持分なし医療法人への移行

医療法人は剰余金の配当ができないため（医療法54条）、毎期計上した利益に税金がかかり、また医療法人内に留保されることになるため、出資持分の評価額を上昇させます。業績推移が好調であればあるほど、評価額は年々上昇していくことが想定されるため、将来の相続による承継は相続税負担が過大になる可能性があります。このような場合には、現理事長に退職金を支払うなどして評価額を下げて、相続時精算課税制度も活用しながら、生前に承継してしまう方が望ましいと考えられます。なお、出資持分の評価を下げようとして、患者数が減少して収益が低下しては本末転倒ですので、税理士とも相談してシミュレーションをしながら、収益低下を招かないように適切な方法を選択していく必要があります。

3 生前承継

⑴ 出資持分の譲渡について

出資持分の譲渡について、医療法に定めはありません。しかし、最二小判平成22年7月16日判時2097号28頁の補足意見には、出資持分に一身専属性はなく、譲渡も可能であり、実務上も譲渡がされている旨の指摘があります。また、福岡高判平成26年3月26日判時2242号66頁でも、出資持分の譲渡は許容されています。そのため、法令や定款に違反しない限りは、生前に譲渡することは可能であると考えられます。

(2) 手続等について

ア 譲渡契約の締結

譲渡人と譲受人間で、出資持分の譲渡を内容とする契約を締結する必要があります。出資持分の譲渡日、評価額を踏まえた譲渡価格、対価の支払時期等を定める必要があります。

イ 社員総会の決議

社員総会における決議事項は、法令又は定款によることとなりますが、厚労省が定款例を公表しています。厚労省の定款例によれば、持分の定めのある社団医療法人における社員総会の決議に関する定めは、次のとおりとなっています（厚生労働省「旧制度（平成18年改正前）の持分の定めのある社団医療法人定款例」より抜粋。以下、同定款例を「モデル定款」といいます。）。

第24条 次の事項は、社員総会の議決を経なければならない。
(1) 定款の変更
(2) 基本財産の設定及び処分（担保提供を含む。）
(3) 毎事業年度の事業計画の決定及び変更
(4) 収支予算及び決算の決定
(5) 剰余金又は損失金の処理
(6) 借入金額の最高限度の決定
(7) 社員の入社及び除名
(8) 本社団の解散
(9) 他の医療法人との合併契約の締結
(10) その他重要な事項

法令及び厚労省のモデル定款においても、出資持分の譲渡については、明示されておりません。しかし、前掲福岡高判平成26年3月26日によれば、出資持分の譲渡は、「その他重要な事項」に該当するため、社員総会の決議が必要とされています。そのため、社員総会決議を行う必要があると考えられます。なお、この点は、株式会社に置き換えると、非公開会社において、株式譲渡に株主総会の決議が必要とされることに相当します。

ウ　社員等の交代を伴う場合

社団医療法人の承継にあたって、社員兼理事長が退社及び退任し、後継者が社員として入社して理事長に就任するような場合には、持分の譲渡とは別途、これらに関する次のような手続きも行う必要があります。

社員の入退社手続きについては、定款で、社員総会の承認が必要と定められることが通常です（モデル定款においても同様の定めがあります。）。社団医療法人における理事は、社員総会で選任することとされており（医療法46条の5第2項）、理事長の選出及び解職は、理事会で決める必要があります（同法46条の7第2項3号）。

したがって、社団医療法人の承継にあたって、社員兼理事長が退社及び退任し、後継者が社員として入社して理事長に就任させるには、上記の各手続きが滞りなくできるように、社員総会と理事会を掌握する必要があります。

4　相続承継

遺言書による相続で出資持分の承継を行う場合、次のような内容の遺言書が考えられます。なお、遺言によって相続させる場合に遺留分へ配慮することや遺言執行者を定めるべきであること等については、**本章第2の1⑶Case8**もご参照ください。

遺言書例（出資持分の相続に関する該当条項のみ）

遺　言　書

第○条　遺言者は、遺言者の有する社団医療法人Ａの出資持分全部を遺言者の長男Ｃ（平成○年○月○日生）に相続させる。

第○条　遺言者は、この遺言の遺言執行者として、次の者を指定する。
住　　所　東京都○○区○○□丁目□番□号
職　　業　弁護士
氏　　名　Ｄ
生年月日　昭和○年○月○日

5　出資持分のない社団医療法人への移行

⑴　平成19年医療法改正前に設立された社団医療法人においては、出資持分がありましたが、同改正後に設立される医療法人は、出資持分のない医療法人に限られます。出資持分のない医療法人では、退社時の出資持分の払戻請求がなく、経営の安定性、継続性が担保されるとともに、出資持分の譲渡や相続等にかかる課税の問題も生じなくなるものです。ただし、厚生労働省が発表している統計データによれば、令和3年3月31日現在における社団医療法人総数55,931のうち、38,083が出資持分のある社団医療法人であるため、以前として出資持分のある社団医療法人が多く、約68%を占めている状況です。

⑵　社団医療法人Ａは出資持分があるため、その譲渡や相続等について対策を講じなければなりません。しかし、出資持分のない社団医療法人に移行した場合、この対策は不要となり、後継者であるＣを理事長に選任すれば、理事長の交代で承継は概ね終えることになります（なお、後継者が社員及び理事となっていなければ、社員としての入社並びに理事及び理事長への就任を行うことになります。）。

したがって、医療法人を残し、安定して経営して、地域医療を提供していくこと等を第一に考える場合には、出資持分のない社団医療法人へ移行することも検討対象となります。

(3) 出資持分のない社団医療法人は、解散した場合、残余財産がすべて国庫等に帰属してしまいます。そのため、出資持分のない社団医療法人に移行することは、これまで積み上げてきた出資持分を放棄するのと同義であり、財産を喪失することになってしまいます。特に、複数人で出資持分を有する場合には、理事長が出資持分なしへ移行することを提案しても、そうであれば払い戻しをしてほしいとして多額の現金が必要になる場合等も想定されます。出資持分のない社団医療法人へ移行する場合には、現在の社団医療法人の状況を踏まえつつ、メリット・デメリットを勘案して、関係者で協議を重ねて、検討する必要があります。なお、出資持分のない社団医療法人への移行については、厚生労働省「『持分なし医療法人』への移行に関する手引書～移行促進税制を中心として～」等をご参照ください。

参考文献

・東京弁護士会親和全期会『Q&A 各種法人の事業承継の実務―社団・財団法人、NPO法人、医療法人、社会福祉法人、学校法人、宗教法人―』91～128頁（新日本法規、2020年）

・経営紛争研究会『経営権争奪紛争の法律と実務Q&A』227～248頁（日本加除出版、2017年）

第1 生前対策 2 死因贈与、任意後見、民事信託等

Case 10 負担付遺贈・負担付死因贈与

●相談の概要

相談者Aは、夫に先立たれてペットの犬を飼い始めたばかりなのに大病を患ってしまいました。独立した子どもたち（B、C）はいずれもペットを飼えないマンションに暮らしています。自分の死後には犬がなついている隣人Dが引き取ると約束してくれましたが、ペットとともにその飼育費として100万円も渡したいと考えています。Aには十分な財産があり、ペット及び100万円をDに渡しても、BとCの遺留分を侵害するものではないのでしょうか。

●相談を受けた弁護士の回答

Aとしては、ペットを飼育する負担と引き換えに、ペット及び100万円を譲渡する内容の負担付遺贈又は負担付死因贈与をなすことが考えられます。

解　説

1 法律上のペットの位置づけ

ペットは大切な家族ですが、法律上は物として扱われます。そのため、ペットの飼育費用をペット自身に相続させることはできません。また、ペット自身が、相続財産の一部として、相続の対象になります。

2 遺贈と死因贈与の差異

⑴ 方 式

遺贈とは、遺言によって、遺言者の財産を特定人に譲渡することをいいます（民法964条）。遺言は、方式が決まっており、原則として自筆証書、公正証書又は秘密証書によって行う必要があります（民法967条）。

死因贈与とは、贈与者の財産を受贈者に贈与する旨の両者間の契約のうち、贈与者の死亡によって効力を生ずるものをいいます。死因贈与には、その性質に反しない限り、遺贈に関する規定が準用されます（民法554条）が、遺言の方式に関する規定は準用されない（最二小判昭和32年5月21日判タ73号51頁）ため、遺言の方式を取る必要はありません。

⑵ 撤回の可否

遺言者は、いつでも、遺言の方式に従って、その遺言の全部又は一部を撤回することができます（民法1022条）。また、遺言者は、遺言を撤回する権利を放棄することもできません（民法1026条）。

死因贈与も、遺贈の規定が方式に関する部分を除いて準用されると解されるため、原則として贈与者による撤回は可能とするのが判例の考え方です（最一小判昭和47年5月25日判時680号40頁）。ただし、負担付死因贈与における負担を受贈者が履行している場合や、和解の一環として死因贈与を行っている場合等、死因贈与の撤回を認めるべきでない例外的な事情がある場合は、死因贈与の撤回が制限されることがあります（最二小判昭和57年4月30日判時1042号96頁、最二小判昭和58年1月24日判時1073号70頁）。

⑶ 放棄の可否

遺贈は単独行為であり、受遺者の意思と関係なく行うことができるものです。そのため、受遺者は、遺贈者の死亡後、遺贈の放棄をすることができます（民法986条）。

死因贈与は贈与者と受贈者の契約であるため、受贈者の放棄を認める旨の約定がある等、特段の事情がない限り、受贈者による放棄はできないと考えられます。

⑷ 負担の履行がなされない場合

負担付遺贈の受遺者が負担した債務を履行しない場合、相続人は、相当の期間を定めてその履行の催告をすることができ、その期間内に履行がないときは、その負担付遺贈にかかる遺言の取消しを家庭裁判所に請求することができます（民法1027条）。

負担付死因贈与の受贈者が負担した債務を履行しない場合、相続人は、契約法理に則り、死因贈与契約の解除を行うことができます（民法553条、542条、543条）。

⑸ 受遺者・受贈者が遺贈者・贈与者より前に死亡した場合

遺贈は、遺贈者の死亡以前に受遺者が死亡したときは、その効力を生じません（民法994条）。

他方、死因贈与については、贈与者の死亡以前に受贈者が死亡したときの効力の有無について、下級審の判断が分かれており（東京高判平成15年5月28日判時1830号62頁、京都地判平成20年2月7日判タ1271号181頁）、明確となっていません。そこで、死因贈与契約を締結する際は、贈与者の死亡以前に受贈者が死亡したときの法的効果についても、明確に定めておく必要があるといえます。

⑹ 相続税

死因贈与は、相続税法上、遺贈と同じ扱いを受けるため（相続税法1条の3第1項1号かっこ書）、遺贈も死因贈与も、相続税に関して違いはありません。なお、不動産を相続人に承継させる場合については、死因贈与の方が不動産取得税・登録免許税の負担が大きくなるので注意が必要です。

(7) 比較検討

遺贈は、死因贈与に比べ、方式の面では制限がありますが、受遺者に知らせることなく実施できる点、何ら制限なく撤回ができる点に特徴があります。そのため、受遺者との間で当該財産の取扱い等に関する話が煮詰まっていない場合や、何ら制限なく自由に撤回を行いたいと考えている場合は、負担付死因贈与よりも負担付遺贈の方が相応しい選択といえます。

他方、死因贈与は、当事者の合意によって行う点、受遺者側の放棄が原則としてできない点に特徴があります。そのため、受遺者との間で当該財産の取扱い等に関する話がまとまっている場合は、負担付遺贈より負担付死因贈与の方が相応しい選択といえます。

3 他の考えられる手段

Ａの体調悪化等により存命中にペットをＤに任せることになった場合、負担付贈与契約の締結が考えられます。また、飼育費を一時金で支払うことが適当ではない場合は、民事信託の利用も考えられます。

Case 11 認知症対策としての任意後見・民事信託①

●相談の概要

A（75歳）は、資産として自宅用土地・建物、収益用土地・建物、現金を有しています。Aには、妻B（70歳）と長男C（45歳）がいます。AとBは、年金の他は、収益用不動産から生じる賃料収入で生活をしています。Cは、AとBの近くに住み、長年、収益用不動産の管理を手伝っていました。Aは、加齢とともに、物忘れも目立ち始め、将来、さらに判断能力が低下したときのことを心配しています。

Aが、上記の資産の他、定期預金、畑、上場株式、借地権を有している場合はどうでしょうか。

●相談を受けた弁護士の回答

Aが有する資産の管理のために、信託契約を締結することが考えられます。この場合、受託者は、AとBの近くに住み、従前から不動産の管理を手伝ってきたCが適任です。

定期預金、畑、上場株式、借地権については、信託が利用できない可能性があるので、これらの資産については、別途、任意後見契約の手続きを検討することが考えられます。

解　説

1 背 景

ご相談のように、高齢者が判断能力の衰えを出発点として、財産管理の対策を検討する事例は増えてきています。今後、高齢化社会の進展とともに、このような事例は益々増加すると考えられます。

高齢者が十分な判断能力を有するうちは、問題はあまり生じません。しかし、高齢者の判断能力が衰えてきた場合に、財産の管理に支障が生じる事態が想定されます。例えば、金融機関から預金を引き出そうとする場合や、所有する不動産に修繕の必要が生じた場合など、財産の所有者に十分な判断能力がなければ、適切な対応ができない場面が生じることになります。

2 具体的な方策

⑴ 任意後見

本人に十分な判断能力があるうちに、本人の判断能力が低下した場合に備えて、あらかじめ本人が自ら任意後見人を選任し、代理すべき事項を定めて、任意後見契約を締結しておくことができます。

任意後見契約は、公正証書で行い（任意後見契約に関する法律3条）、本人の判断能力が不十分となった場合、本人の親族等が家庭裁判所に任意後見監督人の選任を請求します（任意後見契約に関する法律4条1項）。任意後見契約は、任意後見監督人が選任された時からその効力を生じることになります（任意後見契約に関する法律2条1号）。

⑵ 民事信託

本人の判断能力が十分なうちに、本人が受託者と信託契約を締結し、受託者が高齢者のために財産の管理することができます。

受託者は財産の所有者として、自らの名義で、各種の契約や手続きを行うことになります。

⑶ 任意後見と民事信託の差異

任意後見では任意後見人が、民事信託では受託者が、各種の手続きを行うことになります。例えば、金融機関との預金契約の締結、不動産の修繕や改築のための請負契約の締結、収益用不動産のテナントに債務不履行があった場合の解除の意思表示、不動産業者との間の媒介契約の締結、新たなテナントとの間の賃貸借契約の締結などがあります。

ここで、任意後見では任意後見人は本人の代理人となるのに対し、民事信託では受託者は自らの名義で各種の手続きを行う点に違いがあります。

また、任意後見は、本人の財産管理に加えて本人の療養看護などの身上保護も対象となるのに対し、民事信託は財産管理及び財産承継を行えますが、受益者の身上保護は対象とすることはできません。

⑷ 検 討

本事例では、本人の療養看護などの身上保護の必要性はないと思われるので、任意後見よりも柔軟な民事信託を検討することが望ましいと考えられます。

3 民事信託に適する事例

⑴ 高齢者に対する特殊詐欺

近年、高齢者の財産を狙った詐欺犯罪が多発しています。振り込め詐欺に代表されるように、高齢者は、犯罪者の要求に応じて、金銭などを騙し取られてしまうことがあります。

⑵ 成年後見

法定後見では、高齢者本人が財産管理権限を有しているので、本人が詐欺などの不当な契約を締結した場合には、法定後見人による取消権の行使などで対応することになります。しかしながら、詐欺などの犯罪の場合、そもそも相手方を特定することが困難な場合も多く、仮に相手方を特定できたとしても、その相手方が弁済するため十分な資力を有しているかどうかわかりません。

任意後見では、本人の行為能力は制限されず、本人は財産管理権限を有しています。仮に、本人が詐欺被害に遭ったとしても、法定後見と違って任意後見人には取消権がありません。そこで、任意後見において取り得る方策は、任意後見人が本人通帳や通帳印を預かるなど事実上の対応に限られてしまうことになります。

⑶ 民事信託の活用

民事信託では、信託財産とした財産の所有権が、委託者から受託者に移転することになります。そのため、委託者である高齢者が詐欺にあっても、高齢者の手元には財産自体が存在しないため、被害を防ぐことができます。

成年後見は、高齢者の財産を事後的に保護しようという法律上の仕組みであるのに対し、民事信託は、高齢者の財産を事前に保護する法律上の仕組みということができます。

4 民事信託を利用する際に検討が必要な財産

⑴ 信託財産

信託財産は、信託法2条3項によれば、「受託者に属する財産であって、信託により管理又は処分をすべき一切の財産をいう」とされています。信託財産の対象としては、現金や、預金、不動産のほか、株式など様々な財産が考えられます。信託法上、信託財産とする財産については特段の制限はないのですが、他の法律や実務上、信託財産にできない財産があります。また、信託財産とするうえで注意をしなければならない財産をもあります。

⑵ 定期預金、外貨預金

預金を信託財産とする場合、預金債権は譲渡できないため（民法466条の5）、預金を一旦解約して現金化した上で、金銭を受託者に引き渡すことになります。

ここで、定期預金については、解約すると普通預金に比べて有利な利息を受け取ることができなくなることがあります。外貨預金については、為替差損が発生したり、解約に期限や条件などが付されている場合もあります。

⑶ 農 地

農地について、所有権を移転する場合には農業委員会の許可を受けなければなりません（農地法3条1項本文）。一方、信託の引受けにより所有権が取得される場合、農業委員会は許可をすることができないとされています（農地法3条2項）。したがって、農地は、信託財産にすることができないということになります。

⑷ 株 式

ア 上場株式

上場株式について、証券保管振替機構による保管振替制度が利用されていますが、この場合、振替株式については、振替口座簿に記載することになります。もっとも、現状では、すべての証券会社が、受託者への名義書替えに応じるとは限りません。上場株式の信託については今後の課題ということになります。

イ 非上場株式

非上場株式については以下のようになります。一般に、中小企業のオーナーが、自社の株式を後継者に承継させるために信託する場合が想定されます。事業承継対策の一環としてなされることも多いところです。信託においては、財産の名義が委託者から受託者に移転しますが、非上場株式では、譲渡制限が付されていますので、この場合の手続としては、まず、委託者又は受託者から会社に対して譲渡承認請求をし（会社法136条）、受託者と委託者が共同で会社に対し、株主名簿記載事項の記載の請求をすることになります（会社法137条2項）。なお、この譲渡承認請求は一度行えば足ります。次に、受託者が、会社に対して、株式が信託財産に属する旨の記載の請求をすることになります（会社法154条の2第2項）。具体的には、株主名簿の各株主の備考欄に、「この株式は信託財産である」ことを記載しておくことになります。既存の株主名簿を応用すればよいので難しい作業ではありません。

なお、非上場株式については、もう一点注意が必要です。近時、事業承継対策として、いわゆる事業承継税制を利用する場合も増えています。事業承継税制は、後継者が、先代経営者から、非上場株式を贈与や相続により取得した際に、経営承継円滑化法による都道府県知事からの認定を受けると、贈与税や相続税が猶予又は免除される制度です。株式を信託した場合には、この事業承継税制が利用できないので注意が必要です（租税特別措置法70条の7、70条の7の2）。

⑸ 借地権

借地権を信託財産とする場合、元の借地権者である委託者から、新たな借地権者である受託者に、借地権を譲渡することになります。また、借地権者は、借地権設定者の承諾を得なければ、借地権を譲渡することができず、これに違反して借地権を譲渡したときは、借地権設定者は、借地契約の解除をすることができることになります（民法612条2項）。この承諾を受けるためには、都市部では高額の『譲渡承諾料』を支払う必要があります。

⑹ 検　討

以上のとおり、本人の財産として、定期預金や外貨預金、農地（田、畑）、上場株式、借地権がある場合、これらの財産を対象として民事信託を利用することについては検討が必要になります。

定期預金や外貨預金についてはリスクを加味して、借地権については譲渡承諾料の金額を加味して信託財産とするかどうかを検討することになります。上場株式は、証券口座のある証券会社に、信託に組み込むことができるかを問い合わることになります。

上記の各財産について、信託財産とすることが難しいか、信託財産とすることができない場合は、任意後見の利用を検討することになります。

Case 12 認知症対策としての任意後見・民事信託②

●相談の概要

A（75歳）は、資産として自宅用土地・建物、収益用土地・建物、預金を有しています。Aには、妻B（70歳）と長男C（45歳）がいる。収益用建物は、築60年が経過し、老朽化が顕著になってきました。しかし、Aの手元には、建物を建替えるだけの十分な資金がありません。Aは、建替えを実行したいと思っていますが、一方、その加齢とともに、物忘れも目立ち始め、将来、判断能力が低下したときにどうなるかということを心配しています。

●相談を受けた弁護士の回答

Aを委託者、Cを受託者として信託契約を締結することが考えられます。

解　説

1　建物の建替え

⑴　背　景

不動産の所有者の中には、自身が若いころに建築した建物を、長年、管理してきたという例も相当数見られます。そのようなケースでは、建物の建築から数十年が経過していることになるため、建物の老朽化が進み、大規模修繕や、場合によっては建替えを検討する時期になっていることもあります。

⑵　建物の建替え

建物を建て替える場合、一般的な流れは以下のようになります。まず、不動産の所有者（建物の請負契約においては注文者）は、建築会社を決定して請負契約を締結した後、建物の部屋数や間取りなどを検討し、併せて、デザインや各種の設備などを検討します。また、建築途中でも、設計変更をする場合もあります。建物の建築の際には、建築会社との請負契約の締結から、建物の竣工まで1年を超える場合も珍しくありません。

この過程を、法律的に検討すると、注文者は、建築会社と請負契約を締結し、都度、必要に合わせて、請負契約の変更契約（又は、別途の請負契約）を締結することになります。

⑶ 問題点

不動産の売買契約のように、一回で手続きが終わる場合に比べ、建物の建替えの場合には、長期間を要し、都度、様々な法律行為を行うことになります。そうすると、建替計画の当初の段階では、建物の所有者の判断能力に問題がなかったとしても、徐々に、判断能力が低下する場合や、場合によっては、途中で判断能力を失ってしまう場合もあります。仮に、不動産の所有者（注文者）が判断能力を失った場合、次の法律行為を行うことができず、計画が頓挫してしまうこともあり得ます。

⑷ 任意後見

建物の所有者が委任者となり、任意後見人を選任して、任意後見契約を締結しておくことが考えられます。この場合、任意後見人は、本人の代理人として、建築会社と請負契約を締結し、手続きを進めていくことになります。

しかし、任意後見の場合、任意後見人はあくまで本人の代理人であるため、自らの裁量で、どこまで自由に計画を進めることができるか不透明な部分があります。すなわち、自らの意思で、建物の規模、部屋数、間取り、デザインを決定し、場合によっては設計変更をしなければなりません。これは、任意後見の枠内では困難な場合があります。

⑸ 民事信託の活用

一方、民事信託を用いることも考えられます。すなわち、Aが、自らを委託者兼受益者、Cを受託者とし、建物及び土地を信託財産として、信託契約を締結することになります。この場合、信託契約を締結した段階で、建物及び土地の所有権は、受託者に移転します。したがって、受託者は、自らが建築会社と請負契約を締結することになります。仮に、計画の途中で委託者が判断能力を失ったとしても、各種の契約者は、受託者ですので、委託者の判断能力の有無は建物の建替計画に影響を与えません。

しかしながら、委託者と受託者の間には、経験の差がある場合があります。例えば、もともとの建物の所有者である委託者は、数十年の間、自らの建物を管理し、適宜補修をしてきたような場合です。このような場合、信託契約において、委託者に指図権を与え、例えば、建物の間取りやデザインの検討について、受託者は委託者の指図に従って、計画を進めることが考えられます。このようなスキームでは、委託者のこれまでに蓄積した知識と経験を活かすことができ、一方、受託者も請負契約から生じる負担から、一定程度解放されます。

2 融 資

⑴ 背 景

事例では、Aの手元には、建物を建て替えるだけの十分な資金がないとされています。また、手元に資金がある場合でも、高齢者の中には、将来に備えて、資金を使いたくないという場合も想定されます。そこで、不動産の建替えに際し、金融機関からの融資を受けることが考えらます。

⑵ 任意後見

任意後見人は、本人の代理人となって、金融機関との間で金銭消費貸借契約を締結し、融資を受けることになります。

しかし、任意後見を利用した場合に、本人に融資を行う金融機関は、非常に限られています。したがって、任意後見を前提に融資を利用することは、実務上は非常に困難といえます。

⑶ 民事信託の活用

そこで、民事信託を利用することが考えられます。民事信託を利用した場合、受託者が債務者となって融資を受けることになります。任意後見に比べれば、受託者に対して融資を行う金融機関の数は多くなっています。ただし、すべての金融機関がこのような融資に対応しているわけではないことについては留意が必要です。

また、民事信託を利用した場合でも、次の点については注意が必要です。

⑷ 受託者の権限と金融機関からの融資

受託者であれば、無条件に金融機関から融資を受けられるというものではありません。信託契約書例には、受託者の権限として、「金融機関から融資を受けること」等の条項が設けられていることがあります。このような条項がある場合、受託者は、それが信託の目的に反しているなどの場合でない限り、金融機関から融資を受けることができるとされます。

また、このような条項がなくても、受託者は、金融機関から受けることができます。すなわち、受託者は、「信託財産に属する財産の管理又は処分及びその他の信託の目的の達成のために必要な行為をする権限を有する」（信託法26条本文）ので、例えば、信託財産たる建物を修繕することは、「信託財産に属する財産の管理」のための行為として、受託者の権限に属すると考えられます。また、修繕に多大な費用が見込まれ建替えのほうが安価である場合は、建物を建て替えることが検討されます。この建物を建て替えることも、受託者の権限に属する行為となります。そうすると、建物の修繕や建替えのために、受託者が金融機関から融資を受けることも、受託者の権限に属することと解されます。

そして、この金融機関の受託者に対する貸付債権は、「信託財産のためにした行為であって受託者の権限に属するものによって生じた権利」となるので、この貸付債権に係る債務は、信託財産責任債務となります（信託法21条1項5号）。

そうすると、受託者は、自らの裁量に基づき、適切な時期に融資を受け、信託財産たる建物に対して必要な補修工事等や建替えを行うことが可能になります。そして、信託財産たる建物に対して、適切な補修工事等や建替えがなされれば、信託財産全体の経済的な価値の維持につながります。このような建物の経済的価値の維持・増加は、受益者にとっても非常に有益です。

⑸ 税法上の注意点

まず、所得税法上、信託の受益者は、当該信託の信託財産に属する資産及び負債を有するものとみなし、かつ、当該信託財産に帰せられる収益及び費用は当該受益者の収益及び費用とみなされます（所得税法13条）。すなわち、受託者の債務である信託財産責任負担債務は、所得税法上は、委託者兼受益者が債務と負担している状態と異なりません。しかし、民法及び信託法上は、受託者の債務となります。したがって、受託者は、原則として、信託財産のみならず固有の財産をもって履行の責任を負い（信託法216条1項参照）、受託者が死亡した場合には、信託財産責任負担債務が受託者の相続人に相続されます。信託において、受託者が融資を受ける場合、信託財産責任負担債務の行方にも注意を払わなければならないことになります。

また、不動産が収益用である場合には、別の考慮も必要になります。例えば、委託者が複数の収益用不動産を所有していた場合に、一部の不動産をのみを信託財産とし、他の不動産は信託財産としなかったとします。この場合、ある年度で、信託した不動産から損失が生じたときでも、当該損失と、信託財産でない不動産の収益を損益通算することはできません（租税特別措置法41条の4の2）。したがって、信託の組成前に、委託者の所有する収益用不動産の収支のバランスを考慮し、一部を信託財産とする場合には、上記の懸念が生じないかを十分に注意しなければなりません。

3 検 討

本件のように、建物の老朽化が顕著になり、一方、本人の手元には、建物を建替えるだけの十分な資金がない場合、任意後見での対応は困難であるため、民事信託の利用を検討することが適切です。しかし、民事信託を利用した場合で、金融機関から融資を受けるときは、信託法上及び税法上の取扱いについて、十分に注意をしなければなりません。

Case 13 残された子（孫）を守るための民事信託

●相談の概要

A（79歳）は、資産として土地建物（自宅兼賃貸アパート　時価1億円）と預金1億円を有しています。Aの配偶者Bは既に他界していて、Aと亡Bとの間の子C（45歳）がいますが、Cには浪費癖があり、AはCに財産を承継させると自身の死後に散財してしまうのではないかと心配しています。

また、Cには、離婚した元配偶者D（38歳）との間の子E（9歳）がおり、DがEの親権者となっています。AとDとの関係は良好で、Aは孫Eに対しても財産を残してやりたいと思っていますが、Aは、Eに対し若くして多額の財産を承継させることには不安を持っています。

●相談を受けた弁護士の回答

AがD（あるいはその他第三者）と信託契約を締結し、D（あるいはその他第三者）に財産を管理してもらうことが考えられます。民事信託を利用することにより、財産管理能力に不安があるCに財産を渡さないことにして財産の散逸を防ぎ、また、まだ若いEに一度に多額の財産を承継させることを回避しつつ、CやEに財産的メリットを享受させることができます。

また、民事信託を利用することは、この先自身が認知症になってしまったときの対策としても有用です。

解　説

1　問題の所在

(1)　遺言利用時の懸念

本相談のAとしては、CやEに自身の財産を残すために、遺言を利用することが考えられます。遺言を作成しておけば、Aは自身の死亡時に、遺言の定めに応じてＣやＥに対して財産を承継させることができます。

しかし、ＡがＣに対して遺言を利用して財産を承継させた場合、浪費癖のあるＣが散財を繰り返し、瞬く間に財産を費消してしまう危険性があります。また、ＡがＥに対して遺言を利用して財産を承継させようとした場合、Ｅが若くして多額の資産を持つことになる可能性があり、その場合にＥが適切に財産を管理することができないのではないかという懸念があります。

遺言を利用して財産承継をさせると、遺言者の死亡と同時に遺言者の財産の全てを第三者に承継させることになるため、財産を承継する者が何らかの事情で財産を適切に管理する能力を備えていない場合、遺言で承継させた財産を散逸してしまうという懸念があります。

⑵　財産管理の諸制度

ア　法定後見

十分な財産管理能力を有しない者に代わって第三者が財産を管理することを目的とする制度として、法定後見があります。

しかし、法定後見を利用して本人の財産を第三者に管理させるには、本人が「精神上の障害により事理を弁識する能力を欠く常況にある者」（民法7条）であることが要件となります。

ここで、本相談のＣのように浪費癖があるといった程度では、「事理を弁識する能力を欠く常況にある者」とまではいえないことがほとんどであり、Ｃについて法定後見を利用することは難しいでしょう。

イ　任意後見

任意後見は、「精神上の障害により事理を弁識する能力が不十分な状況にある」という要件を満たす場合に利用することが可能となります（任意後見契約に関する法律4条1項）。

しかし、本相談において、浪費癖があるＣについて「精神上の障害により事理を弁識する能力が不十分な状況にある」といえるかという問題があります。

その上、任意後見は、任意後見人に代理権を与える制度であるにとどまり、本人の行為能力が制限されません。本人は財産管理権限を有したままとなり、任意後見人は取消権を有しません。そのため、任意後見を利用したとしても、本人であるCが財産を散逸してしまう危険性は残されたままとなります。

このように、本相談のCについて任意後見を利用して問題を解決するということは困難です。

ウ 親 権

親権も、財産管理能力が不十分である者に代わって第三者が財産を管理する制度ではあります。

しかし、本問で、Eが未成年者であるうちは親権者Dが財産管理権（民法824条）を行使してEの財産を管理することになりますが、Eが成人するとその時点でDの財産管理権は消滅します。

そのため、本相談において成人して間もないEが多額の財産を有することとなった場合、Eが財産管理権を行使して財産を散逸してしまうのではないかという懸念があります。

2 民事信託の利用

⑴ 利用要件

上記のとおり、法定後見、任意後見及び親権は、いずれも財産管理能力が不十分な者に代わって第三者に財産を管理させる制度ではありますが、それぞれ定められた要件を満たす場合でなければ利用することができません。また、任意後見は任意後見人に代理権を付与するにとどまり、任意後見人は取消権を持たず、本人に財産管理権限が残されたままとなります。

そのため、本問のように、浪費癖がある、あるいはまだ若いといった事情で財産管理能力に懸念がある場合、遺言によってこれらの者に財産を承継させることが適切でないこともあります。

これに対し、民事信託は、委託者と受託者の契約によって利用することができ、財産的メリットを享受する者（受益者）の財産管理能力の程度や年齢を問いませんので、浪費癖がある、あるいはまだ若いといった事情で財産管理能力に懸念がある場合でも利用することができます。

この民事信託を利用することにより、残された子（孫）を守る財産管理、財産承継の設計が可能になります。

⑵ 具体的な信託のイメージ（一例）

ア 子Cとの関係

㈠ A死亡まで

自宅兼賃貸アパートと預金7,000万円を信託財産として、AとDで信託契約を締結します。最初の受益者はAにします。これにより、A死亡まで、DはAのために、自宅をAに利用させ、賃貸アパートを第三者に賃貸し、その賃料や預金をAの生活費に充てる等の方法で信託財産を管理します。

㈡ A死亡からC死亡まで

Aの死亡時には、Cが受益権を取得しておきます。これにより、A死亡時から、DはCのために、自宅をCに利用させ、賃貸アパートを第三者に賃貸し、預金をCの生活費として与える等の方法で信託財産を管理します。もちろん、Cが自宅を利用することが想定されないのであれば、自宅を第三者に賃貸するとしておくことも可能です。

この時、財産の管理主体は受託者であるDであり、Cは自宅を利用したり生活費を受領できるにすぎないので、Cが自宅兼賃貸アパートを売却したり、受領した生活費以上に預金を使用したりすることはできません。そのため、浪費癖があるCがAの遺産を散財してしまうということを防ぎ、Cの生活を守ることが可能となります。

Cとともに受託者Dも高齢となっていきますので、E又は第三者を後継受託者と定めておくことも考えられます。

(ウ) C死亡時

そして、信託契約に、Cの死亡時に信託契約が終了する旨の定めと、信託契約終了時点において残った財産についてEに帰属させる旨の定めを設けておけば、C死亡時に残った財産をEに帰属させることができます。

このようにCによる散財を防ぐことにより、残った財産をEに承継させることが可能となります。

イ 孫Eとの関係

(ア) A死亡まで

預金3,000万円を信託財産として、AとDで信託契約（上記アの第二次受益者をCとする信託契約とは別の信託契約）を締結します。最初の受益者はAにします。これにより、A死亡時まで、DはAのために、預金を管理することになります。

(イ) A死亡後

Aの死亡時にEが受益権を取得しておくこととしておき、例えば、Eが受益権を取得した場合は毎年200万円を交付することにしておきます。最初の年の交付額は多めとしてもよいでしょう。

これにより、A死亡時においてまだ若いEに一度に財産を取得させるのではなく、段階的にEに財産を取得させることができ、Eを守ることができます。

(ウ) Eが30歳になった時

例えば、Eが30歳くらいになった時にまとまった財産を承継させてよいと考えるのであれば、信託契約に、A死亡及びEが30歳になった時に信託契約が終了する旨の定めと、それを原因として信託契約が終了した時点において残った財産についてEに帰属させる旨の定めを設けておけば、Eが30歳になった時に信託を終了させてEに残余の財産を承継させることができます。

ウ 民事信託のメリット

このように、民事信託を利用すれば、浪費癖のあるCに財産を管理させることなくＣに財産的メリットを享受させることができ、また、まだ若いＥに対して一度に多額の財産を承継させるのではなく段階的に財産を承継させることが可能になり、子Ｃや孫Ｅを守ることができます。

⑶　認知症対策としての効果

また、ＡがＤに財産を信託した時点で、Ａの財産をＡではなくＤが管理することになるので、Ａの認知症対策としての効果も期待できます。

例えば、浪費癖のあるＣがＡに無心をした場合、Ａが元気なうちは適切に対処をすることが期待できますが、認知症が進んだ後にＡが適切な対処をすることができるかわかりません。

しかし、上記のようにＡがＤと信託契約を締結して財産をＤに信託しておけば、Ａの認知症が進んだ場合でも、財産を管理するＤにより適切な対処が期待できます。そのため、Ｃの無心による散財を防止することができ、結果として子Ｃや孫Ｅを守ることに繋がります。

Case 14 先祖代々の不動産を残すための受益者連続信託

●相談の概要

A（75歳）は、先祖代々承継してきた自宅用の庭園付き土地・建物を有しています。Aは、元妻B（60歳）とは30年前に離婚をして、自宅でBとの間の子C（35歳）と暮らしていますが、Cには先天的な持病があり、医師から突然死をする可能性が指摘されています。また、Aの兄弟姉妹としては、弟D（70歳）がおり、Dには子E（40歳）が、さらに孫F（15歳）がいます。他方、Bは、再婚して子G（25歳）がいます。

大手会社を重役まで勤め上げたAには、潤沢な年金収入と預貯金が有り、自分とCはできれば死ぬまで自宅で静かに暮らしていきたいが、自分とCが死亡した後、先祖代々承継してきた自宅用の庭園付き土地・建物は、甥であるEに承継して欲しいと考えています。

●相談を受けた弁護士の回答

Aが有する自宅用の庭園付き土地・建物をDに承継させるためには、当初の受益者をA、次の受益者をC、帰属権利者をEとする受益者連続信託の信託契約の締結が考えられます。

この場合、受託者については、D→E→Fの順番で任せることが考えられます。

なお、D→E→Fによる信託事務の遂行に不安がある場合には、信託監督人や受益者代理人を設置する、あるいは、信託会社を受託者とする信託契約の締結（商事信託の設定）を検討してもよいと考えられます。

解　説

1　法定相続

本事例のように、離婚した夫婦の間に子がいて、離婚した元配偶者がさらに子を設けている場合、夫Ａの法定相続人は子Ｃ、子Ｃの法定相続人は元妻Ｂ、子Ｃの死亡時に元妻Ｂが死亡している場合にはＢの子Ｇとなります。したがって、何らかの準備をしていなければ、Ａ→Ｃの順番で亡くなった場合に、先祖代々承継してきた自宅用の庭園付き土地・建物が元妻Ｂ又はその子Ｇに相続されます。

しかし、本事例のように、離婚した配偶者や再婚先の子が不動産を相続した場合、先祖代々承継されてきた不動産が大切に保存されることなく、売却されて人手に渡る可能性は高いでしょう。したがって、血縁の有る、ともに自宅で育った弟あるいはその子（甥）に不動産を承継させたいという希望は多いでしょう。

2　後継ぎ遺贈

民法上、後継ぎ遺贈は無効とする見解が有力です。したがって、本事例のＡの希望を、Ｃに相続させる遺言では実現することができません。

後継ぎ遺贈が無効とされる主な理由は、所有権は、完全・包括・恒久的な権利であるから、受遺者の死亡時を始期とする期限付所有権の創設は認められないという点にあります。それゆえ、遺言によってできることは、Ａが先に亡くなればＣに不動産を承継させるというところまでになります。ＡがＣより先に亡くなる場合を想定すると、まずはＡがＣに不動産を相続させる旨の遺言を作成し、その先の、ＣからＥへの承継については、Ａの死後に、Ｃに遺言を作成して貰うことになります。

しかし、Ａの死亡後Ｃに遺言能力があるとは限りません。

また、Ａの死後、ＣがＡの意思に反して、実の母であるＢ又は父違いの兄弟であるＧに不動産を相続させる遺言を作成することもあり得ますし、ＢやＧを支援するために不動産を売却する可能性も考えられます。したがって、Aの希望が確実に実現される保証はありません。

3 負担付き遺贈

Aが、甥Eに対し、「不動産を子Cの居住の用に供すること」との負担付で遺贈をすることも考えられます。しかし、負担が確実に履行される保証があるわけではありません。

仮に、負担が履行されなければ、Aの相続人である子Cは、相当の期間を定めて催告した上で、期間内に履行がなければ、負担付遺贈の取消しを家庭裁判所に請求することになるのでしょうが（民法1027条）、先天的な持病があるCが負担付遺贈の取消しを請求することは、実際には困難かもしれません。

また、Aが認知症の進行で判断能力を失った場合、Aの死亡までの間の不動産の管理に関しても、不安が残ります。

なお、本事案とは離れますが、AとBが離婚をしておらず、子Cがいない事案であれば、配偶者居住権を利用した遺贈は、有効な方法になるものと考えられます。

4 民事信託の活用―後継ぎ遺贈型受益者連続信託

(1) 後継ぎ遺贈型受益者連続信託の有効性

本事例のように、先祖代々承継してきた不動産をまずはAとCのために利用し、その後確実に甥Eへ承継させるには、Aを当初受益者、Cを第二次受益者、Eを帰属権利者とする受益者連続型信託を設定することが有効だと考えられます。

なお、信託法は、後継ぎ遺贈型受益者連続信託の存続期間について規定しており（信託法91条）、受益権を連続して複数の者に帰属させる信託が有効であることについて異論はありません。

(2) 信託スキームの概要

本事例における受益者連続信託の基本的事項は、以下のとおりです。

① 信託目的

　AとCについて、できうるかぎり自宅での平穏で安心・安全な生活を送らせること。

　先祖代々承継してきた自宅用の庭園付き土地・建物を甥Eへ確実に承継させること。

② 信託行為

　信託契約

③ 信託財産

　不動産（土地・建物）、金銭（不動産管理に要するもの）

④ 当事者

ア　委託者　　A（75歳）

イ　受託者　　Aの弟D→Aの甥E→Eの子F

ウ　受益者　　当初受益者はA（自益信託）

　　　　　　　第二次受益者はAの子C

⑤ 受託者の権限

　受託者は、不動産（土地・建物）を売却することはできない。

⑥ 主な信託事務

　不動産（土地・建物）を管理して、A及びCの居住の用に供すること。

⑦ 信託の終了

　A及びCの双方が死亡した時点で信託終了。

⑧ 帰属権利者

　Aの甥E（信託終了時点でEが死亡していた場合にはEの子F）

第2 遺言の効力・遺言執行について　1 遺言執行者について

Case 15 遺言執行者の指定・選任

●相談の概要

相談者A（75歳）は、複数の不動産、複数の金融資産を有しています。Aの推定相続人には配偶者と4人の兄弟がおり、Aは、自身の財産を誰に相続させ、あるいは遺贈したいかについて、考えが固まっています。そのため、遺言を作成するつもりでいるところ、遺言執行者を予め決めておくべきなのか、決めておかなかった場合に誰が遺言の内容を実行することになるのかといった点について、弁護士に相談したいと考えています。

●相談を受けた弁護士の回答

一応の原則としては、遺言の内容を実行するのは遺言者の相続人の役割ですが、相続人が遺言の内容を実行するのは困難が伴います。そこで、遺言の内容を実行することを職務とする遺言執行者を、遺言によって指定しておくことが望ましいです。また、遺言執行者がいないときには、利害関係人が、家庭裁判所に遺言執行者の選任を求めることもできます。

解　説

1　遺言執行者の役割

遺言執行者は、遺言の内容を実現する役割を負う者であり、その役割を果たすために、相続財産の管理その他遺言の執行に必要な一切の行為をする権利義務を有します（民法1012条1項）。そして、遺言執行者がその権限内において遺言執行者であることを示してした行為は、相続人に対して直接にその効力を生ずることとなります（民法1015条）。

遺言執行者がある場合には、遺贈の履行は、遺言執行者のみが行うことができます（民法1012条2項）。他方、相続人は、遺言執行者がある場合、相続財産の処分その他遺言の執行を妨げるべき行為をすることができません（民法1013条）。

なお、遺言執行者の権限等に関する民法の規定は、平成30年7月の民法改正により改定されています。遺言執行者の権限等に関する改正後民法の規定は、原則として令和元年7月1日以降に開始された相続に適用されますが、個別の規定の性質により、遺言の日を基準とする場合や、相続開始後の各事象を基準とする場合もあります。そのため、改正後民法の適用の有無について、個別に確認することが必要です。

2 遺言執行者の指定

⑴ 遺言執行者の指定の方法

遺言者は、遺言で、一人又は数人の遺言執行者を指定し、又はその指定を第三者に委託することができます（民法1006条1項）。遺言によらなければ、遺言執行者を指定することも、遺言執行者の指定を第三者に委託することもできません。

遺言執行者として指定した者が遺言執行者に就任できない場合に備え、予備的に後順位の遺言執行者を指定しておくことも有用です。

遺言執行者が数人ある場合は、その任務の執行は過半数で決するのが原則ですが、遺言者が遺言にて原則と異なるルールを定めることもできます（民法1017条1項）。

⑵ 委託を受けた者による遺言執行者の指定

遺言執行者の指定の委託を受けた者は、遅滞なく、その指定をして、これを相続人に通知しなければなりません（民法1006条2項）。遺言執行者の指定の委託を受けた者がその委託を辞そうとするときは、遅滞なくその旨を相続人に通知しなければなりません（民法1006条3項）。

⑶ 遺言執行者の指定を受けた者

遺言執行者が就職を承諾したときは、直ちにその任務を行わなければなりません（民法1007条1項）。そして、遺言執行者がその任務を開始したときは、遅滞なく、遺言の内容を相続人に通知しなければなりません（民法1007条2項）。

また、遺言執行者の指定を受けた者が遺言執行者に就職することを承諾するかどうか不明な場合、相続人その他の利害関係人は、遺言執行者の指定を受けた者に対し、相当の期間を定めて、その期間内に就職を承諾するかどうかを確答すべき旨の催告をすることができます（民法1008条前段）。この催告を受けた場合、その期間内に相続人に対して確答をしないときは、就職を承諾したものとみなされます（民法1008条後段）。

3 遺言執行者の選任

⑴ 遺言執行者の選任の請求ができる場合

遺言執行者がない又はなくなった場合、相続人、受遺者、相続債権者等の利害関係人は、家庭裁判所に対し、遺言執行者の選任を請求することができます（民法1010条）。遺言執行者がない又はなくなった場合には、遺言による遺言執行者の指定がない場合のほか、遺言執行者の指定を受けた者が就職を拒否した場合や、遺言執行者が死亡・辞任・解任により事後的にいなくなった場合を含みます。

⑵ 遺言執行者選任申立てが却下される場合

遺言執行者選任申立てを受けた家庭裁判所は、遺言の内容から遺言執行者の要否を検討し、必要と判断した場合には、審判によって遺言執行者の選任をします。遺言の内容が、遺言執行者による執行行為を要しないものである場合、選任の利益を欠くものとして申立てが却下されます（東京高

決昭和44年9月8日判時572号38頁)。

また、遺言の有効性に疑義がある場合でも、遺言の効力が実体的審理によってはじめて決せられるような場合には、家庭裁判所は遺言執行人の選任を行うこととなりますが、遺言が無効であることが一見して明らかである場合には、執行すべき遺言が存在しないため、家庭裁判所は遺言執行人選任申立てを却下することとなります(東京高決昭和27年5月26日家月5巻4号114頁)。

4 遺言執行者の辞任・解任

(1) 遺言執行者の辞任

遺言執行者がその任務を辞するには、正当な事由があること及び家庭裁判所による許可が必要となります(民法1019条2項)。遺言執行者辞任許可の申立先は、遺言執行者選任申立と同様、遺言者の最後の住所地を管轄する家庭裁判所になります(家事事件手続法209条1項、別表1の107、民法883条)。

(2) 遺言執行者の解任

遺言執行者がその任務を怠ったときその他正当な事由がある場合、相続人等の利害関係人は、遺言執行者の解任を家庭裁判所に請求することができます(民法1019条1項)。遺言執行者解任の申立先は、遺言執行者選任申立と同様、遺言者の最後の住所地を管轄する家庭裁判所になります(家事事件手続法209条1項、別表1の106、民法883条)。

遺言執行者の解任が認められるべき正当な事由は、遺言執行者の任務遂行それ自体に問題がある場合に限られません。そのため、例えば、相続人の一部と特段に緊密な関係にあり相続人全員の信頼を得られないことが明瞭な場合にも、遺言執行者の解任が認められることがあります(東京高決昭和44年3月3日判タ244号315頁)。

5 遺言執行の費用

⑴ 遺言執行に関する費用

遺言の執行に関して、遺言書の検認手続の費用、相続財産目録作成費用、相続財産管理費用、登記手続費用、遺言執行者の報酬等、様々な費用が必要となります。

遺言執行費用は、相続財産から捻出されることとなります（民法1021条本文）。そのため、相続人は、相続財産の額を限度として、遺言執行費用を負担すれば足りるものと考えられます（東京地判昭和59年9月7日判時1149号124頁）。

⑵ 遺言執行者の報酬

遺言者は、遺言執行者の報酬の額を、遺言によって定めることができます（民法1018条1項ただし書）。また、遺言執行者と相続人全員とが協議をして、遺言執行者の報酬額を定めることも可能です。

遺言執行者の報酬が遺言に定められていない場合には、家庭裁判所に対して報酬付与の審判を申し立てることができます（民法1018条1項）。遺言執行者に対する報酬付与の申立先は、遺言執行者選任申立と同様、遺言者の最後の住所地を管轄する家庭裁判所になります（家事事件手続法209条1項、別表1の105、民法883条）。

6 遺言執行者を指定する場合の条項案

遺言において、遺言執行者及び後順位の遺言執行者並びに遺言執行者の報酬等を定める場合の条項案は、次のとおりです。

① 遺言者は、次の者を本遺言の遺言執行者に指定する。
　住　　　所　（略）
　職　　　業　弁護士
　遺言執行者　B

生年月日　（略）

② 遺言者は、前項の者が遺言執行者に就任しない場合又は就任できない場合には、次の者を遺言執行者に指定する。

住　　所　（略）

職　　業　弁護士

遺言執行者　C

生 年 月 日　（略）

③ 遺言執行者は、この遺言に基づく不動産に関する登記手続並びに預貯金等の金融資産の名義変更、解約、払戻し及び貸金庫の開扉・解約その他この遺言の執行に必要な一切の行為をする権限を有する。

④ 遺言執行者には遺言執行に関する報酬として、相続財産目録作成費用、相続財産管理費用、登記手続費用等の実費費用とは別に、遺産総額（なお、土地については路線価により算出される額を基準とし、建物については固定資産税評価額を基準とする。）に応じ、以下のとおりの金額を支払う。また、遺言執行に裁判手続を要する場合、遺言執行者に対する報酬額に、（旧）日本弁護士連合会報酬等基準に基づき算出される金額を加算する。

300万円以下の場合	30万円
300万円を超え3,000万円以下の場合	遺産総額の2%＋24万円
3,000万円を超え3億円以下の場合	遺産総額の1%＋54万円
3億円を超える場合	遺産総額の0.5%＋204万円

第3 相続・遺産分割　1 相　続

Case 16 相続人の不存在

●相談の概要

Aが死亡し相続人Bらは全員相続を放棄しました。A名義の不動産には、バブル時代の根抵当権が付いていますが、Aは長い間音信不通であったため、BらにはAの財産状況は全くわかりません。Aにお金を貸しているCは債権を回収したい。また、Bらは相続放棄をしましたが、自己の財産におけるのと同一の注意をもって、その財産の管理を継続しなければならない（民法940条）とはいえ、今にも崩れ落ちそうな空き家を管理することは負担が大きく、さらに、Aは当該不動産の固定資産税を滞納していたようであり、市町村Dの担当者は頭を抱えています。BとC、Dはどうすればよいでしょうか。

●相談を受けた弁護士の回答

B、C、Dは相続財産法人の利害関係人と思われますので、相続財産管理人の選任を申立て、その手続きの中で個々の目的が達成できるかどうかを判断します。また、申立ての際に納める予納金の額が高額なことから、申立ての実益があるかどうかも検討するべきです。

解　説

1　相続財産法人と相続財産管理人

民法951条は、「相続人のあることが明らかでない」場合、「相続財産は法人とする」と定めて相続財産自体に法人格を与え、権利義務の帰属主体としています。そして、家庭裁判所は、利害関係人又は検察官の申立てによって相続財産管理人を選任し（民法952条）、相続財産の管理及び清算等を行うこととなります。これが相続財産管理人の制度です。

⑴ 相続財産管理人選任の要件

a 相続の開始 b 相続財産の存在 c 相続人のあることが明らかでないこと

b 相続財産が僅少な場合でも相続財産法人は成立しますが、管理人を選任してその後の手続きを行うためには様々な費用がかかるため、管理人選任の実益がない場合があります。

c 相続人のあることが明らかでないとは、「相続人の存否が不明をいうのであって、相続人の生死不明又は行方不明等は含まれないものと解する」（東京高決昭和50年1月30日判時778号64頁）とし、「相続人がいないことが明らかな場合」も含むとするのが通説です。

⑵ 手続きの流れ（数字は「民法」の条文）

相続財産管理人の選任申立て（952条1項）

↓

相続財産管理人の選任及び選任公告（952条2項）2ヶ月間

↓ 相続人出現せず

・請求申出公告（957条1項）

・知れたる相続債権者・受遺者に対する請求申出催告（957条2項、927条3項）

↓ 2ヶ月以上の期間
公告期間満了

弁済（957条2項、929条、931条、935条）債権者→受遺者

相続財産の換価

（任意売却 953条、28条）、（形式競売 957条2項、932条本文）

↓

相続人捜索の公告（958条）

↓ 6ヶ月以上
相続人出現せず、出現するも相続放棄

相続人捜索公告期間満了
⇒相続人の不存在確定（958条の2）
↓ 3ヶ月以内
特別縁故者に対する相続財産分与の申立て（958条の3）
↓
財産分与の審判又は却下
↓
残余財産あり→残余財産に共有者あり→他の共有者に帰属（255）
→残余財産に共有者なし
↓
残余財産の国庫への引継ぎ（959条）

2 本問について

現行の民法を前提に検討します。

(1) Aが死亡し相続人が全員相続放棄をしている本件は、相続人不在の場合に当たります。Bらは、民法940条により、次順位の相続人が相続財産の管理を始めるまでの間、自己の財産におけると同一の注意をもって、その財産の管理を継続しなければなりませんが、全員が放棄し次順位の者が現れない以上、Bらの管理継続は永遠に続くかもしれず、空き家の管理を免れたいとのこと、また、Cは債権の回収、Dは滞納固定資産税の回収をしたいとの目的があります。この場合、B、C、Dいずれも利害関係者として、相続財産管理人選任の申立てを行い、手続きの中で自らの目的を達成することができると思われます。

ただし、その手続きにおいては、官報公告費用、相続財産の調査に要する費用、相続財産管理人の報酬、その他相続財産の管理に必要な費用がかかることから、申立てには、管理費用の予納が必要とされています。相続財産の中に管理費用の財源が見込めない場合、「東京家庭裁判所では、原則として、申立人に対し、100万円の予納金を依頼している。」（片岡武ほか「家庭裁判所における成年後見・財産管理の実務」第2版332頁）とのことです。

したがって、B、C、Dらは、予納金を納めて相続財産管理人の選任を申し立てる実益があるかどうかを検討することが必要です。例えば、Aの財産の中には他に預貯金等の流動資産がないか、不動産に設定されている担保権について現在の被担保債権の額はいくらなのか、担保権実行の可能性はどうか、また、CやDの債権は100万円を超えるのかどうか、Bらが自ら空き家を管理した場合の管理費用は（ただし、単純承認に当たる行為はできません）、売却の可能性、国庫帰属の可能性はどうか等を検討します。

(2) なお、相続放棄をした者に上記のような重い義務を課すことは相当ではないことから、令和3年4月28日法律第24号改正民法940条は、「相続の放棄をした者は、その放棄の時に相続財産に属する財産を現に占有しているときは、相続人又は第952条第1項の相続財産の清算人に対して当該財産を引き渡すまでの間、自己の財産におけると同一の注意をもって、その財産を保存しなければならない。」と定め、放棄の時点で相続財産を現に占有している者に保存義務が課されることを明記しました。所有者不明土地の問題が社会問題化し、所有者不明土地（建物）管理制度（改正民法264条の2以下）、管理不全土地（建物）管理制度（民法264条の9以下）も創設されています。

3 民法等の一部を改正する法律（令和3年4月28日法律第24号）による改正

(1) 保存型の相続財産管理制度の創設

改正民法では、相続人が複数存在し遺産分割前の共有状態にある場合に、その管理が不十分等の場合に備えて、相続財産の保全を目的とした相続財産管理人を設けました（改正民法897条の2）。これに伴い、相続人不在の場合の清算を目的とした現行の「相続財産の管理人」の名称を「相続財産の清算人」に改称しました（改正民法952条1項）。

⑵ 相続財産清算人選任の場合の公告手続の合理化

1⑵のように、現行の手続きでは管理人選任から相続人不存在が確定するまでに10か月以上の期間を要し、必要以上に手続きが重いとの指摘がありました。そこで、改正民法では、家庭裁判所による選任公告及び相続人捜索公告を同時に実施し、その期間を6か月以上とすること（改正民法952条2項）として、公告回数の負担を減らし、期間短縮を行うことで、利用の促進を目指すこととなりました。

参考文献

・片岡武＝金井繁昌＝草部康司＝川畑晃一『家庭裁判所における成年後見・財産管理の実務〔第2版〕』（日本加除出版、2014年）

・野々山哲郎＝仲隆＝浦岡由美子共編『Q&A相続人不存在・不在者財産管理の手引』（新日本法規、2017年）

・荒井達也『Q&A令和3年民法・不動産登記法改正の要点と実務への影響』（日本加除出版、2021年）

・岡信太郎『図解でわかる改正民法・不動産登記法の基本』（日本実業出版社、2021年）

Case 17 内縁の夫が亡くなった場合

●相談の概要

長年夫婦同然に暮らしていた内縁関係のA、Bは、男性Aが亡くなり、女性BとAとの間に子どもはなく、Aの両親はすでに他界し、兄弟姉妹もなく、Aに相続人は一人もいません。Aの遺産は、預金2,000万円及び第三者に賃貸している区分所有マンション一室の持分であり、AがBとともに住んでいたのは賃貸アパートです。BはAの財産を取得することができますか。上記区分所有マンション一室は、Aが知人Cと共同で購入したもので、AとCの共有持分は二分の一ずつです。Aの持分はBが取得できるのか、Cが民法255条により取得することになるのでしょうか。

●相談を受けた弁護士の回答

BはAの相続財産については、特別縁故者として利害関係を有する者であるため、相続財産管理人が選任されていない場合には、選任の申立てを行うことを検討します（民法952条）。そして、相続人捜索の公告満了日から3か月以内に、財産分与の申立てを行い（民法958条の3第1項）、後日、家庭裁判所の審判により、預金、区分所有マンションの持分の帰属が決定されます。なお、借地借家法36条により、賃貸アパートの居住権はBが承継します。

解　説

1　相続財産管理人の選任及び特別縁故者への相続財産分与の制度

民法951条は、「相続人のあることが明らかでない」場合、「相続財産は法人とする」と定めて相続財産に法人格を与え、権利義務の帰属主体としています。そして、家庭裁判所は、利害関係人又は検察官の申立てによって相続財産管理人を選任し（民法952条)、相続財産の管理及び清算等を行いますが(相続財産管理人の制度)、相続人の捜索公告期間が満了すると、相続人の不存在が確定します（民法958条の2)。

そして、相続人の不存在が確定した場合、被相続人と生計を同じくしていた者、被相続人の療養看護に努めた者、その他被相続人と特別の縁故があった者に対して、家庭裁判所が相当と認める範囲で、相続財産の全部又は一部を与える制度が、昭和37年の民法の一部改正（昭和37年法律第40号）により、新設されました（特別縁故者制度、民法958条の3第1項)。これは、当時、遺言書を作成する習慣がなかった社会の中で、相続人がいない場合に、相続財産を国庫に帰属させるよりも、特別縁故者に帰属させる方が、被相続人の意思に合致し、ひいては国民感情にもかなうという趣旨から設けられたものです。

2 特別縁故者の範囲

民法958条の3第1項では、「被相続人と生計を同じくしていた者」「被相続人の療養看護に努めた者」「その他被相続人と特別の縁故があった者」の3つの類型を挙げていますが、特別縁故者に該当するかどうかは裁判所の裁量に委ねられています。

⑴ 被相続人と生計を同じくしていた者

審判例では、被相続人と一緒に暮らしていた内縁の配偶者、未認知の非嫡出子で認知があれば相続できる立場であった者、事実上の養親子関係にある者、叔父（伯父)、叔母（伯母)、子の妻などが認められています。

生計を同一にしていた親族で唯一の法定相続人であった者が相続放棄をしたところ、清算後相続財産が残った場合、事情にもよりますが、当該放棄者を特別縁故者と認め、財産を分与した例があります（広島高岡山支決平成18年7月20日家月59巻2号132頁)。

⑵ 被相続人の療養看護に努めた者

被相続人と生計を同じくしていなくても被相続人の療養看護に努めた親族、隣人、知人等がこれに該当します。療養看護の開始前から何らかの人間関係があった場合が多いですが（生計同一、親族関係、知人、友人、交際相手、隣人など療養看護を行うことを了解できる関係)、家政婦や看護師など療養看護を機に人間関係ができ、正当な報酬を得ていたとしても対価としての報酬以上に献身的に被相続人の療養看護に尽くしたと認められる場合は、特別な事情がある場合として、特別縁故者と認められる場合があります（神戸家審昭和51年4月24日判時822号17頁)。

⑶ その他特別の縁故があった者

例示として挙げられた⑴⑵には該当しないものの、「生計同一者、療養看護者に準ずる程度に被相続人との間に具体的かつ現実的な交流があり、相続財産の全部又は一部をその者に分与することが被相続人の意思に合致するであろうと忖られる程度に被相続人と密接な関係があつた者をいう」（東京家審昭和60年11月19日判タ575号56頁）とされています。親族のほか全くの他人についても、認められた審判例があります（元教え子、元勤務先の代表取締役、友人など)。また、自然人のみならず、法人も特別縁故者となりえます（社会福祉法人、市などの地方公共団体、学校法人、医科大学、刑余者の更生保護事業を目的とする公益法人など)。

3 財産分与の手続

⑴ 特別縁故者からの相続財産分与の申立て、家庭裁判所の審判

特別縁故者に該当すると思われる者は、相続人捜索の公告の満了日から3か月以内に、相続財産の分与を家庭裁判所に申し立てることができます（民法958条の3第1項)。

申立ては、相続開始地（被相続人の最後の住所地）を管轄する家庭裁判所に対し、特別縁故関係となる事情を具体的に記載した申立書、それを裏

付ける資料、戸籍関係書類等を提出します。

家庭裁判所は、縁故関係の有無や程度、縁故が濃厚か否か、分与の相当性、分与すべき財産を審理するため、職権で事実の調査及び必要があると認める証拠調べをし（家事事件手続法56条1項）、相続財産管理人の意見を聴いて（家事事件手続法205条）、申立人と被相続人の具体的な縁故関係、期間、生活状況、相続財産の種類、額等を総合的に審理した上で、分与をするか否か、分与するとした場合一部か全部か、金額等について判断することになります。

⑵　共有持分について

相続財産の中に、共有持分がある場合、分与の対象になるかどうか従来見解が分かれ、①民法255条優先適用説、②民法958条の3優先適用説がありましたが、現在では、判例は②の立場を採ることを明確にしました（最二小判平成元年11月24日民集43巻10号1220頁等）ので、特別縁故者がいる場合は、共有者よりも特別縁故者が優先されます。

4　本件について

⑴　Bの財産分与における権利

BはAの相続人ではないため、当然にはA名義の預金、区分所有マンションの共有持分を取得できるわけではありません。ただし、現在住んでいる賃貸アパートで居住の継続ができるかどうかについては、借地借家法36条で、「建物の賃借人が相続人なしに死亡した場合」「その当時婚姻の届出をしていないが、建物の賃借人と事実上夫婦と同様の関係にあった同居人があるときは」「建物の賃借人の権利義務を承継する」とされていますので、Bは現在のアパートに継続して居住できます。

Aの相続財産については、BはAの特別縁故者として利害関係を有する者であるため、相続財産管理人が選任されていない場合には、選任の申立てを行うことを検討します（民法952条）。そして、相続人捜索の公告満了日から3か月以内に、財産分与の申立てを行います（民法958条の3第1項）。Bは、Aと生計を同じくしており夫婦同然の暮らしをしていたことから、特別縁故者として財産の分与を受けることができると思われます。区分所有マンションの持分については、上記のとおり、共有者Cに帰属するのではなく、まずはBへの分与の有無が検討されます。

Bへの財産分与が認められた場合、不動産については、Bは単独で移転登記申請ができます（昭和37年6月15日民事甲第1606号民事局長通達）。登記権利者はB、登記義務者は相続財産法人（亡A相続財産）、登記原因は「民法第958条の3の審判」（原因日は審判確定日）、審判書正本及び（審判）確定証明書が登記原因証明情報です。

なお、Bへの財産分与は遺贈により取得したものとみなされ、Bは相続税を支払わなければなりません（相続税法4条）。

⑵　区分所有マンションの持分がBに分与されなかった場合

区分所有マンションの持分について、BがCより優先するとしても、Bが当該マンションの持分取得を希望せず、持分がBに分与されなかった場合、民法255条により、Cにマンションの持分がいくのでしょうか。建物の区分所有等に関する法律（以下、「区分所有法」といいます。）22条1項は専有部分と敷地利用権の分離処分を禁止していることから、敷地利用権については、民法255条の適用を排除しています（区分所有法24条）。これは、専有部分（単独所有）が相続人不在で国庫に帰属した場合、敷地利用権について、敷地利用権を共有する他の共有者に民法255条が適用されてしまうと、敷地利用権の付かない国の専有部分ができてしまい不都合であるからです。

しかし、本件で、Cは専有部分をAと共有する者であり、Aが相続人なくして死亡した場合は、民法255条の適用により、CがAの専有部分の共有持分を取得することになります。そして、分離処分禁止の結果、Aの敷地利用権の持分はCに帰属します（区分所有法24条の適用があるため、敷地利用権の他の共有者に移転するのではありません)。

以上ですので、Bに財産分与されなかったAの共有持分は、Cに帰属します。帰属時期は、相続人の不存在が確定し、かつ特別縁故者への財産分与がなされないことが確定したとき、すなわち、民法958条の3第2項の期間満了日の翌日又は上記の期間内に同条1項の請求があり、かつ、分与しない旨の審判が確定した日の翌日となります。(最二小判平成元年11月24日民集43巻10号1220頁も同趣旨です。)

実体法上の権利移転については特別の手続きは不要ですが、不動産の権利移転を公示するためにはCは持分全部移転登記を経る必要があります。Cは相続財産法人と共同で登記申請を行います(不動産登記法60条)。登記の目的は、「亡A相続財産持分全部移転」、登記権利者はC、登記義務者は相続財産法人(亡A相続財産)、登記原因は「○年○月○日特別縁故者不存在確定」(原因日は上記、平成3年4月12日民三第2398号民事局長通達)です。

Cが登記申請に協力しない場合、相続財産法人から、Cに対する登記引取請求権を認めた裁判例があります(東京地判平成26年11月11日判時2251号68頁)。相続財産法人の「不動産登記記録に公示された権利関係」が「現在の実体的権利関係に符合」していないので、「符合させるべく、被告に対し本件持分の全部移転登記手続を求める登記請求権を有するものと解する」と説示するものです。

なお、民法255条により、Cへの持分移転が認められた場合、「共有に属する財産の共有者の一人が死亡した場合においてその者の相続人がいないときは、その者に係る持分は、他の共有者がその持分に応じて遺贈により取得したものとして相続税を課税する」ことになります(相続税法9条)(国税庁HP　https://www.nta.go.jp/law/shitsugi/sozoku/01/01.htm)。

参考文献

・片岡武＝金井繁昌＝草部康司＝川畑晃一『家庭裁判所における成年後見・財産管理の実務〔第2版〕』（日本加除出版、2014年）
・野々山哲郎＝仲隆＝浦岡由美子共編『Q&A相続人不存在・不在者財産管理の手引』（新日本法規、2017年）
・荒井達也『Q&A令和3年民法・不動産登記法改正の要点と実務への影響』（日本加除出版、2021年）
・岡信太郎『図解でわかる改正民法・不動産登記法の基本』（日本実業出版社、2021年）
・稲本洋之助＝鎌野邦樹『コンメンタールマンション区分所有法〔第3版〕』（日本評論社、2015年）
・国税庁HP

Case 18 相続人の一人が行方不明

●相談の概要

配偶者・子がおらず、両親も亡くなっている叔父Aが亡くなり、遺産としては自宅土地建物のほか、預金があります。法定相続人は、Aの弟Bの子2名（C、D）、弟E、妹Fの子2名（G、H）と私（Aの妹の子。代襲相続）計6名ですが、弟E（75歳）は中学卒業以降家を出ていったらしく、他の兄弟も連絡を取ったことがなく、戸籍の附票上の住所に郵便物も届きません。このような場合、どうやって遺産分割をすればよいでしょうか。

●相談を受けた弁護士の回答

Eの住所について可能な限りの調査を尽くし、所在が明らかにならなければ、家庭裁判所にEの不在者財産管理人選任申立を行い、そこで選任された不在者財産管理人との間で遺産分割を成立させます。相続人が多数であり所在が分かってはいるが意向の確認ができない者がいる等の事情により遺産分割協議の成立が難しい場合には、家庭裁判所に遺産分割調停を申立て、調停又は調停に代わる審判にて遺産分割をなすことも検討されます。

解　説

1　相続人の所在調査と不在の証拠取得

相続人の中に住所がわからない者がいた場合には、可能な限りの所在調査を行うことになりますが、その結果がそのまま不在者財産管理人選任申立てにあたって提出すべき不在を証する資料となりますので、できる限り結果は書面にて取得するとよいでしょう。

まず、相続人の住所は、戸籍の附票をもって調査するのが一般的です。

なお、まれにですが、戸籍が手書きであった時期の戸籍においては、死亡等の理由もなく戸籍からいなくなっている方（例えば、転籍のため除籍との記載があるのに、転籍先の戸籍には記載がなされていないなど）がいることもあります。この場合には、戸籍の附票を取得するまでもなく、戸籍上記載がなくなったことをもって不在を証する資料として財産管理人の選任が可能です。

① 戸籍の附票上の住所がない又は削除されている場合

戸籍の附票上の住所の記載がない方や、住所が消除（職権消除が多いと思われます。）されている場合があります。この場合は、これをもって不在を証する資料になります。

② 戸籍の附票上の住所がある場合

この場合は、住民票に記載されている住所地にEが居住していないことがわかる証拠を集める必要があります。まずは、同住所にAの相続発生の旨と今後の手続き・遺産分割の提案等を記載した手紙を出すことになりますが、これが届かず返戻されてきたときには封筒の表面のコピーや郵便物の追跡データ等が不在を証する資料として使えますので、郵便物は受取が必要な簡易書留等とし、返送された封筒等は保存するようにしてください。

また、手紙が届かないだけでは所在不明の証拠資料として不足しますので、ブルーマップで住所を確認する、現地を調査した結果を報告書としてまとめるといったことも必要になります。これらの調査によって、戸籍の附票に記載されている住所が住居表示変更の実施により既に存在しなくなっていることもありますので、その場合には、市区町村にて調査し、不在住証明書の発行を受け、それを添付資料として使うことも考えられます。

2 不在者財産管理人選任申立

⑴ 管　轄

不在者財産管理人選任申立は、不在者の従来の住所地又は居所地を管轄する家庭裁判所に申立てます（家事事件手続法145条）。

不在者について、上述のように戸籍から消えてしまっている場合や戸籍の附票等に住所の記載が全くない場合など、「従来の住所地又は居所地」が不明の場合には、東京都千代田区を管轄する東京家庭裁判所に申立てることになります（同法7条、家事事件手続規則6条）。

⑵ 申立て

不在者財産管理人選任申立は、利害関係人又は検察官に申立権があり（民法25条1項）、利害関係人とは不在者の財産の管理保存について法律上の利害関係を有する者とされています。不在者とともに共同相続人となっている者が利害関係人と認められますので、今回、相談者の方が利害関係人として申立てができます。

申立ては、必要的記載事項を記載した申立書により申立てることとされていますが（家事事件手続法49条）、必要的記載事項のほか、不在者を特定するに足りる事項、判明している不在者の財産内容、不在者財産管理人候補者に関する内容等を記載することが求められており、今回の場合は、Eの所在調査の経過と結果、EがAの相続人であること、Aの遺産の内容を記載することになります。

また、添付書類として、申立人に関する戸籍謄本等のほか、相続関係図及び相続関係を表す戸（除）籍謄本一式、Aの遺産に関する資料、不在を証する資料等を添付します。

この点、不在者財産管理人については、裁判所によっては候補者の選任を原則的に認めない裁判所もありますので、事前に裁判所に確認することをお勧め致します。

⑶ 選任審判まで

申立てがあると裁判所において審理がなされ、また、必要に応じて裁判所から運転免許照会や検察庁に対する前科照会等の照会がなされます。また、財産管理人における財産目録の調製、財産状況の報告、管理計算に要した費用のほか、財産管理人の報酬は、不在者の財産から支弁することになりますが、同財産が見込めない場合には、申立人からそれらに要する費用を予納させる扱いになっていますので、予納金の納付を求められることがあります。

本件の場合、Aの遺産である不動産と預貯金の額に拠りますが、これの遺産分割によって一定の金員取得が見込まれるということであれば、予納金の納付は求められない可能性が高いです。

また、裁判所が選任する財産管理人は、遺産分割目的であることからすると、弁護士が選任される可能性が高いといえます。

3 不在者財産管理人を含めての遺産分割

⑴ 遺産分割協議の可能性

不在者財産管理人が選任された後は、同管理人はEの法定代理人ですので、同管理人を含めて他の相続人との間で遺産分割協議を行うことになります。

協議が整えば、遺産分割協議書を締結して遺産分割をすることはできますが、不在者財産管理人において、遺産分割協議の成立は処分行為に当たりますので、家庭裁判所の権限外行為許可審判が必要とされ、家庭裁判所においては不在者が不当な不利益を受けることがないよう、遺産分割協議の具体的内容の相当性等も審査されます。この相当性判断には、不在者の法定相続分の確保が基準とされていますが、一律にその確保のみが求められているということではなく、不在者の所在不明の経過・期間・帰来可能性・死亡の可能性・失踪宣告申立の予定の有無も関連し、また、今回のように預貯金のほか不動産がある場合に不在者に不動産を取得させるべきか否かなど、事案の内容に応じて遺産分割協議の内容をどうするのがよいのかは変わりますので、十分な検討と協議がなされるべきです

例えば、今回のEの住民票上住所の職権消除が何十年も前であり、その後一切所在が明らかではなく、年齢的にも死亡している確率が高いような場合、不在者財産管理人としては一旦遺産分割協議を成立させた後に、失踪宣告を申立てることが考えられます。この失踪宣告により、Eが死亡したとされ、その時期がAの死亡より前ということになると、Eにて取得したAの財産を改めてAと同じ相続人との間で遺産分割する、ということになります。このような場合には、Aの遺産分割協議時点で、失踪宣告後

のEの遺産の分割についても協議しておくことが有益な場合があります。なお、不在者が遺産分割協議前に死亡していたことが判明した、又は失踪宣告前によって遺産分割協議前に死亡していたとみなされる場合でも、不在者財産管理人がした遺産分割協議は有効であると解されており（昭和54年度高裁管内別家事事件担当裁判官会同家庭局見解・家月33巻11号56頁)、実務でもその前提で運用されています。

また、不在者が帰来する可能性が低く、仮に帰来した場合でも、他の共同相続人において不在者に対し同人が取得すべき財産相当の代償金等を支払う資力が認められる場合には、遺産分割の時点では、不在者には財産を取得させず、他の特定の共同相続人に対し、不在者が帰来したときに同人に対する代償金等の支払いを命じる、というい わゆる帰来時弁済型の遺産分割協議の成立も可能とされています。本件でも、Eの帰来可能性、相続財産の内容とその額、Eが取得すべき財産相当額、他の共同相続人の現在の資力と今後の見通し、他の共同相続人とEとの関係性等を考慮して、帰来時弁済型が相当と認められる場合には、同型の内容にて遺産分割協議を成立させることが考えられます。

⑵ 遺産分割協議が整わなかった場合

遺産分割協議が整わなければ、Eの不在者財産管理人及び他の相続人を相手方として遺産分割調停を申し立てることになります。

遺産分割調停を成立させる場合には、不在者財産管理人において家庭裁判所の権限外行為許可審判が必要なのは、上記の遺産分割協議の成立の場合と同じです。

また、調停の場合、相続人の住所が散らばっていて出頭ができない者がいる、住所は明らかであるが手紙等への返答がないが積極的に法定相続分以上の取得を求めて争う様子はない等の事情がある場合には、調停に代わる審判（家事事件手続法284条）が用いられる場合がありますので、その検討もした方がよい場合が多いでしょう。

Case 19 相続人の一人の判断能力が不十分な場合

●相談の概要

祖父Aが亡くなり、法定相続人は、Aの妻B（88歳）、長男C、二男Dの子である私（代襲相続）です。遺産としては、亡A及びBの自宅であったマンションの持分3分の2（残り3分の1はBの所有）と、預貯金があります。Bは認知症が進んだため2年前から高齢者施設に入所しており、Aが亡くなったことは理解しているようですが、遺産分割の判断やマンションの売買契約に関する判断ができるような状態にありません。Bについては、長男Cとその妻が施設入所の手配やその後の面会等もしており、CがBの分も含めて遺産分割協議をしようとしていますが、このまま進めてもよいのでしょうか。Cは、自分がBの分の遺産も取得してその後Bに渡すとして、Bに相続放棄手続きをさせようともしていますが、それはよいのでしょうか。

●相談を受けた弁護士の回答

遺産分割協議や相続放棄等の相続に関する処理をなすためには、当事者に事理弁識能力が必要ですが、Bは認知症により事理弁識能力が欠ける又は不十分な常況にあると思われます。CがBの分も含めて遺産分割協議をする、又は、Bになり代わって相続放棄するのは、その効力に問題が生じるうえ、Bの利益が守られない可能性もあります。Bの認知症の程度・症状を確認したうえで、必要と認められれば、補助・保佐・後見のいずれかの開始審判を申立てるべきです。遺産分割協議であれば、後見人、代理権を付与された保佐人・補助人とするか、補助人・保佐人の同意を得てすべきです。また、相続放棄等も後見人等による検討判断が求められるため、同人らが代理して又は同人らの同意をもってなされるべきです。

解　説

1　Bの常況の確認と法定後見申立ての準備

⑴　Bの常況の確認

まずは、Bの常況を確認し、Bに事理弁識能力の有無、不十分であるとすればその程度等を判断し､法定後見申立てが必要と判断される場合には、補助・保佐・後見のいずれを選択すべきかを検討することになります。検討と判断にあたっては、Bとの直接面談・意向の確認、担当医師や介護者からの聴取等が必要になります。

⑵　法定後見申立ての準備

法定後見申立ては、本人の住所地を管轄する家庭裁判所にすることになっているところ、申立てにあたっては所定の書式を用いることとされている家庭裁判所も多く、また、提出書類が詳細に指定されていることが多いため、申立てをする家庭裁判所に予め確認してから、準備を進めることが必要です。

本件は、申立ての目的は遺産分割ということにはなりますが、法定後見開始となると、後見人等はBが従前から有していた固有の財産についての管理等も行うことになるため、Bの固有の財産内容等も一定程度把握する必要があります。このことも含めて、Bをこれまで世話しているCの協力が必要になりますので、Cの理解を得て進める方がスムーズでしょう。

Cは自身が後見人等になることを求める可能性もありますが、今回はCとBは亡Aの遺産分割において相続人として利益相反関係にありますので、選任される可能性はないと考えられます。また、利益相反関係にはなくとも、本件のように遺産分割という法律上の問題処理が予定されている場合や財産が多額の場合などには、候補者が挙げられている場合でも、裁判所が候補者ではない全くの第三者（主に弁護士）を選任することが多いため、そのことも含めて、関係者には理解を得ておく必要があります。

⑶ 相続の承認又は放棄をすべき期間

相続の承認又は放棄をすべき期間（熟慮選択期間、と呼ばれます。）は、民法915条1項により、自己のために相続の開始があったことを知った時から3か月以内とされています。成年被後見人の場合、熟慮選択期間の起算は、その法定代理人たる成年後見人が成年被後見人のために相続の開始があったことを知ったときからなされることにはなっていますが（同917条)、法定後見のいずれを選択するにしても、Bの常況を確認して法定後見申立準備をし、裁判所の決定を得るまで3か月では難しいことが多いと思われますので、熟慮選択期間の伸長請求申立（申立権は、利害関係人又は検察官に認められています。)を検討することも必要な場合が多いでしょう。

2 法定後見の3類型と遺産分割について

法定後見の3類型である後見・保佐・補助の制度において、遺産分割・相続放棄等との関係性は、次の一覧表のとおりです。

なお、本件については、亡Aの遺産の不動産はBとの共有であることからすると、遺産分割によってBが亡Aの持分を取得することも考えられるところ、Bがその後高齢者施設から自宅に戻れない状態になったとすると、その不動産を売却する・賃貸する・その前提として大修繕をするといった場面が生じ得ます。その場合でも、後見人等が選任されていれば、これを適切に処理できる見込みが高いことになりますので、遺産分割においてBが亡Aの不動産持分を取得する選択肢が取れます。この観点から、次の一覧表には不動産の処分行為に関する内容も記載します。

		後見開始の審判	保佐開始の審判	補助開始の審判
対象者 （判断能力の程度）		精神上の障害により判断能力を欠く常況にある者（7条）	精神上の障害により判断能力が著しく不十分な者（11条）	精神上の障害により判断能力が不十分な者（15条1項）
本人以外の申立ての場合の本人の同意		不要	不要	必要 （15条2項）
同意権	対象となる行為	日常生活に関する行為以外の行為（9条）	⑴13条1項各号 ①同1項3号 不動産その他重要な財産に関する権利の得喪を目的とする行為 ②同1項6号 相続の承認、相続放棄、遺産分割 ③同1項7号 遺贈の放棄、負担付遺贈の承認 ④同1項8号 新築・改築・増築又は大修繕 ⑤同1項9号 短期賃貸借期間を超える賃貸借 ⑵13条2項による行為	申立ての範囲内で家庭裁判所が定める「特定の法律行為」（17条） ：相続放棄、遺産分割、不動産についての処分行為等を同意行為とする。
	付与のために必要な手続	後見開始の審判	保佐開始の審判 上記⑵については同意権付与の審判	補助開始の審判及び同意権付与の審判（15条の3、17条）
	付与についての本人の同意	不要	不要	必要 （17条2項）
代理権	対象行為	財産に関する全ての法律行為（859条） ：相続放棄、遺産分割、不動産についての処分行為が含まれる。	申立ての範囲内で家庭裁判所が定める「特定の法律行為」（876条の4） ：相続放棄、遺産分割、不動産についての処分行為等を代理行為とする。	申立ての範囲内で家庭裁判所が定める「特定の法律行為」（876条の9） ：相続放棄、遺産分割、不動産についての処分行為等を代理行為とする。
	付与のために必要な手続	後見開始の審判	保佐開始の審判及び代理権付与の審判（同上）	補助開始の審判及び代理権付与の審判（15条の3、同876条の9）
	付与についての本人の同意	不要	必要 （876条の4第2項）	必要 （876条の9第2項）

※　法文は全て民法

Case 20 相続人が海外にいる場合

●相談概要

A（75歳）が死亡し、相続人はAの妻B、Aの子C及びDです。Aは日本国籍で日本に住んでいたものの、Dは外国で結婚して現地に住んでいます。Aの遺産について話し合いがまとまって遺産分割協議書を作成したいのですが、何が必要でしょうか。調停を申し立てる場合には何が必要でしょうか。

Dが日本とX国との国籍をもっていたところ、X籍を選択した場合、相続人になりますか、遺産分割はどのようにしますか。

Dと30年ほど連絡がとれない場合、どのように進めたらよいでしょうか。

●相談を受けた弁護士の回答

被相続人が日本国籍であれば相続の準拠法は日本法となり、国内事案と同じように手続きを進めることになります。外国に相続人がいる場合、金融機関等で必要になる書類取得に時間がかかったり、印鑑登録証明書に代わる書類を探す必要があったりするため、時間に余裕をもって手続きを進める必要があります。相続人が行方不明の場合には、ある程度の調査を行ったうえで、不在者財産管理人の選任申立てを行うことが考えられます。

解　説

1　相続に関する準拠法について

通則法36条において、相続は被相続人の本国法によるとされています。本件において、Aは日本国籍を有していますので、相続人が海外に居住しているか否かにかかわらず、相続には日本法、すなわち民法が適用されます。

2 遺産分割協議に必要な書類について

Aの相続については日本法が適用されますので、遺産分割協議についても日本法に基づいて行われます。

遺産分割協議書を作成するにあたっては、一般的に実印を捺印し、印鑑登録証明書をつけます。また、預貯金の相続手続を行うにあたっても金融機関から印鑑登録証明書を要求されることが多くあります。日本に住民票が無く外国に居住している場合、日本国内において印鑑登録を行うことができないことから、印鑑登録証明に代わるものとして領事館で発行する署名証明があります。

また、領事館所在地から遠方に居住しており署名証明をもらうのが難しい場合には、印鑑登録証明に代わるものを取得する場合もあります。例えば、アメリカではnotary public（公証人）に文書の認証をしてもらうことにより署名証明に代えるということも考えられます。中国においては、公証処を利用することも考えられます。外国での書類の取得には時間がかかることもありますので、不動産登記や金融機関での手続きにおいて必要な書類を事前に確認することが好ましいでしょう。

3 裁判所の手続きを使う場合について

⑴ 相続放棄について

外国に住んでいる相続人から相続放棄したい旨の連絡がきた場合には、日本国内における相続放棄と同様、裁判所において相続放棄の手続きをします。

⑵ 遺産分割調停について

相続人の一人が外国にいる場合であっても、家事事件手続法3条の13に基づき国際裁判管轄は認められます。そして、日本国内の管轄を確認し、遺産分割調停申立てを行います。相続人の一人が居住している外国の手続きしか知らない場合や日本の手続きに詳しくない場合には、日本法における相続がどのような考えに基づいて行われるか（例えば包括承継であること等）、遺産分割手続はどのように行われるのかを丁寧に説明する必要があります。また、遺産分割調停にあたっては、国内で代理人をつけることで遺産分割が早く進むことも考えられます。

4 相続人が外国籍を有する場合について

前述したように、相続の準拠法は被相続人の本国法によるとされています（通則法36条）。Dが日本国籍を有しない場合であっても、被相続人であるAが日本国籍を有する場合には、日本法が適用されますので、日本法に基づいて手続きを行っていくことになります。印鑑登録証明書に代わる書類として取得する書類についてはDが居住する国によって異なってきますので事前に確認しながら進めていきましょう。

また、以前日本国籍を有していた人の場合、場合によっては領事館の署名証明が可能になる場合もあるようですので問い合わせをしてみるのもよいでしょう。

5 相続人と連絡が取れない場合（相続人が日本国籍を有する、又は、有していた場合）

相続人を確定するために相続人に関する戸籍謄本を取得するなかで、相続人が外国に居住していることが判明することや日本国籍を離脱していることが判明することがあります。日本と異なり外国では戸籍制度や住民票に類する制度が無い場合もあり、相続人の確定が困難になることもあります。相続人と連絡をとるための方法として以下のいくつかの方法が考えられます。

⑴ 戸籍調査

国外転出時に外国の転出住所を記載している場合があります。その転出住所を辿って相続人と連絡がとれる場合もあります。

⑵ 出入国在留管理庁における出入国記録に係る開示請求

出入国在留管理庁においては、日本人及び外国人の出入国記録を管理しています。相続人の出入国履歴をとることで日本国内にいるか、外国に出国しているか等の手掛かりを得ることができます。出入国履歴の取得できる人が本人又は法定代理人となっていることから、相続人の一人が外国にいる相続人を探す場合には弁護士会照会の利用が考えられます。

⑶ 外務省における所在調査

外務省では、海外に在留している可能性が高く、所在が確認できない日本人の連絡先などを確認する手段として「所在調査」を行っています。配偶者及び三親等内の親族、又は、弁護士会照会を通じて調査することができますので、同方法を使って調査をすることが考えられます。

⑷ インターネットでの検索

相続人の名前をインターネットで検索して出てくる場合もあります。また、国によっては有料のサイトで電話帳等が登録されている場合もあります。インターネットで検索して相続人を探してみることも考えられます。

⑸ 日系人コミュニティにおける調査

海外に居住する日本人や日系人は日系人コミュニティのなかでお互いに連絡を取っている場合もあります。また、日本人や日系人を対象に新聞などを発行している場合もあります。コミュニティの情報に基づいて探すことも考えられます。

⑹ 外国の弁護士との協働調査

国によっては､住所を登録する制度がある場合もあります。例えば､オーストラリアでは選挙のための登録制度があり、その登録制度から相続人を辿っていくことも考えられます。

6 不在者財産管理人制度

相続人と全く連絡がとれない場合には、不在者財産管理人の選任の申立てをすることも視野にいれましょう。申立てをするに当たって、どの程度までの調査をすれば足りるかは一概に基準があるわけでは無いですが、まずは最後の住所に手紙を出してみる、インターネット検索をしてみる、出入国履歴をとってみる、外国の弁護士と協働調査を行ってみる等行うことのできる調査を行ってみましょう。

7 外国に居住する相続人への説明の工夫

外国に居住する相続人と連絡がとれた場合であっても、相続人が日本の相続の制度を全く知らない場合もあります。その場合、日本の相続の制度（遺言が無い場合には法定相続となること、積極財産のみならず消極財産をも相続する包括承継であること、遺産分割を行うに当たっては相続人全員が参加する必要があること）等を説明することが必要となります。相続人の居住国の制度が理解の基本となっている場合には日本の相続の制度を理解してもらうのに時間がかかることもありますが、相続人として遺産分割に参加してもらう必要があることから、説明が必要になってきます。代理人として海外の相続人に連絡をとる場合には海外の制度と日本の制度との間にどのような違いがあるのかを説明しながら進めていく等の工夫をすることも考えられます。

参考文献

・木棚照一『逐条解説　国際家族法　重要判例と学説の動向』（日本加除出版、2017年）
・外国人ローヤリングネットワーク『外国人事件ビギナーズ2』（現代人文社、2020年）
・酒井ひとみ＝BDO税理士法人共著『国際相続の法務と税務〔第2版〕』（税務研究会出版局、2020年）

Case 21

日本在住の被相続人が外国籍を有する場合や日本国籍を有する被相続人が外国在住の場合

●相談の概要

A（75歳）は、財産として日本国内に土地建物（時価3,000万円）と預金（2,000万円）があります。Aは日本国籍を有しておらず、外国籍を有しています。Aの家族は妻のB、子供のC、Dであり、B、C、Dは日本国籍です。Aが日本で亡くなった場合、相続手続はどのように行っていけばよいでしょうか。また、外国に暮らしていた日本国籍を有するEが亡くなった場合、相続手続はどのように行っていけばよいでしょうか。

●相談を受けた弁護士の回答

まずはAの相続に関する準拠法がAの本国法であることから相続に関するAの本国法を確認することになります。そのうえで反致により日本法が準拠法になる場合もあります。土地建物及び預金について日本法が準拠法となる場合には日本での相続手続に沿って行っていくことになります。外国法が準拠法になるような場合には当該外国の弁護士と協働しながら進めることが考えられます。

外国に暮らしていたEが亡くなった場合、当該外国で手続きを行ったほうがよい場合もあるので手続きを確認しながら行います。

解　説

1　各国の相続に対する考え方

(1)　相続手続の選択肢について

被相続人が外国籍である場合、後述するように相続に関する準拠法が被相続人の本国法となるため、被相続人が日本に居住していたとしても、誰が相続人であるかを始め相続財産をどのように分けていくのか等単純に日本法に沿って進めていくという流れにはなりません。

また被相続人の相続財産のほとんどが外国にある場合には、日本で手続きをとったとしても外国で執行することができない場合もあり、必ずしも日本で手続きをとることが得策ではありません。そのため、被相続人が外国籍である場合や相続財産が外国にある場合のように渉外要素が入ってくる場合には、どのような手続きを採ることが相続人にとって得策になるのか検討することから始めます。

⑵ 相続に関する考え方

相続に関する考え方が各国によって異なるため、日本とは異なる手続きを採ることもあります。また、相続に関する考え方が異なるゆえ、日本の相続手続とどの点が違うかを考えながら説明をする必要が生じます。

ア 包括承継主義と管理清算主義

包括承継主義は、被相続人のすべての財産につき相続開始の時点で積極財産及び消極財産ともに相続人や受遺者に承継されるという考え方です。日本は包括承継主義を採用しています。

一方、管理清算主義は、被相続人の死亡により被相続人の財産は財団にいったん管理されたうえで債務の支払い等がなされ、積極財産がある場合に、相続人や受遺者に分配されるという考え方です。この考え方のもとでは債務を承継するという考え方が無いことになります。アメリカやイギリス等英米法の国で管理清算主義が採られています。

イ 相続統一主義と相続分割主義

相続法の準拠法についての考え方としては相続統一主義と相続分割主義があります。

相続統一主義は、動産や不動産等相続財産の種類による区別をせず、相続財産すべてについて同じ法律を準拠法とする考え方です。日本は相続統一主義を採っております。

一方、相続分割主義は、動産や不動産によって適用される法律を異にする考え方です。アメリカやイギリス等英米法の国で採られている考え方です。

2 国際裁判管轄

当事者や対象とする財産に外国の要素が入る場合には、日本で裁判手続きを行うことができるか、すなわち国際裁判管轄があるか否かを検討する必要があります。調停については家事事件手続法3条の13に、審判については家事事件手続法3条の11に、訴訟については民事訴訟法3条の3第12号に規定があります。そこで上記条文を確認しながら日本で手続きを行うことができるかを検討します。前述しましたように、日本で手続きができるとしても外国に財産があるために再度外国裁判所で承認を得なければならない等手続的に迂遠である場合もありますので、どこで行うのが一番効率的かという観点をも含めながら検討しましょう。

3 準拠法

相続についての準拠法は、被相続人の本国法によるとされています（通則法36条）。それゆえ、被相続人が外国籍を有している場合は被相続人の国籍を有している国の法律が準拠法となります。仮に、被相続人が2つ以上の外国籍を有している場合には、「本国法」（通則法38条）については2つ以上の国籍を有する場合にまずは常居所地における法律、次に密接関連性のある国の法律が本国法となります。

また、外国法が準拠法となる場合でも、本国法である外国法に従えば日本法となるという反致（通則法41条）のもと、日本法が準拠法になる場合もありますので外国法を調べつつ、外国法を適用した結果日本法が準拠法になるという流れになることもあります。

例えば、Aがアメリカ国籍であったとしてアメリカの例を考えてみましょう。アメリカは州ごとに適用される法律が異なるため、通則法38条3項により密接関係地が当事者の本国法となります。Aがアメリカのなかでもどの州と密接に関連があったのか、相続人から話を聞きながら確認します。

次に、アメリカでは相続分割主義が採られており、不動産については不動産の所在地の法律が準拠法とされています。本件において日本に不動産がある場合には日本法が適用されることになります。動産については被相続人の本国法又は生活の本拠のある場所（ドミサイル）又は住所地の法が準拠法になるとされています。本国法であれば密接関係地の法律となりますし、住所地であれば日本法が適用されることになります。

なお、Aのアメリカの本国法が準拠法になる場合、管理清算主義をどのように日本で適用させるかという問題が生じます。日本では遺産を管理するという制度が無いため、相続財産管理人の制度を適用させながら進めていくことが考えられます。

4　相続の前提となる問題の準拠法について

本件とは異なりますが、相続の準拠法は被相続人の本国法とされ（通則法36条）、誰が相続人になるかについては本国法に基づいて判断することになります。一方、被相続人の婚姻の成立等については、法廷地法の国際私法に基づき準拠法が決まります（最判平12年1月27日民集54巻1号1頁）。

5　結　論

被相続人が外国籍である場合や相続財産が外国にある場合には、日本で手続きを行うことが実効的であるのかという観点を加味しながら手続きを行うことが重要になります。

参考文献

・木棚照一『逐条解説　国際家族法　重要判例と学説の動向』（日本加除出版、2017年）
・外国人ローヤリングネットワーク『外国人事件ビギナーズ2』（現代人文社、2020年）
・酒井ひとみ＝BDO税理士法人共著『国際相続の法務と税務〔第2版〕』（税務研究会出版局、2020年）

Case 22 相続分の譲渡・放棄

●相談の概要

Aが3年前に死亡し、相続人がAの兄弟の子供らであるB、C、Dであったところ、遺産分割等行わないままに月日が過ぎてしまいました。

① Aには内縁の妻がおり、BCDともに内縁の妻がAの遺産を引き継げばよいと考えている場合、どのような方法がありますか。

② Aには内縁の妻もおらずBがほとんどAの面倒をみていたことからCやDはAの遺産を取得しなくてもよいと考えています。CやDとしてはどのような方法をとればよいですか。なお、Aに債務はありません。

●相談を受けた弁護士の回答

① BCDは相続分の譲渡という形でAの遺産を内縁の妻に引き継ぐことが考えられます。

② CDは相続分の放棄という形でAの遺産をBに取得させることが考えられます。

解 説

1 相続分の譲渡

相続分の譲渡とは、相続開始後に、遺産分割前までの間、共同相続人の一人が自己の相続分を第三者に譲渡することをいいます。共同相続人の一人に対して行われる場合には、実質的には相続放棄や遺産分割に類似する効果となりますが、譲渡の相手は共同相続人に限られません。相続分の譲渡は、「積極財産と消極財産とを包括した遺産全体に対する割合的な持分」（包括的持分）の移転であって、個々の財産の共有持分の移転ではありません（最一小判昭和53年7月13日判時908号41頁）。したがって、積極財産のみならず、消極財産も承継することになります。

なお、相続分の全部を譲渡した者は、遺産確認の訴えの当事者適格を有しません（最二小判平成26年2月14日判時2249号32頁）。

相続分を譲渡した相続人は、相続分譲渡届出書及び相続分譲渡証書に印鑑証明書を添付して家庭裁判所に提出を求められます。

2 相続分の取戻し

相続分の譲渡がなされたときに、他の共同相続人は、第三者が遺産分割協議に介入してくることを避けるために、第三者から価額や費用を償還して相続分を取り戻すことが認められています（民法905条1項）。償還しなければならない価額は、譲渡された相続分の取得時における価額であって、譲渡の対価ではないので注意が必要です。

相続分の取戻しは、第三者が遺産分割に介入することを阻止することを趣旨としているので、共同相続人に対する相続分の譲渡がおこなわれたときにも、相続分の取戻しが認められるのか争いがありますが、判例・通説は、共同相続人の一人への相続分の譲渡がなされた場合であっても、相続分の取戻しを認めています。

共同相続人の一部の者から遺産分割前に遺産に属する特定の不動産の共有持分を譲り受けた第三者は、共有関係を解消する手段として共有物分割訴訟を提起することになりますが、この場合に、ほかの共同相続人が民法905条に基づき相続分の取戻しをすることができるかにつき、判例はこれを否定しました（最一小判昭和53年7月13日判時908号41頁）。本判決の判旨は結論を示すだけですが、この裁判の控訴審において、「民法905条1項によって取戻しの対象となる相続分の譲渡とは、積極財産と消極財産とを包括した遺産全体に対する相続分の包括的譲渡をいうものと解するべきであるから、本件のように遺産に属する特定の不動産たる本件係争地の共有持分権の譲渡のようなものは、右規定による取戻しの対象とはならない」と判示して、民法905条の適用について否定しています。

3 相続分の放棄

相続分の放棄は、相続の放棄とは異なり、相続人であるという地位を維持したまま、自己の相続分のみを放棄するというもので、家庭裁判所での申述は不要です。相続分の放棄が行われると、他の共同相続人に、各人の相続分の割合に応じて帰属します（民法255条）。例えば、Aが死亡し、妻Bと子どもC・Dが相続人である前提で、Cが相続分の放棄をした場合は、B：相続分1／2に加え、Cの相続分1／4×2／3が分配され、2／3となり、D：相続分1／4に加え、Cの相続分1／4×1／3が分配され、1／3となります。

なお、相続分の放棄は、遺産共有状態にある相続財産についての持分の変動の効果しかないので、相続放棄とは異なり、相続債務を免れることはできません。

相続分を放棄した共同相続人は、原則として、相続分の譲渡と同様、遺産分割調停・審判等につき当事者適格を失うため、相続分放棄届出書・相続分放棄証書に印鑑証明書を添付して家庭裁判所に提出を求められます。

4 相続分の譲渡が遺留分減殺請求の対処となる「贈与」に該当するかについて

最二小判平成30年10月19日民集72巻5号900頁の事例では、「共同相続人において無償による相続分の譲渡は譲渡にかかわる相続分に含まれる積極財産及び消極財産の価額等を考慮して算定した当該相続分に財産的価値があるとは言えない場合を除き、上記譲渡をした者の相続において、民法903条1項に規定する『贈与』にあたる」と判示しました。

5 相続人の意思解釈による相続分の放棄及び譲渡の認定

遺産分割審判事件において、明確な相続分の譲渡に関する書面がない場合、共同相続人の意思あるいは態度によって、相続人の意思解釈を行うことができるとしました（東京家審平成4年5月1日家月45巻1号137頁）。

判旨によれば、「当庁家庭裁判所調査官によりその意向を確認したところ、傍系のものは相続すべきでないと思うので自分には相続する意思がなく、裁判所のいかなる決定にも異存がないこと、相続する意思がない以上、裁判所には出頭しないし、書面による回答もしない旨を回答した」とあり、このような経緯から、自己の相続分を放棄したものと認めることが相当と判断したものです。そして、相続分の放棄があった場合に、放棄者の相続分がどのように帰属するかについて、本審判は放棄者の意思解釈から相続分の帰属先をも認定し、結果的には「相続分の放棄」ではなく「相続分の譲渡」の効果を認めたことになりました。

参考文献

・仲隆＝浦岡由美子編著『判例にみる相続人と遺産の範囲』（新日本法規、2013年）

Case 23 相続欠格・廃除

●相談の概要

① Aには、妻B、子どもC・Dがいます。Cは、Aの遺産を目当てとして、Aを殺害し刑に処せられています。その後、Bが死亡しました。CはBを相続することは可能でしょうか。

② Aには、子どもB・Cがいます。Cは、Aを虐待していました。そこでAは、Cを遺言によって相続人から廃除をしたいと考えていますが、どのような手続きをとればよいですか。

●相談を受けた弁護士の回答

① Cは、Aの相続につき相続欠格となりますが、相続欠格の効果は相対的なので、Bの相続については相続人となります。

② 遺言執行者を指定し、Cを廃除することを明示し、CがAにした虐待の具体的状況を記した遺言を作成します。Cが異議申立てをすることに備え、虐待の証拠をできるだけ多く残しておくべきです。

解 説

1 相続欠格

⑴ 相続欠格

相続欠格とは、相続人が相続に関して、重大な不徳義な行為をしたために、法律上当然に、相続人たる地位を剥奪されることをいいます（民法891条）。相続欠格事由があれば、当然に相続権を失い、何らの手続きを経る必要はありません（大判大正3年12月1日民録20輯1019頁）。また、欠格の効果は、相続開始のときに遡って生じます（同判例）。

欠格の効果は相対的です。欠格の効果は欠格者一身の事由なので、その直系卑属に及びませんので代襲相続することができます(民法887条2項)。

⑵ 欠格事由

ア 民法891条1号事由

故意の対象は、殺人の故意のみならず、殺害により相続上の利益を得ることについての受益の故意も必要です。また、「刑に処せられた」については、執行猶予付き判決を受けた場合には執行猶予期間を経過すれば刑の言渡しの効力を失うことから（刑法27条)、相続欠格とはなりません。

イ 民法891条2号事由

2号は告発・告訴を相続人の義務であることを前提としているものの、犯罪は告発・告訴を待たずに捜査が開始されることが多い現在の状況に鑑み、通説は、単に告発・告訴をしなかったことではなく、犯罪事実がうかがわれているにもかかわらず、捜査機関が動きだしていないときに限って2号を適用すべきとしています。

ウ 民法891条3号事由

故意の対象は、欠格事由に該当する行為をおこなうことについての故意のみならず、受益の故意も必要です。「相続に関する遺言」とは、相続財産に関するか、又は相続人の範囲に関する遺言を指すので、遺言による認知も含まれます。

エ 民法891条4号事由

民法891条3号と同様の考慮要素によって該当性を判断します。

オ 民法891条5号事由

相続人による遺言書破棄・隠匿行為が相続に関して不当な利益を目的とするものではないときは、5号には該当しません（最二小判平成6年12月16日判時1518号15頁、最三小判平成9年1月28日民集51巻1号184頁)。また、被相続人の遺言書が方式不備のため無効であるときなどに、相続人がその方式を具備させることによって有効な遺言書として外形作出に加担した場合、このような行為は、「相続人が遺言者たる被相続人の意思を実現させるためにその法形式を整える趣旨で右の行為をしたにすぎないときは、右相続人は同号所定の相続欠格者には当たらない」としています（最二小判昭和56年4月3日民集35巻3号431頁［法廷意見］)。

2　相続人の廃除

(1)　相続人の廃除

相続人の廃除とは、相続欠格事由には及ばない非行がある場合に、被相続人に、相続人の地位を剥奪する権限を認めて、家庭裁判所が推定相続人の相続資格を奪う制度です（民法892条、893条)。相続廃除の対象者は、遺留分を有する推定相続人に限って認められています。

(2)　廃除事由

廃除事由は、遺留分を有する推定相続人が、①被相続人に対して虐待をし、若しくはこれに重大な侮辱を加えたとき、又は、②推定相続人にその他の著しい非行があったときです（民法892条)。

虐待や侮辱は人的信頼関係を破壊する程度に重大なものでなくてはなりません。また、「著しい非行」とは、犯罪・遺棄・被相続人の財産の浪費など、虐待や重大な侮辱という行為類型に該当しないがこれらに類する行為をいい、推定相続人の遺留分を否定することが正当であるといえる程度の非行でなくてはなりません（名古屋高決金沢支部平成2年5月16日家月42巻11号37頁)。なお、被相続人側に誘発責任がある場合、人的信頼関係を破壊したのは被相続人であるとして、廃除の理由に該当しない場合があります（東京高決平成8年9月2日家月49巻2号153頁)。

(3)　廃除の方法

ア　生前廃除

被相続人が生存中に家庭裁判所に審判を申し立てる制度です（家事事件手続法188条、別表第1)。廃除請求権は、一身専属権ですので被相続人に代位して請求することはできません（民法423条1項ただし書）。被相続人から廃除の申立てがあると、家庭裁判所は、被相続人の宥恕や相続人の改心等の諸般の事情を総合考慮して、後見的立場から廃除事由に該当する事実の有無を審理し、廃除が相当かどうかを決定します（最一小決昭和55年7月10日家月33巻1号66頁、最三小決昭和59年3月22日家月36巻10号79頁）。審判が確定することにより廃除対象者は相続資格を喪失し、廃除申立者の届出を経て戸籍に記載されます（戸籍法97条、63条1項）。

イ　遺言廃除

遺言廃除では、遺言が効力を生じた後に、遺言執行者が（遺言執行者が選任されていない場合は民法1010条参照）遅滞なく相続開始地の家庭裁判所に廃除の申立てを行い、審判が行われます（家事事件手続法188条、別表第1）。

⑷　廃除の効果

廃除の効果は相対的です。特定の被相続人と被廃除者の間でのみ生じますので、代襲相続することができます（民法887条2項）。生前の廃除の効果は審判確定によって生じます。審判確定前に相続が生じていた場合には、廃除の効果は相続開始時に遡って生じます。遺言排除の効果は、相続開始時に遡って生じます（民法893条後段）。したがって、相続開始後に被廃除者が行った相続財産の処分は、相続時に遡って無権利者の処分となります（大判昭和2年4月22日民集6巻260頁参照）。

⑸　廃除の取消し

相続人の廃除は、被相続人の意思に依拠させているものであるから、一旦廃除が認められた時でも、被相続人はいつでも自由に廃除の取消しを家庭裁判所に申し立てをするか、又は遺言により廃除の取消しをすることできます（民法894条）。

参考文献

・潮見佳男『相続法〔第5版〕』（弘文堂、2014年）
・太田武男『相続法概説』（一粒社、1997年）

Case 24 相続放棄（調査、熟慮期間の伸長を含む）

●相談の概要

被相続人Aは生前に多額の債務があると思われ、相続人は妻Bと子どもC・Dであり、Cは相続放棄の申述をしようと考えています。どのような手続きなのでしょうか。

●相談を受けた弁護士の回答

Cは、相続の開始があったことを知った日から3か月以内に、Aの最後の住所地を管轄する家庭裁判所に対し、添付書類を添えて、相続放棄の申述書を提出します。

解　説

1　相続放棄

相続放棄とは、相続の効果を確定的に消滅させる相続人の意思表示をいい、はじめから相続人とならなかったことになります（民法939条）。被相続人の生前の借金など、消極財産の存在が明らかな場合に相続によって消極財産を承継することを回避するために利用することが多いですが、事業承継のために特定の相続人に相続財産を集中させたい場合にも利用されます。相続人が複数いる場合に、各人が単独で行うことができます。

相続放棄の効力は絶対効ですので、何人に対しても、登記等の対抗力は必要なく、効果を生じます（最二小判昭和42年1月20日民集21巻1号16頁）。共同相続人全員が放棄し、次の順位者もいない場合には、相続人不存在の場合の相続財産として処理されることになります。

2 熟慮期間（915条1項）

⑴ 熟慮期間とは

「自己のために相続の開始があったことを知った時」から3か月以内に、承継方法を選択しなければなりません。「自己のために相続があったことを知った時」とは、被相続人の死亡を知ったこと、かつ、相続人になったことを覚知した時をいいます（大判大正10年10月20日民録27輯1807頁、大決大正15年8月3日民集5巻679頁）。相続人が長い間音信不通で交渉ができなかった場合や、相続財産が全くないと思って何もしなかった場合に、「信ずるについて相当な理由があると認められるとき」（最二小判昭和59年4月27日民集38巻6号698頁）は、熟慮期間の起算点を繰り下げて、相続放棄を可能にしています（詳細後掲）。また、熟慮期間は、相続人ごとに各別に進行します（最一小判昭和51年7月1日家月29巻2号91頁）。

相続放棄をすべきか判断ができない場合、期間の伸長の申立てを行うことで、3か月から6か月の熟慮期間の伸長ができ、再伸長も認められる場合があります。

⑵ 熟慮期間の起算点

実務では、被相続人が生前の間に相続人と没交渉である場合に限らず、被相続人の相続財産について詳細がわからないということがあります。相続開始の原因事実の発生と、そのために自己が相続人になったことを知ってから3か月が経過した後に、相続債権者からの請求を受けて初めて被相続人の債務の存在を知ることも少なくありません。最判昭和59年4月27日の判例は、このような場合にも、熟慮期間の起算点を繰下げる余地を認め、調査しきれなかった債務の存在が後からわかった場合には、その時点で熟慮期間の起算点とするという解釈が示されました。「信ずるについて相当な理由」は、被相続人の生活状況等に鑑みれば負債を負う蓋然性があり、被相続人の積極財産・消極財産の有無について容易に確認し得たなどの事情があれば、相続人に相続財産の有無の調査を期待することが著しく困難とはいえないので、生前の被相続人との関係性や被相続人の生活状況がポイントになってくるでしょう。

裁判例の傾向としては、申述受理段階では原則として申述受理をすべきであるとして（大阪高決昭和61年6月16日判時1214号73頁）、相続放棄の要件を欠いていることが明白でない限り、熟慮期間の起算点の繰り下げを認める傾向にあります（仙台高決平成元年9月1日家月42巻1号108頁、福岡高決平成2年9月25日判タ742号159頁、仙台高決平成8年12月4日家月49巻5号89頁）。

3 調 査

相続放棄などすべきか判断するために、相続財産の調査は欠かせません。積極財産については、預貯金や保険証書などで把握するほか、不動産については名寄帳を閲覧して調査をします。また、消極財産については、金融機関やクレジットカードなどの情報は、各企業が個人信用情報に加盟していることから、信用情報の開示を行うことで認識できます。株式会社日本信用情報機構、株式会社シー・アイ・シー、一般社団法人全国銀行協会などです。もっとも、個人信用情報では把握できない債務も存在するので、万全ではありません。

4 手 続

熟慮期間内に相続放棄の申述書を作成し、被相続人の最後の住所地を管轄する家庭裁判所に申立てを行います。家庭裁判所から申述者に対して相続放棄の申述に関する照会が行われ、これに回答をして、特に問題がなければ申述が受理され、相続放棄申述受理通知書が発行されます。

相続放棄は、撤回ができません（民法919条1項）。もっとも、申述受理前であれば取下げは可能です。また、民法所定事由があれば（民法5条2項、9条本文、13条1項本文6号、13条4項、96条1項、120条1項、864条本文、865条1項など）取消しが可能です（民法919条2項）。

5 相続放棄に関する実務

⑴ 相続放棄と利益相反

未成年者又は成年被後見人等と法定代理人が共同相続人の関係にあり、法定代理人による相続放棄の申述が利益相反行為に該当する場合、成年後見監督人や、保佐監督人又は補助監督人が選任されている場合にはこれらの者が成年被後見人等を代表することで相続放棄の申述が可能です。また、特別代理人を選任し（民法826条）、臨時保佐人や（民法876条の2第3項）臨時補助人（民法876条の7第3項）を選任して、同人らにより相続放棄の申述を行うことができます。

利益相反行為か否かの判断基準は、「行為自体を外形的に考察して判定すべき」であるとしており（最三小判昭和42年4月18日民集21巻3号671頁）、例えば、未成年者の法定代理人が共同相続関係にある場合に、当該未成年者が相続放棄をすれば、当該法定代理人を含む他の相続人の相続分が増加する関係にあるため、これは利益相反行為に該当すると考えるべきです。もっとも、上記例において、法定代理人が自身の相続放棄後もしくは同時に、未成年相続放棄をした場合は、利益相反行為にはなりません（最二小判昭和53年2月24日民集32巻1号98頁）。

⑵ 相続放棄と債権者代位・詐害行為取消権

相続放棄の申述行為は、一身専属権であって権利行使者の自由な意思決定に委ねられるべきであるので、代位して相続放棄をすることはできません（民法423条ただし書）。

また、相続人の相続放棄について詐害行為取消権の行使はできません（最二小判昭和49年9月20日民集28巻6号1202頁）。

参考文献

・相続実務研究会編『Q&A限定承認・相続放棄の実務と書式』（民事法研究会、2018年）

Case 25 限定承認

●相談の概要

被相続人Aは生前、自営業を営んでおり、多額の事業債務があると思われ、他方、自宅不動産と預貯金もあったので、相続人BCDは家庭裁判所に限定承認の申述をしようと考えています。どのような手続きですか。

●相談を受けた弁護士の回答

Aの相続人BCDは、相続の開始があったことを知った日から3か月以内に、全員で、Aの最後の住所地を管轄する家庭裁判所に対し、Aの相続財産の財産目録、添付書類を添えて、限定承認の申述書を提出します。

解　説

1　限定承認

限定承認とは、相続によって得た財産の限度においてのみ被相続人の債務及び遺贈を弁済すべきことを留保して相続の承認をする相続人の意思表示をいいます（民法922条）。相続財産の債務超過が明らかでないときや、被相続人が債務超過で亡くなったことを知っている場合に、相続財産のある特定のものを引き継ぎたいときにも利用されます。

限定承認は、相続人が複数いる場合に、共同相続人全員で申述する必要があるため（民法923条）、相続人同士の協議が必要です。共同相続人のうち相続放棄を選択する人がいれば、当該相続人が相続放棄をして相続人でなくなったうえで、残りの共同相続人で限定承認を行うことも可能です。

2　手続き

(1)　申立て

相続人は自己のために相続があったことを知った時から3か月以内に、限定承認の申述書と財産目録を作成し、添付書類を添えて、被相続人の最後の住所地を管轄する家庭裁判所に提出し、限定承認の申述を行います。

⑵ 相続財産の清算の開始

限定承認の申述が受理されると、限定承認者の中から家庭裁判所により職権で相続財産管理人が選任され（民法936条1項）、相続財産管理人が相続財産の清算及び清算に必要な一切の行為を行います（民法936条2項）。

⑶ 公告及び催告

ア 限定承認公告

限定承認者又は相続財産管理人は、限定承認をした後5日以内、相続財産管理人が選任された場合には選任後10日以内（民法936条3項）に、すべての相続債権者及び受遺者に対して、限定承認した旨及び2か月をくだらない一定の期間内に請求の申述をすべき旨の公告をしなければなりません（民法927条1項）。そして、この公告には、期間内に申出をしない相続債権者及び受遺者は弁済から除去する旨を付記しなければなりません（民法927条2項）。この公告は、官報に掲載して行います（民法927条4項）。限定承認後5日以内に公告ができなかった場合でも、限定承認の効力には影響はありませんが、限定承認者又は相続財産管理人が民法927条の公告を怠ったことにより相続債権者又は受遺者に損害が生じた場合にはその損害を賠償する責任を負います（民法934条1項前段）。

なお、公告費用は相続財産に関して発生するものですので、相続財産の中から支払うことが可能です（民法885条1項本文）。限定承認の公告に記載する住所ですが、すでに相続財産管理人に弁護士がついている場合には、代理人弁護士の事務所を記載することが可能です。

イ 催　告

限定承認者又は相続財産管理人は、知れている相続債権者及び受遺者には、申出がなくても除外されないため、各別に請求の申出の催告をしなければなりません（民法927条3項）。知れている相続債権者とは、相続人が相続債権者と認めている者をいい、被相続人が支払い義務を争っており、相続人も相続債権者と認めないものには個別の請求の申出を催告する必要はないとされています（横浜地判昭和40年3月29日下民集16巻3号501頁）。また、相続債権者及び受遺者の存在を積極的に調査する義務はありません（東京地判平成13年2月16日判時1753号78頁）。知れている相続債権者又は受遺者に対する催告を怠った場合でも、限定承認の効力に影響はありませんが、知れている相続債権者又は受遺者に損害が生じた場合には、その損害を賠償する責任を負います（民法934条1項前段）。

⑷ 換 価

相続財産に株や不動産がある場合に、これを換価するために売却する必要が生じた時は、限定承認者は相続財産を競売に付さなければなりません（民法932条本文）。もっとも、被相続人の特定遺産を承継したい場合には、家庭裁判所に鑑定人の選任の申立てを行い、競売ではなく鑑定人の行った評価額で限定承認者もしくは第三者が買取りをし、換価することが認められています（民法932条ただし書）。

⑸ 弁 済

ア 弁済拒絶権

限定承認者又は相続財産管理人は、公告期間満了前において、公平な弁済を確保するために、弁済期の到来が認められる債権であっても、弁済を拒むことができます（民法928条）。相続債権者がすでに債務名義を有し、相続財産について債権者から強制執行手続きの申立てがなされている場合、執行機関に対し、927条の申出期間であることを証明する文書を提出することで、強制執行手続を停止させることができます。

イ 相続財産の破産手続

一方、民法927条の請求の申出期間満了後の弁済拒絶は認められるかにつき、判例では拒絶し得ないとするものがあります（大判大正4年3月8日民録21輯289頁、大判昭和6年5月1日民集10巻297頁）。したがって、相続開始前から被相続人が係争当事者として判決を受けているなど相続債権者に債務名義があり、相続債権者が強制執行手続を実施した場合は、弁済拒絶権は行使できず強制執行手続は進んでしまいます。このような不動産競売事件と限定承認の関係について、請求異議訴訟等の提起に伴う執行手続の停止がない限り、民事執行法の強制執行手続による配当をすべきという立場をとり（大阪高判昭和60年1月31日判時1155号269頁）、配当額の返還を請求することはできないとしています（東京地判平成3年6月28日判時1414号84頁）。また、限定承認の事件ではないですが、相続財産管理人が相続財産に対して発せられた債権差押命令に執行抗告した事案（東京高決平成7年10月30日判タ920号246頁）では、一般債権者の個別執行による偏波の弁済の結果が生じる恐れがある時は破産手続きを取るべき旨判示しており、限定承認において相続債権者の協力が得られず任意の配当ができないときは、「相続財産の破産」という手続きを検討すべきでしょう。

なお、相続財産の破産の手続きですが、東京地方裁判所民事20部では法人破産と同じ要領で処理され、通常管財事件として扱われます。債務者欄に「亡●●相続財産」、代表者欄に「相続財産管理人●●」と記載して申立てます。

⑹ 弁済の順序

公告期間の満了後、①まず先取特権や抵当権等の優先権を有する債権者に弁済をし（民法929条ただし書）、②次に公告・催告期間内に申出があり又は知れている相続債権者に弁済をし（民法929条本文）、③公告・催告期間内に申出があり又は知れている受遺者に弁済をし（民法931条）、④さらに残余財産があれば、申し出をせず又は知れなかった相続債権者及び受遺者に弁済をします（民法935条）。

第3 相続・遺産分割　2 遺産分割の前提問題

Case 26 相続人の範囲に関する紛争

●相談の概要

被相続人Aの戸籍上の相続人は、配偶者であるBと、Aの姉であるCのみです。AとBは、30年以上前から長く同居し事実婚状態にありました。Aが死亡する約1か月前に、BがAとの間の婚姻届を届出したため、Aは死亡時点ではBとの間で戸籍上は婚姻関係にありましたが、Bが提出した婚姻届のAの署名押印は、Bにより代署、代印されたものでした。またAは、Aが死亡する2か月前には持病の腎不全が悪化し、せん妄状態に陥り意思疎通をはかることができない状態にあったことが病院の医師作成の診断書から判明しています。

CはBによる婚姻届けの提出時にAに婚姻意思があったのか疑問を持っており、Bの相続人としての地位の有無、それを争う方法について弁護士に相談しました。

●相談を受けた弁護士の回答

戸籍の記載上、BはAの配偶者であるため、戸籍の記載に従って判断するとBに配偶者としての相続分が認められることになりますが、婚姻届についてBが代署、代印したという事実や、婚姻届出時点においてAが持病の悪化により意思疎通ができない状態にあったということからすれば、Aに婚姻意思があったとはいえず婚姻が無効である可能性があります。ただし、遺産分割調停や審判ではその前提問題となるBの相続人としての地位の有無を確定させることができないため、まずは、AとBとの婚姻が無効であることを確認する調停を申し立て、調停が整わない場合は訴訟によって解決します。

解　説

1　遺産分割の前提問題

相続人の範囲、遺産の帰属等の問題は、遺産分割手続の前提問題とされ、具体的な分割方法を定める前に確定しておかなければならない問題です。

民法は、相続人の範囲を配偶者相続人と血族相続人と定めています（民法887条1項、889条1項、890条）が、実際に相続人に該当するか否かは、もっぱら被相続人の出生から死亡までのすべての戸籍を確認することで確定されます。

ただし、本相談にもあるとおり、具体的な事案によっては、戸籍上の記載のみでは相続人の範囲を確認できない事例もあります。

2　相続人の範囲に関する紛争類型

相続人の範囲に関する紛争類型は、大きく分けて以下の類型が考えられます。

⑴　法定相続人か否かが争われる場合

⑵　相続欠格事由に該当し相続人資格を喪失した場合

⑶　相続の放棄、相続分の譲渡が行われた場合

本項では上記⑴について解説をします。上記⑴に関しては以下述べるとおり専ら人事訴訟の問題として処理されるところ、⑵及び⑶に関しては、相続権の存否確認の訴えとして民事訴訟で相続人の範囲を確定するという点に違いがあります（相続欠格事由及び相続分の譲渡、放棄については本章**第3の1**の該当箇所を参照してください。）。

3　相続人が法定相続人か否かが争われる場合

被相続人との間の身分関係の存否に関する紛争のうち、①身分関係の形成に関する事項（婚姻取消し、協議上の離婚の取消し、養子縁組取消し、

協議上の離縁の取消し、父を定める訴え、認知、認知の取消し及び嫡出否認等）については遺産分割協議、調停、審判では確定することはできず、必ず人事訴訟又は合意に代わる審判によらなければなりません。

また、②身分関係の確認に関する事項（婚姻無効、協議上の離婚無効、縁組無効、協議上の離縁無効及び親子関係不存在等）は、その効力が人事訴訟等により形成されるわけではありませんが、家庭裁判所において遺産分割の前提問題として判断されたとしても、後日人事訴訟等により遺産分割審判と異なる判断が確定した場合には、遺産分割審判はその限度で効力を失う（最大判昭和41年3月2日民集20巻3号360頁）ため、実務上はやはり遺産分割の前提問題として、①身分関係の形成に関する事項と同様に人事訴訟による解決を促され、係属中の遺産分割事件はいったん取り下げ、人事訴訟の結論が確定してから再度遺産分割事件を申し立てる取り扱いです。

4　婚姻無効確認の訴えについて

⑴　原告適格・被告適格

婚姻無効確認の訴えは、夫婦間で行われる場合は、夫婦の一方が原告となり、他方が被告となります。夫婦の一方が死亡しているときは、検察官が被告となります（人事訴訟法12条3項）。また第三者が当事者となる場合は、夫婦双方が生存中は両名とも被告となり、一方が死亡しているときは他の一方、夫婦双方が死亡しているときは検察官が被告となります（人事訴訟法12条2項、同3項）。なお、第三者が婚姻の無効を確認するためには婚姻が無効であることにより自身に相続権が発生ないし相続分が増加するなどの事情が必要です。

⑵　婚姻無効の原因

実際の婚姻無効確認訴訟では、婚姻無効の確認を求める原告が、民法742条各号所定の無効原因を主張立証する必要があります。民法742条1

号の婚姻の意思とは、真に社会通念上夫婦であると認められる関係の設定を欲する効果意思を意味します（実質的意思）。そのため婚姻が子に嫡出子としての地位を取得させるためになされた場合（最二小判昭和44年10月31日家月22巻3号57頁）や、婚姻が子に日本国籍を取得させるための便法に過ぎない場合（東京高裁判昭和60年2月27日家月37巻11号46頁）には、その婚姻は無効であるとするのが判例です。

また婚姻の意思に関する上記の判例の立場からは、本件のように事実婚関係にある男女間で、一方が他方の意思に基づかないで婚姻届けを作成提出した場合はやはり婚姻は無効ですが、後に他方の配偶者が届出の事実を追認したときは、婚姻は追認により有効となることには注意が必要です（最三小判昭和47年7月25日民集26巻6号1263頁）。

5 離婚無効確認の訴え

⑴ 原告適格・被告適格

離婚無効確認の訴えは、婚姻無効確認の訴えと同様に、夫婦であったものの間で行われる場合は、夫婦であった者の一方が原告となり、他方が被告となります。夫婦であった者の一方が死亡しているときは、検察官が被告となります（人事訴訟法12条3項）。また第三者が当事者となる場合は、夫婦であった者の双方が生存中は両名とも被告となり、一方が死亡しているときは他の一方、夫婦であった者双方が死亡しているときは検察官が被告となります（人事訴訟法12条2項、同3項）。

なお、第三者が離婚の無効を確認するためには離婚が無効であることにより自身に相続権が発生ないし相続分が増加するなどの事情が必要です。

⑵ 離婚無効の原因

離婚無効確認に関しては婚姻無効のような民法上の無効原因の規定はありませんが、判例は婚姻意思の解釈とは異なり、法律上の夫婦関係を解消する意思の合致があれば離婚届出が有効であるとする見解に立っており、離婚が何らかの目的達成のための方便としてなされた場合でも基本的に離婚届出は有効であると判断される傾向にあります（最二小判昭和57年3月26日判タ469号184頁）。

6 認知の訴え

⑴ 父子関係について

判例（最二小判昭和37年4月27日民集16巻7号1247頁）は、母子関係については分娩の事実があれば当然に発生するとしていますが、父子関係については民法上嫡出推定が及ばない限り、認知によるほかありません（民法779条）。認知には父親が嫡出でない子を子と認めて届出をする任意認知（民法779条、781条1項）と、裁判により認知をする強制認知（民法787条）があります。認知の効力は出生の時に遡及するため（民法784条）、他の相続人との関係で大きく相続分に影響することになります。

⑵ 原告適格・被告適格

原告適格を有するのは認知されていない子ですが、子が既に死亡している場合はその直系卑属又はその法定代理人です（民法787条）。

父親とされる者が生存している間は父親が被告となり、既に死亡している場合は検察官が被告となります（人事訴訟法12条3項）。なお、父親の死後3年を経過しているときは、認知の訴えを提起できないことに注意が必要です（民法787条）。

⑶ 認知の原因

認知の訴えは、上記出訴期間や原告適格を前提に、①認知の対象となる父子に生物学的な父子関係が存在すること、②子に法律上の父がいないことを子において主張立証することになります。

7 親子関係不存在確認の訴え

(1) 原告適格・被告適格

親子関係不存在確認の訴えは、原則として確認の利益を有する者であれば原告適格を有します。被相続人の子が複数いる場合に、一部の子の親子関係を否定する場合などです。ただし、前提となる親子関係について、それが嫡出推定が及ぶ嫡出子と父親との関係である場合には、親子関係を否定するためには嫡出否認の訴えによる必要があり、この父親が民法777条所定の期間（子の出生を知ってから1年以内）に嫡出否認の訴えを提起しないときは、親子関係を否定することはできません。ただし、父親が子の出生前に死亡したとき又は民法777条に定める期間内に嫡出否認の訴えを提起しないで死亡したときは、その子のために相続権を害される者その他父親の三親等内の血族は、父親の死亡から1年以内に限り、嫡出否認の訴えを提起することができるとされます（人事訴訟法41条1項）。

親子関係不存在確認の訴えにおける被告は、当該親子関係の他方の当事者です。

(2) 親子関係否定の原因

上記述べたとおり、親子関係不存在確認の訴えは、「不存在確認の訴え」という訴訟の性質上、被告側において親子関係の存在を主張立証すべきと解されますが、現在は主としてその立証のためにDNA鑑定が実施されています。当事者の死亡など、DNA鑑定を実施できない事件もありますが、そうした場合は裁判所は各種間接事実（出生時の親の状況、出生届の作成・提出状況等）から親子関係の存否を判断することになります。

Case 27 遺産の範囲に関する問題

●相談の概要

被相続人Aの相続人は、Aの子BとCのみです。Aは生前、Bと同居していました。Aの相続財産には、A名義の銀行預金口座が存在していますが、Aの相続開始後、遺産分割が行われる前に、Cがその全額について払戻をし、自身の負債の返済のため、費消してしまいました。CとしてはA名義の銀行預金口座についてはBによる払戻し前の金額を前提にして、遺産分割をしたいと考えていますが、Bが遺産分割協議に全く応じようとしません。

●相談を受けた弁護士の回答

Bが遺産分割協議に応じないため、遺産分割調停を申立てることになります。預貯金については判例の変遷がありましたが、現在では相手方が合意をしなくても調停において遺産分割の対象とすることができます。そして遺産分割前に相手方が費消してしまった預金については、民法906条の2第2項により、相手方の同意がない場合であっても、遺産分割の対象とすることが可能です。

解　説

1　遺産の範囲

共同相続人の1人の名義になっている財産について、被相続人の相続財産であるかどうかについて、共同相続人間で争いがある場合、共同相続人は、遺産分割協議の前提問題として、当該財産が遺産に属するかどうか、確定させなければなりません。

民法は、遺産の分割は、遺産に属する物又は権利の種類及び性質、各相続人の年齢、職業、心身の状態及び生活の状況その他一切の事情を考慮してこれをする（民法906条）と規定していますが、ここでいう「遺産」は積極財産、消極財産のすべてではなく、積極財産を意味しています。

2 遺産分割の対象

積極財産であっても、必ずしもすべてが遺産分割の対象になるというわけではありません。積極財産であっても遺産分割の対象にならない代表的な財産は以下のとおりです。

⑴ 一身専属権

民法896条ただし書記載のとおり、いわゆる一身専属権は相続財産ではないため、遺産分割の対象にはなりません。民法上規定のある一身専属権として、使用借主の地位（民法559条）、委任者・受任者の地位（民法653条）、組合員の地位（679条）など、当事者の死亡により終了すると定められている契約上の地位などがあります。

⑵ 代償財産

代償財産とは、相続開始時に存在した財産が、相続開始後に何らかの事情で消滅したときに、その代償として発生した財産です。代償財産の例として、遺産として存在した家屋が火災により焼失した場合の保険金請求権や、共同相続人の一人が遺産を第三者に売却処分して発生した代金請求権などが挙げられます。

一般的には代償財産は遺産分割の対象とならず、共同相続人それぞれに分割帰属するというのが判例です（最二小判昭和52年9月19日判時868号29頁）。

⑶ 可分債権

金銭債権など、数量的に分割可能な可分債権は、当然に分割され各共同相続人にその相続分に応じて分割帰属するというのが判例です（最一小判昭和29年4月8日民集8巻4号819号）。

代表的な可分債権である預金債権についても、上記昭和29年の最高裁判例は相続人が複数いる場合には、遺産分割協議を経ることなく当然に分割され、各自がその法定相続分に応じて金融機関に払い戻しができるという立場をとっていました。もっとも、その後の判例（最二小判平成22年10月8日民集64巻7号1719号）では定額郵便貯金については郵便貯金法の性質から可分債権ではないとし、さらに最大決平成28年12月19日（民集70巻8号2121頁）では、上記昭和29年判例を変更し、預貯金債権は相続開始と同時に当然に相続分に応じて分割されることはなく、遺産分割の対象となるとしました。かかる判例変更を前提として、令和元年民法改正では、遺産分割を経ることなく、各共同相続人が、預貯金払戻し請求権の一部単独行使ができる旨の規定が新設されました（民法909条の2第1項）。

なお預貯金債権については上記のとおりの最高裁判例により遺産分割の対象財産とされていますが、その他の金銭債権（可分債権）に関しては上記昭和29年の最高裁判例にしたがい可分債権として相続分に応じて分割承継されることになります。

⑷ 相続開始後の賃料債権

賃料債権など、相続財産そのものから得られる果実は、その権利の発生が相続開始前であるか相続開始後であるかにより取り扱いが異なります。

すなわち相続開始前に発生した賃料債権は、可分債権として上記⑶で記載したとおり法定相続分に応じて分割されますが、相続開始後に発生した賃料債権は別段の取り扱いです。この点については最一小判平成17年9月8日（民集59巻7号1931頁）が相続開始後に発生した賃料債権が遺産とは別の財産であることを前提として、各共同相続人がその相続分に応じて分割債権として確定的に取得し、後に行われた遺産分割協議の遡及効によっても影響を受けないとされました。

3　遺産分割調停における取扱い

⑴　原則的取扱い

共同相続人の間で任意に行われる遺産分割協議と異なり、家庭裁判所の遺産分割調停・審判における遺産分割の対象となる遺産は、以下の要件を満たす財産です。

①　被相続人が所有していた積極財産

②　相続開始時に存在している積極財産であること

③　現在も存在している積極財産であること

これが、家庭裁判所における遺産分割調停・審判の対象となる遺産の範囲です。

上記**2**記載のとおり、可分債権や代償財産など、その性質上そもそも「遺産」として分割の対象にならない財産に関しては、原則として調停・審判対象とすることができません。これらの財産については、別途民事訴訟等によってその権利関係を調整することになります。

また、仮に本来遺産分割の対象となる財産であっても、現実の分割時点で現存している財産でなければ調停・審判対象にすることは原則としてできません。そのため例えば共同相続人の一人が遺産を遺産分割協議前に処分したという場合には、当該処分により特定の相続人が得た利益は遺産分割においては特段考慮しないということになります。

⑵　例外的取扱い（共同相続人間の合意）

ア　共同相続人全員の合意による遺産分割の範囲の拡張

上記**2**記載のとおり、代償財産、可分債権、相続開始後の賃料債権等の財産は、財産の性質上、そもそも遺産分割の対象となる「遺産」に含まれません。しかし遺産分割調停・審判の実務上これらの財産についても、共同相続人全員の合意により、遺産分割の対象とすることができます。

イ　民法906条の2

上記⑴記載のとおり、遺産分割の対象となる財産であっても、分割時点で現存している財産でなければ、遺産分割調停・審判の対象とすることができません。しかしこの点については最一小判昭和54年2月22日家月32巻1号149号や実務で、従前から、遺産分割時に存在しない財産であっても、共同相続人全員がこれを遺産分割の対象に含める旨の合意をしたときは、例外的にこれを遺産分割協議の対象とする旨の取扱いをしていました。

ただし、あくまで共同相続人全員の合意によることが前提であり、遺産を処分した当の本人である共同相続人が遺産分割の対象とすることを合意しない場合は、やはり遺産分割の対象にはできませんでした。その場合、共同相続人間の権利関係の調整は家庭裁判所ではなく、別途民事訴訟により解決することになります。しかし、例えば相続開始後、共同相続人の一人が預貯金を全額払戻し、利益を得た場合等、遺産分割調停・審判では当該共同相続人が同意しない限りあくまで預貯金を現存する金額で遺産分割をするため、相続人間で著しい不公平が生じることも否定できません。また、令和元年改正民法では、預貯金債権についてその一部を遺産分割によらずに共同相続人が払戻しをすることができる規定（民法909条の2）が新設されたため、遺産分割前に係る法律に基づいて払戻をした場合に、それを遺産分割において考慮することができないとすると不公平であることが否めません。そのため遺産の処分をした共同相続人の意思にかかわらず、遺産分割の対象とすることを認める必要がありました。

そのため、令和元年民法改正により、民法906条の2が新設されました。同条1項では従前の実務判例どおりに、共同相続人全員の同意により、遺産分割前に処分された財産についても遺産分割の対象とすることを規定し、同条2項では、共同相続人の一人が遺産分割前に当該処分をしたときは、当該処分をした共同相続人の同意を得ることを要せず、他の共同相続人の同意があれば、これを遺産分割の対象に含めることができる旨規定されました。

4 本件について

本件の相談事例によると、相続開始後遺産分割前に、一部の共同相続人が遺産に属する預貯金債権について、その払戻をしています。上記解説のとおり、民法906条の2第2項により、相手方であるBの合意の有無にかかわらず、預貯金債権を分割の対象とすることが可能であるということになります。

Case 28 遺産分割協議の効力（遺産分割協議の瑕疵）

●相談の概要

被相続人Aの相続人は、Aの子であるBCDEの4人です。Aの遺産は不動産や金融資産など総額で資産が19億円程度、負債が4億円程度存在していました。Aは遺産の一部である不動産に関して、分割方法を指定する遺言書を作成していましたが、遺言書に記載のある財産は、Aの資産のうちの5億円程度であり、その余の資産については特に遺言書で分割方法の指定はされていませんでした。CDEらは、Bに対し遺産分割協議を持ち掛け、税理士が作成した遺産分割協議案として、Bが3,000万円程度受領する案を提示しました。その際、CDEらはBに対し、遺言書に従った分ではBの取得分は400万円ほどになると説明し、相続税納税の期限が迫っているので押印するように求め、BはCDEらの発言を信じ、遺産分割協議書に署名押印しました。Bとしては自身の相続分に対し不当に低い財産しか相続できなかったのではないかとして弁護士に相談しました。

●相談を受けた弁護士の回答

遺産分割協議において、共同相続人の一人がした意思表示について瑕疵が認められるときは、民法の規定に従い遺産分割協議が無効になる場合があります。本件の相談内容では、Bにとっては本来民法所定の相続分に従った場合の取得額と、現実に取得した価額との間に相当大きな乖離が生じており、錯誤（民法95条）により取消し得る可能性があります。

解　説

1　遺産分割協議

遺産分割協議とは、共同相続人全員の合意に基づく遺産の分割方法です

(民法907条1項)。共同相続人各自の意思に基づく合意であるため、他の法律行為・意思表示と同様に、無効ないし取消事由が存在する場合は、遺産分割協議の効力が否定されます。

2 各種無効・取消原因との関係

(1) 共同相続人の一部を除外した遺産分割協議

共同相続人の一部を除外した遺産分割協議は無効とされます。ただし、想定される状況として例えば遺言又は認知の訴えにより被相続人の死亡後に認知された者を除外して遺産分割協議を成立させてしまう状況が考えられますが、この場合は民法910条の規定から、遺産分割協議は有効であるという前提に立ち、認知された者は価額の支払請求により利益を調整するものとされます。なおこの場合において、認知された者の価額請求権の評価に当たっては、被相続人の消極財産は考慮しないというのが最高裁判例の立場です（最三小判令和元年8月27日判時2430号32頁）。

(2) 手続きに瑕疵がある遺産分割協議

遺産分割協議においては、必ずしも全員が一堂に会する必要はありませんが、判例では、いわゆる持ち回り方式での遺産分割協議の場合、分割の内容が確定していてそのことが各相続人に提示されている必要があり、一部の遺産についてその帰属が一部の相続人に示されていなかった可能性があるとして破棄し差し戻した事案もあります（仙台高判平成4年4月20日判タ803号228頁）ので、手続きには十分に注意が必要です。

また相続人に未成年者が含まれる場合などに、親権者が子を代理して遺産分割協議をした場合、追認がない限り、民法826条2項の利益相反行為として無効になります。そのため親権者と子が共同相続人になる場合には、子らにそれぞれ特別代理人を選任する必要があります。

⑶ 意思表示の瑕疵がある遺産分割協議

意思無能力（民法3条の2)、心裡留保（民法93条)、虚偽表示（民法94条)、錯誤（民法95条)、詐欺又は脅迫（民法96条）など意思表示に瑕疵がある場合には、遺産分割協議の効力が否定されます。

過去の裁判例では、錯誤を理由とするものが比較的多く、①最一小判平成5年12月16日（判タ842号124頁）は遺言の存在を知らないでした遺産分割協議の効力について、遺言書の内容と実際に行われた遺産分割協議の内容を比較したうえで、錯誤無効の主張を認め、遺産分割協議の効力を否定しました。また、②東京高判昭和59年9月19日（判タ544号131頁）は、遺産の時価評価額を実際の時価よりも低く見誤ってなされた遺産分割協議について要素の錯誤を認めながらも、表意者の重過失を認定し遺産分割協議無効の請求を棄却しました。③東京地判平成11年1月22日（判時1685号51頁）は、遺産の一部についてその分割方法を定めた遺言書が存在したところ、民法所定の相続分に従った遺産分割協議であれば実際の取得額よりもはるかに多くの財産を取得できた可能性がある事案で、錯誤無効の主張を認め遺産分割協議を無効としました。

なお、平成29年5月成立の「民法の一部を改正する法律」(令和2年4月1日施行）により、錯誤規定（民法95条）が改正されました。これにより錯誤の効果が無効から取消に変更されるなど、大幅な改正がなされています。改正民法施行日前になされた意思表示については改正前民法の錯誤規定とその解釈が適用されます（附則6条)。本稿で引用する裁判例はいずれも改正前民法における裁判例であることをご留意ください。

3 遺産分割協議の無効・取消を主張する方法

遺産分割協議の無効・取消等意思表示の瑕疵を主張して遺産分割協議の効力を否定する場合、家事事件手続法257条1項、244条の規定により、訴訟に先立ち調停を経る必要があります。

Case 29 遺産の帰属に関する紛争

●相談の概要

被相続人Aには、配偶者であるBのほかAの前妻の子であるCがいます。Aは、生前、B名義の普通預金口座を作り、多額の金銭を預金していました。ただし、当該普通預金口座はABの自宅内に通帳と印鑑が保管された状態で存在し、Aが口座に入金をするときに、Aは通帳を持ち出して入金し、また自宅内で保管していました。以上の事実関係についてBC間に争いはありませんが、Bは当該普通預金口座の金員はB自身の財産であると主張しています。Cとしては、上記普通預金口座内の金員はAが支出した預金であることから、Aの遺産として法定相続分に従って分けるべきではないかと相談しました。

●相談を受けた弁護士の回答

普通預金債権は、被相続人の財産として、遺産分割の対象になります。ただし、その財産について、遺産であることを当事者間で合意ができない場合には、遺産分割の前提問題として遺産確認訴訟を提起し、当該財産が被相続人の財産に属することを確認する必要があります。

解　説

1 「遺産」の範囲と帰属の問題

民法896条本文は、相続の一般的効力として、「相続人は、相続開始の時から、被相続人の財産に属した一切の権利義務を承継する。」旨規定し、①被相続人所有に属する②財産が相続の対象になることが明示されています。

このうち相続の対象となる財産は何かということは、前掲**Case27**で述べた「遺産の範囲」に関する問題ですが、実際の相続の場面では、不動産や預金債権などの遺産が、そもそも被相続人の所有に係る財産であるかどうかという「遺産の帰属」の問題として、しばしば共同相続人間で争われます。

こうした紛争は、遺産分割の前提問題として確定させなければ遺産分割はできませんが、共同相続人間で合意ができないときには、遺産確認の訴えとして民事訴訟によって確定させることになります。

2 遺産確認の訴えの性質

⑴ 訴えの適法性

遺産確認の訴えは、そもそもその訴えの適法性につき争いがありましたが、最一小判昭和61年3月13日民集40巻2号389頁においてその適法性が是認されました。

⑵ 当事者適格

遺産確認の訴えは、固有必要的共同訴訟とされ、共同相続人全員が当事者として関与しなければなりません（最三小判平成元年3月28日民集43巻3号167頁）。遺産確認の訴えの判決により、特定の財産について、被相続人の遺産であるか否かについて既判力が生じますので、共同相続人は遺産分割調停・審判手続でこれを争うことはできません。

さらに最二小判平成26年2月14日民集68巻2号113頁は、共同相続人全員が当事者となって訴訟が開始した遺産確認の訴えに関して、その後一部の共同相続人が相続分の全部を他の共同相続人に対し譲渡したため、原告が相続分を譲渡した共同相続人に対する訴えを取り下げ、そのうえで判決がされた事案について、固有必要的共同訴訟であっても相続分の全部の譲渡をした相続人は遺産確認の訴えの当事者適格を有しない旨判示しました。

3 所有権確認訴訟との関係

遺産確認請求訴訟は共同相続人全員の間で、特定の財産につき、被相続人の遺産であるもしくはないことの確認を求める訴えですが、事案に応じて、所有権確認訴訟などでも実質的に同じ目的を達成することが考えられます。ある財産が被相続人の相続開始時点に被相続人の遺産に帰属していたが、遺贈等の理由により特定の相続人又は第三者に所有権が移転したことを確認するために、所有権の移転を争う相続人との間で所有権確認訴訟によって解決する場合などが考えられます。所有権確認訴訟は、遺産確認訴訟とは異なり固有必要的共同訴訟ではないので、争いのある者のみを当事者とすることも可能です。遺産確認訴訟の場合は、原告の請求の趣旨を争わない相続人も訴訟の当事者とせざるを得ませんが、所有権確認訴訟であればより柔軟に対処可能です。

なお、共同相続人の一人（以下「甲」といいます。）が、被相続人が所有していた不動産について、自身への売買による所有権移転を理由として、他の共同相続人（乙・丙）らに対し所有権確認訴訟を提起し、結果確定判決により甲の請求が棄却されたという状況において、甲がさらに遺産確認の訴えを提起することができるかが争われた事案において、最高裁はこれを認めました（最二小判平成9年3月14日判時1600号97頁）。甲が提起した所有権確認訴訟は、甲の所有権の有無について既判力が生じているにすぎないため、甲の（単独）所有権が否定された後も、当該不動産が遺産であることの確認を求めることは既判力にも抵触しないと判断されています。

4 預貯金に関する遺産帰属性の考え方について

本件の相談のとおり、被相続人の家族名義の銀行預金口座について、その名義に関わらず被相続人の遺産であるとして争われる場合があります。

普通預金債権の債権者がだれであるかという問題は、相続に限らず債権差押等でも発生する法律問題です。周知のとおりこの問題には自らの出捐により、自己の預金とする意思で自ら又は代理人・使者を通じて預金契約をした者を預金者とするいわゆる客観説と、他の者のために預金する趣旨を表示していない限り、預入行為者を預金者とする主観説が知られるところです。相続税の賦課処分に関する裁判例ですが、東京高判平成21年4月16日（税務訴訟資料259号順号11182）が、被相続人の妻名義の普通預金1億1,000万円（当該事件では別途妻名義の有価証券に関する判断も含みます。）について、当該財産の管理及び運用の状況、当該財産から生じる利益の帰属者、被相続人と当該財産の名義人並びに当該財産の管理及び運用をする者との関係、当該財産の名義人がその名義を有することになった経緯等を総合考慮して判断するとしており参考になります。

遺産の帰属に関する判断は、具体的な事例の事実関係に基づく判断となりますので、本件でも、Cの代理人としては、当該預金の名義が被相続人名義ではない理由など具体的な事実の主張が必要になります。

Case 30 遺産分割協議の合意解除と再分割協議の可否

●相談の概要

被相続人A（70歳）には妻B（68歳）、子C（35歳）、D（30歳）がいます。Bの老後を考え、B、C、Dの遺産分割協議においては、多くの遺産をBに相続させ、CとDは法定相続分よりも少ない金額を取得することで遺産分割の協議をして、相続税も納めました。ところが、遺産分割成立後、Cが経営する会社の経営状況が急速に悪化し、倒産の危機にあるため、遺産分割協議をやり直しして、Cが当初の遺産分割協議よりも多く遺産を取得できるようにしたいと考えています。

●相談を受けた弁護士の回答

遺産分割協議の合意解除と再分割協議という方法により、遺産分割のやり直しということはできなくはないですが、いったんBが取得した財産をCに譲渡したとして、贈与税又は所得税が課税される可能性があるため、慎重な対応が必要です。

解　説

1　遺産分割の効力

相続が開始し、被相続人に帰属していた財産は共同相続人間の共有状態となりますが、共同相続人において遺産分割協議をし、遺産分割が成立に至った場合には相続開始時に遡ってその効力が生ずるのが原則です（民法909条本文）。

2　遺産分割のやり直しについて

このように遺産分割が成立し、相続財産の具体的な帰属が確定したものの、その後、共同相続人の意向あるいは共同相続人を巡る事情の変化から、共同相続人の一部から遺産分割のやり直しをしたいという申し出がなされることがあります。

この遺産分割やり直しを法的にいえば、成立した遺産分割協議の合意解除と再分割協議を行うということになりますが、この遺産分割の合意解除と再分割協議の可否が本問でのポイントとなります。

3　遺産分割協議の法定解除の可否

最一小判平成元年2月9日民集43巻2号1頁によれば、「遺産分割はその性質上協議の成立とともに終了し、その後は右協議において……債務を負担した相続人とその債権を取得した相続人間の債権債務関係が残るだけと解すべきであり、しかもこのように解さなければ民法909条本文により遡及効を有する遺産の再分割を余儀なくされ、法的安定性を害される」として遺産分割協議の法定解除を認めていません。

4　遺産分割協議の合意解除と再分割協議の可否

前述したように、遺産分割協議の法定解除が認められないとすると、遺産分割協議の合意解除と再分割協議も法的安定性の観点から認められないのではないかが問題となります。

この点、最一小判平成2年9月27日民集44巻6号995頁によれば、「共同相続人の全員が、すでに成立している遺産分割協議の全部又は一部を合意により解除した上、改めて遺産分割協議をすることは、法律上、当然には妨げられるものではなく、……」と判示し、遺産分割協議の合意解除と再分割協議は可能としています。

判例では、遺産分割協議の法定解除を認めず、合意解除と再分割協議を認めることとの整合性ですが、①協議成立により分割が終了し、協議自体の不履行が観念できないとしても、そのような協議自体を相続人全員の合意により解消できることは法定解除の可否とは別の問題である、②合意解除は契約をなかったことにする新たな契約であるから、解除するか否かは私的自治に委ねられるとして、遺産分割協議の法定解除を否定した平成元年最判の射程外として捉えているものと解されます。

5 税務面への配慮

そうすると、相続人全員の合意があれば本問でも遺産分割協議の合意解除と再分割協議は可能といえます。しかしながら、本問では税務面からの慎重な検討が必要となります。

すなわち、いったん有効に成立した遺産分割の全部又は一部を合意解除し、それと異なる内容の再分割協議をすることが可能であるとしても、それは共同相続人間における財産権の移転を目的とした新たな法律行為と捉えることができます。これは、かかる方法での財産の取得の原因が相続ではなく、当事者の自由な意思に基づく相続以外の原因による財産の取得となり、その態様に応じて贈与又は交換等が行われたものとして、贈与税又は所得税（譲渡所得税）の課税関係が生じることになります。

東京高判平成12年1月26日（税務訴訟資料246号205頁）では、下記のとおり判示しています。「既に成立した遺産分割協議の全部又は一部の合意解除の成否は、意思表示の解釈に関する一般原則に従って判断すべきものであるから、明示的な解除の合意が認められる場合に限らず、当初及び再度の遺産分割協議の内容の相違、再度の遺産分割協議が行われるに至った原因、経緯、時期、目的、関係当事者の認識等の諸事情を総合して成立したものと認められる場合には、黙示的な合意解除が肯認され得るものというべきであり、他方、解除の合意と目すべき事実がある場合でも、右に掲げた諸事情に照らして、再度の分割協議が当初の分割協議によって帰属が確定した財産の移転を分割協議の名の下に移転するものと認められる場合には、その合意に基づく財産権の移転の効力を肯定することができるとしても、その原因を相続ということはできないというべきである。そして、相続税法は同法に固有の「相続」概念を規定するものではなく、相続税法の適用においても「相続」の意義は民法におけると同様の概念によるべきであるから、右に説示したことが妥当するものと解すべきである。」

もっとも、遺産分割のやり直しの原因や経緯は個々の事例により様々ですので、遺産分割成立後に生じた事情がやむを得ないものであったか否かにより贈与又は交換の有無について総合的に判断する必要があります。

6 本問における検討

本問の場合、遺産分割成立後Cが経営する会社の経営が急速に悪化したために、当初の遺産分割のものよりもCに多く取得させるという事情ですが、かかる事情であるにしても、特段にやむを得ない事情があったということはできないでしょう。そのため、仮に遺産分割を合意解除し、再分割協議をして、たとえば、BからCに財産を移転しCに取得させた場合には、これは相続を原因としたものではなく贈与と解される可能性があり、贈与税が生じる可能性があります。

したがって、いったん成立した遺産分割を合意解除して再分割するかどうかは、税務面に注意しながら慎重に判断をする必要があります。

第3　相続・遺産分割　3　付随問題

Case 31　使途不明金問題

●相談の概要

父Aが亡くなり、法定相続人は、母B、兄C、姉D及び私Eです。亡Aの遺産は、相続開始時に存在した預金2,500万円とマンション（時価2,000万円）です。ただし、亡Aの生前から亡A名義の預貯金口座は同居しているCが事実上管理しており、死去の2年ほど前にたまたまAから私が預貯金口座通帳を見せてもらったときには3,500万円ほどあった預金が、その後Aの入院費等に使ったとしても1,000万円も減っていることに疑念があります。また、Cは亡Aの死後にも預貯金を引き出しているようです。亡Aの遺産の処理にあたり、生前と死後の預貯金の引出しはどのように扱えばいいのでしょうか。

●相談を受けた弁護士の回答

生前死後の預貯金引出については、正確な日付・金額の特定のため、Cから通帳の開示を受けるか、相続人として金融機関で取引履歴を取得すべきです。家庭裁判所における遺産分割の実務では、遺産分割の対象は、相続開始時に存在し、かつ、遺産分割時にも存在する未分割の遺産、とされています。このため、生前の引出しについては、原則的には不当利得返還請求又は不法行為に基づく損害賠償請求による解決となりますが、相続人全員の同意があれば遺産分割（調停）の中で解決できるため、Cに使途等の説明を求めたうえで、使途不明金があればCの保管現金として遺産分割対象財産とすることについてCを含めた相続人の同意を求めます。他方、死後の引出しについては、民法改正により民法906条の2が新設され、共同相続人の全員の同意（ただし、処分者である共同相続人の同意は不要）があれば遺産分割時に遺産として存在するものとみなすとされました。引出金額とCが処分者であるかを確認し、Cが処分者であれば、B、D及びEが同意すれば、遺産分割対象とみなすことができます。

解　説

1　亡Aの預貯金の調査

まずは、亡Aの預貯金について正確な内容を把握すべきであり、そのために取引履歴の確認をすることになりますので、事実上預貯金口座を管理していたCに通帳の開示を求めることになります。

しかし、仮にCが亡Aに無断で預貯金の引出しをしていたような場合には、積極的かつ全面的な開示がなされないこともありますので、Cに積極性がなければ、この点の交渉を長引かせることなく、相続人の一人としてEさんが直接金融機関に取引履歴の開示を求める方がよいでしょう。金融機関では、亡Aの出生から死亡までの戸（除）籍謄本一式、Eが相続人であることがわかる戸籍謄本等が求められることが多く、また、手数料が必要ですので、事前に各金融機関に問い合わせて準備を整えてから手続きしてください。地方の金融機関で支店が近くにない場合などは、弁護士会照会を用いることも考えられます。

2　遺産分割の対象財産

家庭裁判所における遺産分割の実務では、遺産分割の対象は、原則として、①相続開始時に存在し、かつ、②遺産分割時にも存在する、③未分割の遺産、とされています。本件のように、生前・死後になされた被相続人の預貯金の引出しが使途不明金として問題となるケースは多く、その場合当事者からすると上記原則は不公平であるとして理解が難しい場合が多いでしょうから、十分な説明が必要です。

3 生前の預貯金引出について

預貯金口座の調査の結果、生前に預貯金口座から引き出された現金について使途不明金が存在した場合、上述**2**のとおり、当該金員は原則として遺産分割の対象財産ではありませんが、共同相続人全員の同意があれば、遺産分割協議はもちろん、調停においてもCの保管現金として扱い遺産分割の対象とすることが可能です。

これを前提にまずは、Cに対し、当該現金引出への関与の有無、当該現金の使途等について、説明と資料提出を求めます。

(1) 生前の使途不明金について共同相続人全員の同意が得られる場合

このようなCの説明及び資料提出によっても、引出現金のうちCが亡Aに無断で引出し、使っていた金員又は依然として使途不明な金員があれば、Cを含めた他の相続人に対し、これも遺産として扱うことの同意を求めることになります。

Cを含めて相続人全員の同意が得られれば、例えばその金額が600万円であったとすると（設例との関係では、2年前から引き出された1,000万円のうち400万円は亡Aの指示に基づき同人のために使われたものと認められるなど問題がない金員であった場合。なお、死後の引出しの問題はここでは含めないこととします。）、当該600万円は「Cの保管現金」として扱うことになり（実際にまだ手元に残っているか否かに拘わらず、このように扱うという意味です。）、遺産を次の総額5,100万円として遺産分割を検討することになります。そして、法定相続分（【　】内に記載します。）に従って遺産分割をすると、次のような分割が考えられます。

遺産：預貯金2,500万円、マンション（時価2,000万円）
　　　兄Cの保管現金600万円
遺産分割の例
　母B【2分の1】　　　マンション（2,000万円）＋預貯金550万円

兄C【6分の1】	既に取得済みの保管現金600万円＋預貯金250万円
姉D【6分の1】	預貯金850万円
相談者E【6分の1】	預貯金850万円

このような当事者間の同意による処理は調停でも可能とされていますが、上述**2**に記載した内容が原則であって審判事項ではない以上、調停期日を複数回重ねてもこの点に関する合意に見込みが立たないような場合には、後述⑵記載の訴訟による解決を勧められ、調停は取下げるか、使途不明金問題を切り離して現存する遺産の分割をするのが一般的です。

⑵　生前の使途不明金について共同相続人全員の合意が整わない場合

Cが生前の使途不明金を遺産として扱うことに同意しない場合には、遺産分割の問題としての解決はできませんので、解決を求めるのであれば、不当利得返還請求又は不法行為に基づく損害賠償請求をし（両方成立し得る場合には請求原因としては選択的な関係）、訴訟も検討されるべきです。

4　死後の預貯金引出について

⑴　預貯金引出されていた場合

預貯金口座の調査の結果、死後に預貯金口座から300万円が引き出されていたとします。上述**3**のとおり、当該300万円は原則として遺産分割の対象財産ではありませんが、民法906条の2（令和元年7月1日施行）により遺産とみなされる場合があります。

⑵　民法906条の2について

民法906条の2第1項は、遺産の分割前に遺産に属する財産が処分された場合、共同相続人は、その全員の同意により、その処分された財産が遺産の分割時に遺産として存在するものとみなすことができると定め、同第2項は、財産を処分した共同相続人については同意を得ることを要しない旨定めています。当該第1項は、旧法のもとでの最高裁判例（最判昭和54年2月22日判時923号77頁）に基づく実務を明文化したものですが、実際のところは財産を処分した者が処分財産を遺産とみなすことに同意することが稀でありこのため公平性を欠く結果を生じることもあったことから、第2項が新設されました。

要件事実を整理すると次のとおりです。

① 処分財産が、相続開始時に被相続人の遺産に属していたこと

② 処分財産が遺産分割前に処分されたこと

③ 財産を処分した共同相続人以外の共同相続人全員が、遺産分割時に、当該処分をされた財産を遺産分割対象に含めること（遺産として存在するものとみなすこと）に同意すること

つまり、本件のように、遺産である預貯金が相続発生後遺産分割前に引き出されていた場合には、Cがこの引出しをなしたことを認めれば、Cを除く、B、D及びEにおいて、当該300万円を遺産分割時に存在するものとして遺産分割対象に含めることに同意すれば、これを遺産分割の対象として扱えることになります。

具体的には、みなし相続財産は次のとおりとなり（ただし、生前引出の問題はここでは含めないこととします。）、法定相続分に従うと、次のような遺産分割が考えられます。

みなし相続財産：預貯金2,500万円（兄Cの引出しにより実際の残高は2,200万円）、マンション（時価2,000万円）

母B【2分の1】	マンション（2,000万円）＋預貯金250万円
兄C【6分の1】	既に取得済みの300万円＋預貯金450万円
姉D【6分の1】	預貯金750万円
相談者E【6分の1】	預貯金750万円

Case 32 祭祀承継・墓じまい問題、形見分け

●相談の概要

父Aが亡くなり、法定相続人は、母B、姉C及び私Dです。亡Aの遺産については、不動産・預貯金・株式等があり、BとC・Dとの間で意見の食い違いが大きく、調停を申し立てるしかないと考えています。遺産のほか、姉Cも私も嫁いでおり、Bも高齢であるため、今後、家の墓（亡Aが祭祀承継者）をどうすればよいのかが問題になっています。なお、同墓には、亡A及びその両親が納骨されていることは明らかですが、それ以前の詳細は不明です。亡Aには兄弟姉妹がおらず、B、C及びDの他には承継をする者がいません。また、亡Aは骨董品（皿・壺）を集めるのが趣味であり、その中には私にも思い出があって欲しいものがありますが、すべてBが管理しています。このようなものは遺産に入るのでしょうか。そしてどのように分けるのでしょうか。

●相談を受けた弁護士の回答

1　墓の問題

墓は、祭祀承継者がその使用権等を承継するところ、祭祀承継者について、亡Aによる指定がなければ、（慣習によることは実際にはないため）家庭裁判所に審判を申立てて決めてもらうしかなく、祭祀承継者が決まれば、その者がこの墓の処理を決めることになります。祭祀承継者の指定の審判は遺産分割とは別個の審判事件であるため、遺産分割調停とは別途申立てが必要になるが、遺産分割調停において当事者全員の同意があれば、同調停において、祭祀承継者を指定して祭祀財産を取得させるとの条項を入れることは可能とされています。このため、まずは、遺産分割調停の中で話し合いを持ちかけてみるのもよいでしょう。また、墓を承継するのが

全員現実的に難しいとなった場合には、墓じまいも検討されます。

2　骨董品の分け方

骨董品など動産を遺産分割の対象とするためには、特定が必要となりますが、骨董品の特定は難しく、今回のようにBが保管している骨董品の特定はさらに難しいようです。特定できない場合には、調停・審判による遺産分割の対象からは外され、形見分けとして分けることを勧められることが多いようです。

解　説

1　祭祀承継者

⑴　祭祀承継者指定の調停・審判

墓石・墓碑など遺骨を葬っている設備は、「祭祀財産」の一つである墳墓であり、祭祀財産（墳墓のほか、系譜・祭具）は、相続財産を構成せず、祖先の祭祀の主宰者（「祭祀承継者」）に帰属し、祭祀の主宰者は、第一に被相続人の指定により、第二に慣習により、第三に家庭裁判所の審判により定まるとされています（民法897条、家事事件手続法39条・別表第2の11項）。

今回は、被相続人の指定がなく、慣習が存在するということは現実的には見受けられないため、これを定めようとする場合には、家庭裁判所に対する審判申立てをすることになります。

祭祀承継者指定は調停前置主義（家事事件手続法257条）の対象事件ではありませんが、事案によっては、裁判所の職権により調停に付されて調停での話し合いを求められる可能性があります。

審判における祭祀承継者決定の基準については、次の高裁決定が参照されますので、これを前提に具体的事情・経過を詳細に明らかにする必要があります。

「この点については、承継候補者と被相続人との間の身分関係や事実上の生活関係、承継候補者と祭具等との間の場所的関係、祭具等の取得の目的や管理等の経緯、承継候補者の祭祀主宰の意思や能力、その他一切の事情（例えば利害関係人全員の生活状況及び意見等）を総合して判断すべきであるが、祖先の祭祀は今日もはや義務ではなく、死者に対する慕情、愛情、感謝の気持ちといった心情により行われるものであるから、被相続人と緊密な生活関係・親和関係にあって、被相続人に対し上記のような心情を最も強く持ち、他方、被相続人からみれば、同人が生存していたのであれば、おそらく指定したであろう者をその承継者と定めるのが相当である。」（東京高決平成18年4月19日判タ1239号289頁）

祭祀承継者が定まれば、その者において、墓の使用権等の権利を有するとともに管理料等の支払義務を負うことになります。

⑵ 遺産分割調停における協議・調停条項

上記⑴のとおり、祭祀承継者指定は審判事件ですが、遺産分割調停において、当事者全員の合意があれば祭祀承継者の指定の条項を含めての調停成立は可能とされていますので、遺産分割調停を申し立てるということであれば、まずはその中で協議することが有効な場合があります。

【遺産分割調停にて祭祀承継者を指定することを合意した場合の条項例】
「当事者全員は、被相続人の祭祀の承継者を申立人と定め、申立人は、その祭具及び墳墓の権利を承継する。」

2 墓じまい

今回のように、娘二人が嫁いでおり嫁ぎ先の墓に入る予定であり、今後亡Aが納骨されている墓にはBが入る他には入る人もいない、ということですと、誰かが一旦承継してもその後の承継者がいないということになりますので、墓じまいも検討されるところです。

墓じまいと言っても、現在ある墓内の遺骨を改葬する必要がありますので、現在ある墓を閉じるというだけでは終わりません。一般的には、①現在ある墓から遺骨を取り出す（その際に、魂抜きの供養・閉眼供養等をすることがあります。）、②墓石等を撤去処分し更地にして管理者に返還する、③①の遺骨について市区町村の改葬許可を得たうえで合葬墓等に納骨する、ことが必要になり、③の合葬墓等への納骨に伴って寺院等に永代供養を依頼すると、永代供養料等の支払いを求められることが多いといえます。そして、この永代供養料等の金額は、寺院によってその多寡に幅があります。また、①②の作業には石屋を手配する必要があり、その費用がかかります。

このため、墓じまいを検討される際には、まずは墓を管理する寺院等に対し、合葬墓の有無・合葬墓に入れる遺骨の範囲（檀家に限るとする寺院もありますが、宗派等一切を問わず受け入れ可能とする合葬墓もあります。また、墓内の遺骨のほか、現在の使用権者までは将来亡くなったときにも入れるとする合葬墓もあります。）・墓じまいそのものの費用とその後の永代供養料等の金額等を問い合わせ、具体的な内容を確認する必要があります。また、改葬許可を得るためには納骨されている者の特定が必要であり、寺院等によっては遺骨の数によって永代供養料等の額が変動することもありますので、予め寺院・管理者に対し、過去帳等の記録の確認を求めることは必須であり、場合によっては墓を一度開けて中の骨壺数・そこに記載されている名前を確認することまでした方がよい場合があります。

この点、都立霊園等の公営霊園では、合葬施設があり永代供養料等の支払いを要しない又は低額に定められていることが多いですが、被相続人から祭祀承継者への名義変更手続とそれに対する許可が必要とされる・合葬施設への移設の申込時期が毎年毎に一定期間に限定されているといった手続面での条件があることが多いですので、予め手続きを確認することは必須です。

3 形見分け

動産類も被相続人の遺産として遺産分割の対象になります。

ただし、対象とするためにはまずは特定が必要とされます。今回のような皿・壺のほか、貴金属・絵画・書画・着物等の特定はそもそも難しい場合が多いのと、保管者がこれに協力しない場合には特定ができないことも多いでしょう。また、価値があるものは遺産分割の対象になりますが、この価値についても、客観的に評価額が明らかになり、当事者全員が評価額を合意すれば遺産分割が可能な場合がありますが、評価額に争いがある場合にこれを評価する方法も問題になります。

遺産分割調停・審判においては、動産については、特定ができない場合・客観的価値がないもの・評価額が明らかにならないもの等は、遺産分割の対象財産から外され、形見分けとして当事者が適宜に分けるのが相当として、形見分けを勧められることになります。

ただし、調停においては、形見分けに関する次のような条項をもって、形見分けの実施を合意することができますので、調停の中で、形見分けの段取りや内容を一定程度（本来の遺産分割協議に支障が生じない程度）協議し、これがうまく実施できるよう進めることは有効な場合があります。

【形見分けを行う条項例】

被相続人の遺産のうち動産類については、申立人と相手方が立会いの下形見分けを行うものとし、その日時については当事者間で別途協議して定める。

第3 相続・遺産分割　4 遺産分割

Case 33 遺産分割の対象となる財産について知りたい

●相談の概要

A（75歳）が死亡し、相続人としてAの妻B、Aの子供C、Dがいます。AはB、Cとともにマンションを借りて暮らしており、財産としては預貯金、現金（タンス預金）、上場会社の株式、ゴルフ会員権、ネット上に銀行口座、SNSアカウントがありました。Aの遺産分割をするにあたって何を対象に遺産分割を行えばよいでしょうか。また、Dは預貯金やタンス預金を管理しているCに遺産分割前に法定相続分に当たる金額を請求できますか。

●相談を受けた弁護士の回答

B、C、Dは、Aの預貯金、現金、上場会社の株式、借りていたマンションに関する賃借権を相続します。ゴルフ会員権やデジタル資産のうちのSNSアカウントについては利用規約を確認したうえで相続の対象となるか否かを判断します。Dは当然にはCに預貯金やタンス預金を請求することはできません。

解　説

1　遺産の対象となる財産

民法896条において、相続人は、被相続人の一身に専属したものを除き、相続開始の時から被相続人の財産に属した一切の権利義務を承継するとされています。つまり、一身専属権を除き、財産の種類等を問わずに被相続人の財産に属した一切の権利義務が包括的に相続人に承継されることになります。

本件においても、一身専属のものを除きAが死亡時に有していた財産に属した一切の権利義務が遺産の対象となります。そして、一切の権利義務という場合には、積極財産及び消極財産の全ての財産を含みます。

2 遺産分割の対象となる財産

それでは、裁判所において遺産分割手続を行う場合にもすべての財産が対象となるのでしょうか。裁判所の遺産分割手続においては、被相続人が相続開始時に有していた積極財産のうち、遺産分割時に相続人間で共有となっている財産が対象となります。

3 具体的説明

ここからは、遺産について具体的に説明します。

⑴ 預貯金

Aの預貯金は相続の対象となります。それでは、遺産分割の対象になるでしょうか。以前は預金等の金銭債権は可分債権として相続開始とともに当然に分割されるとされていましたが、最判平成28年12月19日民集70巻8号2121頁にて共同相続された普通預金債権、通常貯金債権及び定期貯金債権は、いずれも、相続開始と同時に当然に相続分に応じて分割されることはなく、遺産分割の対象になる旨が判示されました。

また、最一小判平成29年4月6日判時2337号34頁にて共同相続された定期預金債権及び定期積金債権は、いずれも、相続開始と同時に当然に相続分に応じて分割されることはない旨判示され、これにより、預貯金は遺産分割の対象となりました。本件においても、Dは預貯金を管理しているCに当然に法定相続分にあたる金額を交付するよう請求することはできません。

もっとも、必要に応じて、遺産分割前の預貯金債権の行使として民法909条の2を適用することが考えられます。民法909条の2については、

234頁をご参照ください。

⑵ 現　金

Aのタンス預金も相続の対象になります。そして、最二小判平成4年4月10日判時1421号77頁にて相続人は遺産分割までの間は相続開始時に存した金銭を相続財産として保管している他の相続人に対して、自己の相続分に相当する金銭の支払を求めることはできないと判示されました。

それゆえ、Aのタンス預金は遺産分割の対象となるとともに、Cがタンス預金を保管している場合、DはCに対し、当然に法定相続分にあたる金銭を交付するよう請求することはできません。

⑶ 賃借権

賃借権は借主の死亡によって消滅するものではなく、被相続人の権利に属しますので相続の対象となります。

そして、賃借権は不可分債権とされていますので遺産分割の対象となり、遺産分割手続を経て相続人間の準共有状態を解決します。

本件においても賃借権は、BCDの準共有となりますので、BCはそのまま住み続けることができますし、賃借権をBCのものとするためには遺産分割手続を行うことになります。

⑷ 株　式

株式は、被相続人が有していた権利義務として相続の対象となります。

そして、最三小判平成26年2月25日民集68巻2号173頁にて、株式は株主たる資格において会社に対して有する法律上の地位を意味し、株主は自益権と共益権を有しその性質に照らせば共同相続された株式は相続開始と同時に当然に相続分に応じて分割されない旨判示されており、不可分債権として遺産分割の対象となります。

それでは、相続人の一人が単独で議決権を行使できるのでしょうか。会社法106条において、株式の共有者による権利行使の際には、権利行使する人を一人定めたうえ会社に通知する旨定めています。そして、同権利行使は持分の過半数によって決するとされています（最三小判平成9年1月28日判時1599号139頁）。また、会社法106条ただし書において、会社が同意した場合はこの限りでないとされていますが、その場合であっても、株式の管理に関する行為として、民法252条本文により、各共有者の持ち分の価格に従い、過半数で決せられるものと解するのが相当である旨判示されています（最一小判平成27年2月19日民集69巻1号25頁）。

以上を前提とすると、本件においてＣやＤは単独で議決権を行使することはできません。

⑸　ゴルフ会員権

ゴルフ会員権にはいくつかの種類があります。また、契約上会員の死亡により契約が終了する場合もありますので、ゴルフ会員権の規約などを確認し、契約形態を確認しましょう。そのうえで、相続の対象となる場合には遺産分割の対象となります。

⑹　デジタル資産

デジタル資産にはパソコンやスマートフォン、その中に入っているデータ、ネットバンキング、オンラインサービス、SNSアカウント等様々なものがあります。デジタル資産について別途法律があるというわけではありませんので、従来からある相続財産と対比しながら、相続対象になるのか考えていきます。例えば、ネットバンキングやオンラインサービスは預貯金や通常行われているサービスと同様に考えられます。パソコンやスマートフォン自体は有体物であり相続の対象となります。パソコンやスマートフォンに入っているデータについては、著作権などの知的財産権の対象として相続の対象となります。SNSアカウント等は、提携先の会社との間の利用契約等になり、同利用契約においては利用者の死亡により契約が解消となる規約があるところも多くみられます。まずは、規約を確認し、相続できるものであるか否かを判断していくことになります。

⑺ 損害賠償請求権

例えば、被相続人が交通事故で死亡した場合や生前に第三者に対して損害賠償請求権を有していた場合、被相続人が取得した損害賠償請求権は金銭債権であり相続の対象となります。もっとも、可分債権であることから遺産分割の対象とするには相続人の合意が必要になります。

⑻ 相続債務

本件ではAはマンションを賃借していましたが、例えば、Aがマンションを購入し住宅ローンが残っている場合には、各相続人に相続分に応じて分割された範囲で相続されることになります。住宅ローンについては団体信用生命保険に入っていることが多いことから、まずは、団体信用生命保険加入の有無について確認しましょう。

なお、相続債務については相続の対象になるものの、遺産分割の対象は当然にはなりません。調停において相続人の合意に基づき他の相続財産と併せて話し合うことは可能ですが、審判に移行した際には審判の対象とすることはできないことに注意が必要です。

4 結 論

相続財産について、一身専属的なものを除き、相続財産となることが原則ですが、利用規約により相続財産とならないものもありますので、利用契約等契約上の地位に基づいて生じている権利については規約を確認することが必要になってきます。

その他の相続財産についても、相続財産になるものの遺産分割の対象とはならないもの、合意により遺産分割の対象とすることはできるものの、審判対象とすることはできないもの等様々になります。

最終的な解決を図るにあたってどの相続財産をどの手続きで解決できるのかということを頭に入れながら遺産分割手続を進めることが重要となってきます。

参考文献

・片岡武＝管野眞一『家庭裁判所における遺産分割・遺留分の実務〔第4版〕』（日本加除出版、2021年）
・北川祥一『デジタル遺産の法律実務Q&A』（日本加除出版、2020年）

Case 34 相続開始後に生じた財産（代償財産、遺産から生じた果実、遺産の管理費、葬儀費用、香典、死亡保険金、死亡退職金）

●相談の概要

Aが死亡し、相続人は子のB、C、Dの3人です。Aの遺産には第三者に賃貸するマンションがありましたが、B、C、Dは相続税の支払原資を捻出するため、相続開始後、遺産分割をする前に共同で第三者に売却しました。この場合に、相続開始後に賃借人から受け取った賃料やマンションの売却代金は遺産分割の対象となりますか。また、Aの葬儀費用はBがすべて支払い、香典もBが受け取っていますが、これらは遺産分割の対象となりますか。

●相談を受けた弁護士の回答

相続開始から遺産分割までの間に発生した不動産の売却代金や賃料収入は、基本的には相続人の固有の財産として取得するものであり、当然に遺産分割の対象となるものではありません。また被相続人の葬儀費用や香典も遺産分割の対象からは除外されます。

ただし、これらはいずれも相続人全員の合意により遺産分割の対象とすることが妨げられるものではありませんので、事前に相続人間で協議して、負担の少ない方法を合意するのが得策です。

解　説

1　遺産分割の対象

遺産分割の対象となるのは、「相続開始時に存在する相続財産」ではなく「遺産分割時に存在する相続財産」とされています。そのため、相続開始時にはまだ発生していなかった財産であっても、相続開始時に存在する財産は遺産分割の対象とする余地はあります。ただし、その財産の性質に応じて、相続財産といえるかどうかは区々ですので、検討が必要です。

2 代償財産

相続開始時に存在していた財産が、その後に生じた出来事の結果として相続財産から逸出し、これに代わる財産的利益を共同相続人が取得した場合、この代わりの財産的利益のことを代償財産といいます。事例のように、財産を売却した場合の対価が典型例ですが、他には財産を火災で消失した場合の火災保険金や、第三者の故意過失により財産が消失した場合の損害賠償請求権などが挙げられます。

代償財産は相続開始時には存在していない財産なので、これが当然に遺産分割の対象となるかについては争いがあります。学説上は対象となるという説が有力ですが、判例は「共同相続人全員の合意によって遺産に属する個別財産が処分された場合、その代償財産は相続財産としてではなく、各相続人の固有の権利として取得する」として、遺産分割の対象とはならないと判断しています（最二小判昭52年9月19日判時868号29頁、最一小判昭54年2月22日判時923号77頁）。なお、この判断は、売買のように共同相続人全員の合意によりなされた場合のものですので、先に述べた火災保険金や損害賠償請求権等のように、相続人の意思によらず代償財産が生じた場合まで同様に考えるのが相当かどうかについては、今後の検討を待つことになるでしょう。

なお、代償財産が理屈の上では遺産分割の対象とならないとしても、相続人全員の合意により遺産分割の対象として話し合いを行うことが否定されるものではありません。トラブルを避けるためにも、共同相続人間において売却を行う前に、売却益を遺産分割の対象とするのか、あるいはそうせずに法定相続分で分けることとするのか、話し合って決めておくのがよいでしょう。

3 相続開始後に発生した賃料収入

不動産の賃料収入は法定果実です。遺産分割の効果は、相続開始時にさかのぼって発生することからすれば、遺産である賃貸不動産から生じた果実である賃料も、不動産を取得する相続人に帰属するようにも思えます。しかし、裁判所はそのように判断しておらず、「相続開始時から遺産分割までの間、遺産は共同相続人の共有に属するところ、この間に遺産である賃貸不動産を使用収益した結果として生じる賃料債権は、各共同相続人がその相続分に応じて分割単独債権として確定的に取得する」ものとしています（最一小判平17年9月8日民集59巻7号1931頁）。そのため、相続開始後に発生した賃貸不動産の賃料は、遺産分割の対象ではなく、法定相続分で分割債権として取得できることとなります。

なお、賃貸不動産の使用収益をするには、管理に係る費用も必要となりますが、このような遺産の管理に係る費用も当然に遺産分割の対象となるわけではありません。ただし、相続財産に関する費用は民法885条により相続財産の中から支弁することとなるため、一部の相続人が遺産の管理費用を拠出した場合には、他の相続人に対して法定相続分に応じて償還請求をすることができると思われます。なお、共同相続人全員の合意があれば、相続財産の管理費用も、遺産分割の中で協議し清算することが妨げられるものではありません（東京高決昭和54年3月29日家月31巻9号21頁）。

4 その他、相続開始後に発生する財産の例

その他に被相続人の相続開始後に発生する財産の例として、生命保険の死亡保険金があります。これは保険金受取人に指定された者が、保険契約者と保険会社との間の生命保険契約に基づいて固有の財産として取得するものなので、そもそも保険金請求権は遺産ではないという整理となります。保険金受取人として特定の人が指定されておらず、受取人が「相続人」とだけされている場合であっても、相続人が各相続分に則り、固有の財産として保険金請求権を取得するのであって、相続財産に属するものではない

ので、遺産分割の対象とはなりません。

被相続人の勤務先等から支給される死亡退職金についても死亡保険金と同様で、退職金規程等の支給の根拠となる規程に基づいて、受給権者として定められている身分を有する者に対して、直接に支給されるものなので、被相続人の遺産ではなく、受給権者の固有の財産となり、遺産分割の対象とはなりません。

5 葬儀費用・香典の取り扱い

葬儀は、被相続人のために行われるものではありますが、一般には死亡後に葬儀会社や宗教法人等との契約に基づいて実施されるものといえるので、被相続人の遺産ではないという整理になります。

葬儀を実施した人が葬儀費用を負担した場合、生前の被相続人からの委任に基づく場合には、委任契約上の事務処理費用償還請求（民法650条1項、2項）や事務管理に基づく有益費用償還請求（民法702条1項）により処理をすることができます。ただし、相続人全員で合意して遺産分割の中で処理をすることができるならば、それが否定されるものではないので、どのように費用を負担するかを、葬儀の実施前に相続人間で話し合っておくのがよいでしょう。

なお、葬儀に際して参列者から受け取った香典も、被相続人ではなく、葬儀の実施者が受領するものなので、遺産分割の対象にはなりません。

ところで、近頃は「終活」の一環として、被相続人が生前に自ら葬儀会社と自己の葬儀についての契約を行っているというケースもあります。このような場合は、生前に契約に基づく権利義務が発生しており、その権利債務が相続により承継されるということになるので、費用の精算が生じた場合には相続財産（債務）となるでしょう。

参考文献

・潮見佳男『詳解　相続法』（弘文堂、2018年）

Case 35 遺産分割に関する保全処分・遺産分割前の預貯金の払戻し制度

●相談の概要

Aは令和3年5月に亡くなり、相続人はB及びその兄弟2名C、D（計3名)、遺産は、BがAと同居していた不動産（評価額1,500万円）とA名義の預貯金（M銀行普通預金900万円、S銀行普通預金900万円、定期預金1,800万円）です。遺産分割協議は行われていません。

① 相続人Cが不動産についての自己の持分を業者に売却しようとしている場合（Bには当該不動産の取得希望がある)。

② Bには資金需要があり、銀行から預金を引き出したい場合。

③ BはAの債務支払いのため600万円が至急必要である場合。

●相談を受けた弁護士の回答

設例①、③の場合は、家庭裁判所に、遺産分割の調停又は審判の申立てを行い、これに付随して遺産分割前の保全処分を申し立てることを検討します。設例①では、Bが当該不動産を取得する可能性がある場合には、不動産の処分禁止の仮処分を得ることが考えられます。設例②は、改正法により遺産分割前の預貯金の払戻制度が創設され、各相続人は、遺産である預貯金から口座毎に一定の金額を、家庭裁判所の許可を経ずに、単独で払戻しをすることができます。本件の場合、Bは、M銀行、S銀行からそれぞれ150万円を上限として引出しが可能です。設例③は、改正法により、各相続人は、遺産分割前の保全処分として、仮分割の仮処分の申立てを行い、預貯金債権行使の必要性、他の相続人の利益を害しないことを具体的に主張し、相続財産である預貯金の全部又は一部を仮に取得し、単独で払戻しを受けることが考えられます。ただし、相続債務は、法定相続分に応じて各相続人に分割承継されており、本案の遺産分割調停で相続人全員の合意がある場合のみ扱える財産であることから、相続債務全額をBが代表して支払うことにつき相続人全員の合意が得られる場合は、一部分割調停を利用すべきと考えられます。

解　説

1　遺産分割に関する保全処分

⑴　遺産分割に関する保全処分の態様

相続人らの関係が良好であれば遺産分割の早期解決も望めますが、そうではない場合、遺産分割の開始から最終的な解決に至るまでには、長時間を要することが少なくなく、この間に遺産の隠匿や処分がなされてしまうと、遺産分割協議の実効性が失われるおそれや、特定の相続人の生活が困窮してしまう場合があります。このような事態を防ぐ方法として、家事事件手続法（以下、「家事法」といいます。）では、調停又は審判の申立てを行った場合の付随手続として、審判前の保全処分が定められています（家事法105条1項）。

遺産分割に関する保全処分の態様は、①遺産管理者の選任、遺産に関する事項の指示（家事法200条1項）、②仮差押え、仮処分その他の必要な保全処分（処分禁止の仮処分、仮分割の仮処分など）（家事法200条2項）です。なお、令和元年7月1日施行の改正法により、③預貯金に限り、仮分割の仮処分の要件が緩和されました（家事法200条3項）。

⑵　保全処分の要件

（形式的要件）
ア　遺産分割の審判又は調停の本案が、家庭裁判所に係属していること
（実質的要件）
イ　本案審判認容の蓋然性、すなわち、遺産分割審判又は調停において、保全処分の内容に符合する遺産分割が行われる可能性が高いこと

ウ　保全の必要性

㈠　財産管理のため必要がある場合（家事事件手続法200条１項）

㈡　強制執行を保全し、又は事件関係人の急迫の危険を防止するため必要がある場合（家事事件手続法200条２項）

㈢　相続財産に属する債務の弁済、相続人の生活費の支弁その他の事情により遺産に属する預貯金債権を申立人又は相手方が行使する必要性がある場合（家事事件手続法200条３項）

2　Cが不動産の自己の持分を売却するおそれがある場合（設例①）

遺産に含まれる不動産は、遺産分割の完了までは相続人全員の法定相続分による共有状態にあり、Cが自己の持分を第三者に売却することは可能です（最二小判昭和38年2月22日民集17巻1号235頁、最二小判昭和50年11月7日民集29巻10号1525頁は持分処分が可能であることを前提としていると思われます）。Cが第三者に不動産の持分を売却してしまえば、Bは不動産の取得を断念せざるを得なくなったり、取得したとしても当該第三者との間での法的処理に困難をきたしたり、また、当該持分は遺産分割の対象から外れ、Cの売却代金相当額の清算が遺産分割手続内で行われなければC以外の相続人の取得額が減少するなど不公平が生じるおそれがあることから（なお、改正民法906条の2による是正の余地はありますが）、BとしてはCの売却を阻止したいと考えるでしょう。

そこで、Bは、家庭裁判所に遺産分割の審判又は調停を申立て、Bを仮処分債権者、Cを仮処分債務者として、その者の共有持分の処分を禁止する方法（処分禁止の仮処分）を検討します。Bが遺産分割において当該遺産を取得する蓋然性、Cが当該遺産又はその持分を処分する危険性がある場合（野田愛子・若林昌子ほか編『家事関係裁判例と実務245題（判例タイムス臨時増刊1100号）』357頁）にこれを申立て、認められれば登記簿上にその旨記載がなされ、Cの売却が奏功しない場合があります。ただし、担保金について注意が必要です。

3 遺産分割前における預貯金の払戻し制度（設例②）

平成28年12月19日最高裁大法廷決定（最大決平成28年12月19日民集70巻8号2121頁）において、被相続人名義の預貯金は、相続開始と同時に相続分に応じて当然には分割されず、相続人の合意がなくとも遺産分割の対象に含まれるとして、従来の判例の変更が行われました。これにより、遺産分割が終了するまでの間は、共同相続人全員の同意がなければ預貯金の払戻しができないこととなったため、葬儀費用や相続債務の弁済など、被相続人の預貯金を払戻す必要がある場合に、支障が生じることになりました。

そこで、改正法では、共同相続人の各種の資金需要に迅速に対応できるようにするため、遺産分割前に裁判所の判断を経ることなく、一定の範囲で遺産に属する預貯金債権を行使することができる制度の創設（預貯金の払戻制度　民法909条の2）と預貯金債権については、仮分割の仮処分の要件を緩和することとしました（家事法200条3項　設例③）。

(1) 民法909条の2により権利行使することができる預貯金債権の割合及び額は個々の預貯金債権ごとに判断され、本件の場合、各銀行の各預金債権につき、各々の額の3分の1に法定相続分を乗じた額が権利行使可能な額となります。なお、定期預金については、期限前解約を相続人単独でなし得るか等問題点はありますが、金融実務では満期が到来していることが前提となっているようです（片岡武＝管野眞一『改正相続法と家庭裁判所の実務』47頁（日本加除出版、2019年）、堂薗幹一郎＝野口宣大編著『一問一答　新しい相続法〔第2版〕―平成30年民法等（相続法）改正、遺言書保管法の解説』70頁（商事法務、2020年））。

(2) 金融機関の判断を可能とするため、権利行使できる預貯金債権の割合及び額の計算の基準時は「相続開始の時」です。ただし、同一の金融機関に対しては権利行使の上限額があり、150万円とされています（平成30年法務省令第29号）。

(3) 計算式　M銀行普通預金の額（900万円）×1/3×Bの法定相続分

(1/3) =100万円、S銀行普通預金も同様に100万円。定期預金（1800万円）×1/3×1/3=200万円ですが、同一金融機関に複数の口座がある場合は150万円が限度のため、Bは、M銀行、S銀行それぞれから150万円を限度として引出しが可能です。

(4) 同法に基づき権利行使された預貯金債権については、当該相続人が遺産の一部分割により取得したものとみなされます（民法909条の2後段）

4 Aの債務支払いのために600万円が至急必要な場合（設例③）

預貯金の払戻制度は相続人間の公平な遺産分割実現のため上限額が定められており、限度額を超える資金需要には対応できません。そこで、大口の資金需要がある場合、家事法200条2項「その他の必要な保全処分」中の仮の地位を定める仮処分の類型の一つとしての「仮分割の仮処分」を活用することが考えられます。これは、①申立人が当該遺産を取得する蓋然性が高く、②申立人が生活の窮迫等により早急に当該遺産を取得する必要がある場合に、仮処分によって遺産を仮に分割するものですが、「急迫の危険を防止」という要件が厳しく柔軟な対応が難しいことから、改正法は家事法200条3項において、預貯金に限り、要件を緩和しました。

(1) 要件：①形式的要件として、本案係属要件、②遺産に属する預貯金債権を行使する必要があること（権利行使の必要性：条文上の例示として、相続財産に属する債務の弁済、相続人の生活費の支弁など）、③他の相続人の利益を害しないこと（相当性）が挙げられます。

したがって、Bとしては、審判前の保全処分として、仮分割の仮処分の申立てを行い、預貯金債権行使の必要性、他の相続人の利益を害しないことを具体的に主張し、相続財産である預貯金の全部又は一部を仮に取得し、単独で払戻しを受けることが考えられます。ただし、「他の共同相続人の利益を害しないこと」について、申立人の特別受益の有無、本案の帰趨などを考慮し、個別具体的に裁判官の判断に委ねられます。一般的には、「申立人の法定相続分を乗じた額の範囲内に限定するのが相当」との見解（東京家庭裁判所家事第5部における相続法改正を踏まえた新たな実務運用（家庭の法と裁判号外）47頁）があります。

⑵　ところで、被相続人の債務は、法定相続分に応じて各相続人に分割承継されており、本案の遺産分割調停で相続人全員の合意がある場合のみ扱える財産であるところ、相続債務全額の支払いを理由に仮分割の仮処分を安易に認めてしまうと、本案においてC、Dが相続財産からの相続債務支払いを拒絶した場合、Bは調停外での訴訟リスクを負うこととなり、新たな問題を生じさせてしまうおそれも出てきます。

そこで、共同相続人全員の間で相続債務の存在及び額に争いがなく、弁済期が到来している事案においては、相続債務全額をBが代表して支払うことにつき相続人全員の合意が得られる場合は、一部分割調停を利用すべきとの見解も見られます。

参考文献

・野田愛子＝若林昌子ほか編『家事関係裁判例と実務245題（判例タイムス臨時増刊1100号）』

・野田愛子ほか編『遺産分割・遺言215題（判例タイムズ臨時増刊688号）』

・金融法務研究会報告書　民法（相続関係）改正に伴う銀行実務への影響

　・第2章　民法909条の2にもとづく預貯金債権の行使（山田誠一）

　・第3章　保全処分による預金債権の仮取得について（松下淳一）

・堂薗幹一郎＝野口宣大編著『一問一答　新しい相続法〔第2版〕―平成30年民法等（相続法）改正、遺言書保管法の解説』（商事法務、2020年）

・片岡武＝管野眞一『家庭裁判所における遺産分割・遺留分の実務〔第4版〕』（日本加除出版、2021年）

・片岡武＝管野眞一『改正相続法と家庭裁判所の実務』（日本加除出版、2019年）

・東京家庭裁判所家事第5部における相続法改正を踏まえた新たな実務運用（家庭の法と裁判号外）

Case 36 遺産の調査（特に相続人の一人が協力をしない場合）

●相談の概要

被相続人Aは、遺言を作成せず亡くなりました。Aの夫は既に死亡しており、Aの法定相続人は、Aの近くに住んでいる長男B（50歳）と、県外に暮らしている長女C（42歳）の二人です。Aの生前の財産管理は主にBが手伝っていたので、CはAの遺産について、自宅の土地建物以外にどのようなものがあるのか、詳細を把握していません。

Cは、Bに対して、Aの相続財産について遺産分割の話合いを持ち掛けていますが、BはAの遺産を独り占めしようとしているのか、Aの預金通帳などの書類を持って行ってしまい、Cに内容を教えてくれません。このような場合に、CはどのようにAの遺産を調査すればよいでしょうか。

●相談を受けた弁護士の回答

基本的には、法定相続人であれば単独で調査できるので、Bの協力がなくともC単独で調査可能です。Aの自宅内に残されている書類や郵便物、パソコンや携帯電話の履歴等から、所有する不動産、取引があったと思われる金融機関、証券会社、保険会社等を特定し、その会社に個別に照会をかけていくことになります。

解　説

1　遺産の調査

被相続人が遺言を残している場合や、相続人が被相続人の生前の財産管理を手伝っていたような場合には、遺産の内容を概ね把握していることが多いですが、そうでない場合には、どのような遺産があるのか把握していないということもあるでしょう。

このような場合、遺産分割協議を行う前提として、まずはどのような遺産があり、またそれがどのような状態にあるのかを調査し、把握することが必要です。

2 遺産を見つける手掛り

被相続人Aの自宅に出入りできる場合には、まず不動産の権利証や固定資産税の通知書、預貯金通帳、保険証券など、財産の内容が直接分かる書類等を探すことが最も簡便です。特に、預貯金通帳については、その預貯金の存在が判明するだけにとどまらず、その取引の履歴から他の財産が判明することもあるので、取引内容まで確認することが重要です。例えば、固定資産税の引き落としがあれば不動産の存在が推測されますし、保険料の支払があれば生命保険に加入していたことが分かるので、調査の重要な端緒となります。

また、直接的に遺産を確認できる書類でないとしても、自宅に届いているダイレクトメールや、パソコンや携帯電話のアプリやブックマーク、メールの履歴などから取引があった金融機関や証券会社、保険会社等が判明することも多いので、これらの確認も行うとよいでしょう。

3 遺産の調査

⑴ 不動産

登記事項証明書は、法務局で誰でも取得することができるので、所在が明らかなAの自宅については、特にBの協力を得る必要なく、登記事項証明書をとることができます。住居表示しか分からず地番が特定できていない場合は、ブルーマップで確認をするか、管轄の法務局に電話で地番照会をすれば確認可能です。また、被相続人が事業を行っていた場合など、不動産に抵当権を設定しているときには、共同担保目録の欄から、別の不動産の存在が分かることもあるので、共同担保目録まで確認をするとよいでしょう。

自宅以外の不動産について、固定資産税の通知書等が自宅に残っていれば、それを基に確認するのが簡便です。固定資産税の通知書等がなく、また詳細な場所などが分からなくとも、所在する市町村までは把握できているという場合は、相続人であれば、自治体で固定資産課税台帳（名寄帳）を閲覧することができるので、被相続人名義となっている不動産を確認することができます。

なお、不動産は所在の特定だけでなく、使用・管理状況の確認や、その価値の評価を行うことも不可欠です。近場であれば、現地に直接赴いて、その使用・管理状況等や隣地との境界の有無、建物の状態等を確認するのがよいでしょう。遠方で現地に行けない場合でも、インターネットなどでできる限り直近の現地の状況を確認しておくことは不可欠です。不動産の価格については、宅地や建物であれば、大手の不動産業者に依頼をすれば簡易査定を行ってくれることが多いかと思います。査定が難しい不動産の場合でも、少なくとも固定資産評価額や路線価を調べておくとよいでしょう。

⑵　預貯金

被相続人が生前に利用していた金融機関が分かる場合には、その銀行の支店で、残高証明書や取引履歴を発行することができます。なお、このような調査は、相続関係さえ証明できれば、相続人単独で可能であり、他の共同相続人の協力がなくとも可能です。

被相続人が利用していた金融機関が分からない場合や、把握している以外にも取引銀行があることが予想されるような場合、自宅や職場の近くにある銀行や、配偶者が取引のあった金融機関、大手メガバンク、被相続人の居住地域で多く利用されている地方銀行等を中心に、順次調査をしていくことになるでしょう。

なお、金融機関は、基本的に支店ごとに取引管理を行っていますが、相続に際しての取引照会は、全支店の照会を行ってくれることが多いので、別の支店に口座がある場合なども把握することが可能です。

また、被相続人が結婚等で姓を変更している場合には、旧姓のままの名義口座が存在していることもあるので、金融機関に照会する際、旧姓での取引口座の有無についても確認するとよいでしょう。

なお、相続人が金融機関に口座の照会を行うと、該当する被相続人名義の口座は凍結がされます。これは、共同相続人が勝手にお金を引き出したりすることを防止できるという効果もあります。

⑶ 有価証券

被相続人が利用していた証券会社が分かれば、その証券会社に残高証明書の発行を依頼することで、当該証券会社を通じて保有している有価証券を確認することが可能です。

証券会社が分からない場合、被相続人の自宅に残っている証券口座開設時の書類や株主総会への招集通知、配当金の通知等から保有する有価証券等を探していくことになります。インターネットの証券口座を利用していた可能性がある場合は、パソコンや携帯電話のアプリやブックマーク、メールの履歴も確認できるとよいでしょう。

その他、銀行から証券会社への資金移動から有価証券の存在が判明することもあるので、預貯金口座が分かっている場合には、生前の一定期間の取引履歴を取り寄せて、そこから証券会社宛ての振込や配当金の入金などがないかを確認することも必要です。

⑷ 生命保険

まずは、被相続人の自宅に保険証券が保管されていないかを確認しましょう。残っている場合には、それを基に保険会社に照会をすることによって、保障内容の確認ができます。なお、この照会も金融機関への照会と同様、相続人が単独で行うことができます。

加入している保険が明らかでないような場合は、預貯金の取引履歴から保険会社への保険料の支払がないか確認をすることや、自宅に保険会社からダイレクトメールなどが届いていないか、保険会社のノベルティのメモ帳やボールペンなどが置かれていないかを確認し、取引のあった保険会社にあたりをつけて照会をかけていきましょう。

⑸ 金融機関等へ照会をする場合の必要書類

金融機関や証券会社、保険会社等に照会をする場合、相続人であることを確認するため本人確認書類はもちろんのこと、相続関係を証明するための戸籍謄本（被相続人から相続人までのつながりが分かるもの）、印鑑登録証明書等の書類を要求されます。

これらの書類は、その会社によって全く同じとは限らないので、各社ごとに事前に電話で確認したうえで実施するのがよいでしょう。

なお、戸籍謄本等の書類は、通常、原本確認後に返却をしてくれる場合はほとんどですが、照会先が多数に渡る場合、返却されるまで次の照会手続が行えないのは時間のロスになるので、複数部を用意しておいた方がよい場合もあります。

⑹ その他の財産の調査方法

その他の財産の調査方法として、弁護士会照会（弁護士法23条の2）を活用する方法もあります。例えば、被相続人が使用していた自動車があるものの、車検証の所在が不明で名義が明らかでない場合などは、自動車のナンバーから管轄の陸運局に弁護士会照会を行うことで所有者を確認することができます。

■参考文献

・東京弁護士会法友全期会相続実務研究会編『遺産分割実務マニュアル〔第4版〕』（ぎょうせい、2020年）

Case 37 遺産の評価

●相談の概要

Aは6年前（平成27年）に死亡し、相続人は息子であるB及びC、遺産はAの自宅土地建物と賃貸アパート（賃貸割合70パーセント）、第三者の土地の上にあるA名義の建物（借地権付き建物、借地権割合60パーセント）、Cが建物を建てて無償で住んでいるAの土地（更地価格3,000万円）、山林、株式（上場株式1000株・分割時1株2,000円／非上場株式500株・Aの友人の会社の株式）と預貯金500万円です。最近CがBに遺産分割を求めてきました。

① Cは、父の死亡当時、自宅土地の値段は5,000万円だったので、半分の2,500万円の権利があると主張しています。しかし、現在では土地は3,000万円に値下がりしています。どのように評価したらよいですか。また、その他の財産についての評価方法はどうなるのでしょうか。

② CはA死亡の3年前（平成24年）に、自宅購入資金として500万円の贈与を受けています。これをどう評価すべきでしょうか。

●相談を受けた弁護士の回答

遺産分割を行う際の遺産の評価時点は、死亡時ではなく、遺産分割時を基準とするのが実務の大勢です。財産の種類・内容によって、評価方法は異なりますので、以下解説します。

解　説

1　各種相続財産の評価について（設例①）

ア　自宅土地建物

不動産については、土地と建物は別々に評価し、土地は、総論（第1章

第2）のように、取引価格、路線価、公示価格等を参考に決めることになります。自宅の土地について、3,000万円や5,000万円が時価（取引価格）なのか固定資産税評価額なのかわかりませんが、死亡時ではなく分割時（現在）の価格を基準にします。

当該土地の取得希望がある相続人からすれば価格は安い方がよく、取得希望のない相続人にとっては高い方が望ましいですが、取得希望のある相続人が代償金を支払えるか等分割方法との兼ね合いもあり、厳密な時価ではなく、路線価と公示価格の中間などと合意する場合もあります。

建物については、固定資産税評価額で合意することがよく行われます。

イ　賃貸アパート

ここでも土地と建物を別々に評価します。相続税を計算する際の財産評価基本通達を参考に、相続開始時の評価を算出すると次のようになります。

土地は貸家建付地として、自己使用の場合の土地評価額（自用地価額）から、自用地価額に借地権割合と借家権割合及び賃貸割合を乗じた価額を控除して算出します。

例えば、自用地評価額が2,000万円、借地権割合60パーセント、借家権割合30パーセント、賃貸割合が70パーセントの場合、2,000万円×（1－0.6×0.3×0.7）で貸家建付地の相続税評価額は1,748万円となります。

建物については、固定資産税評価額に借家権割合と賃貸割合を乗じた価額を、その建物の固定資産税評価額から控除して評価します。

例えば、建物の固定資産税評価額が500万円、借家権割合が30パーセント、賃貸割合が70パーセントである場合、500－（1－0.3×0.7）で建物の相続税評価額は395万円となります。土地評価1,748万円と建物評価395万円を合計した2,143万円が賃貸アパートの評価額です。

これらは、相続税申告書に通常記載される評価ですので、遺産分割の場合にこれを取り入れるかどうかは相続人の話し合いによりますが、本件については、死亡は6年前であり、現在の評価額が変わっている場合には、再度計算しなおす必要があるでしょう。

ウ　借地権付き建物

貸主である第三者の土地の評価額に借地権割合60パーセントを乗じた借地権の評価額に建物価格を加算します。

エ　使用借権の負担のある土地

Cが建物を建てて無償で住んでいるAの土地については、使用借権を付けることとなった事情にもよりますが、競売不動産の評価に準じて、更地価格から1割ないし2割程度減額されることが多いようです。Cの建物が非堅固の場合、1割減額されるとして3,000万円×0.9=2,700万円の評価となります（ただし、Cについては、使用借権相当額が特別受益とされる可能性が多いため、当該相続人が敷地を取得する際は、更地評価で取得する結果となります。）。

オ　山　林

財産評価基本通達によれば、純山林及び中間山林は倍率方式、市街地山林は比準方式又は倍率方式とされています（総論（**第1章第2**））。倍率方式とは、固定資産税評価額に一定の倍率を乗ずる方式です。

倍率方式を利用して厳密な形で評価をすると、昨今の不動産市況と相容れない評価額が出る場合もあり、山林の取得希望者も少ない状況もあって、評価については相続人間での話し合いが重要となります。

カ　株式：上場株式

取引相場があり取引価格が公表されているので、分割時に最も近い日の最終価格（終値）、もしくは最終価格の月平均価格などで算定します。

1000株×1株当たり2,000円の場合、200万円の評価となります。

キ　株式：取引相場のない株式

財産評価基本通達を参考に、その会社の経営支配力を持っている同族株主等か、それ以外の株主かの区別により、原則的評価方式又は特例的評価方式により評価します。本件では、Aの友人の会社でありAには経営支配権はないと思われますので、特例的評価方式すなわち配当還元方式により算定します。「配当還元方式は、その株式を所有することによって受け取る一年間の配当金額を、一定の利率（10%）で還元して元本である株式の価額を評価する方法です。」（国税庁HP https://www.nta.go.jp/taxes/shiraberu/taxanswer/hyoka/4638.htm）。

遺産分割の実務では、相続税申告書記載の評価額を参考に、そのままの金額で合意する場合もよくあります。

ク　預貯金

金融機関の残高証明書や預金通帳で確認します。

2　各種相続財産の評価について（設例②）

Cが9年前に500万円の贈与を受けたことは、特別受益としての評価をします。総論（**第1章第2**）の二段階評価方法を採る場合、「みなし相続財産」の評価基準時は相続開始時ですので、消費者物価指数を用いて死亡時に引き直し、受益額を計算します。死亡時平成27年、贈与時平成24年の場合、消費者物価指数は100対96.2ですので、贈与時の500万円は、死亡時は約520万円となります（500万円×100÷96.2=519.75万円）。

参考文献

・片岡武＝管野眞一『家庭裁判所における遺産分割・遺留分の実務〔第4版〕』（日本加除出版、2021年）
・国税庁HP　「相続財産や贈与財産の評価」
https://www.nta.go.jp/taxes/shiraberu/taxanswer/hyoka/zaisan301.htm

Case 38 特別受益

●相談の概要

Aは平成30年に死亡し、相続人は妻B及び兄弟C、D、Eの4人であり、遺産は、別荘として利用している区分所有マンション一室（相続開始時4,000万円）、及び預金5,000万円です。次のような事情がある場合、どのように遺産分割を行うのでしょうか。

① Aと結婚して30年になるBは、Aが亡くなる2年前に当時4,500万円の自宅土地建物をAから贈与されている（相続開始時5,000万円）。

② Cは、平成20年に結婚し、Aに、当時1,500万円のマンションを横浜市に購入してもらった（相続開始時2,000万円）。

③ Dは、同年に大学を卒業後、イギリス留学のため1,000万円を出してもらい、その縁で現在イギリスの大学の教授となっている。

④ さらに、Aは生命保険会社との間で死亡保険金2,000万円、受取人をBとする生命保険契約を締結していた。

●相談を受けた弁護士の回答

特別受益を受けた相続人がいる場合（本件ではB、C、D）、Aの持戻し免除の意思表示（民法903条3項）がない限り、当該特別受益を相続財産の中に計算上加えて「みなし相続財産」を計算し、その額に、各相続人の指定もしくは法定相続分を乗じてそれぞれの相続分（一応の相続分）を算出し、特別受益者については、この一応の相続分から遺贈ないし贈与の額を控除し、具体的相続分を計算することになります（計算結果は本文に記載）。保険金については、遺産総額に対する受取保険金額の割合を鑑み、特別受益となるかどうかを判断することとなります。

解　説

1　特別受益とは

共同相続人の中に、被相続人から遺贈（遺言による財産の譲受）を受けたり、生計の資本として、生前に遺産の前渡しとなるような多額の贈与を受けた者がある場合、共同相続人間の公平を図るために、その遺贈又は贈与の額を相続財産に加算して相続分を算定することとされています（民法903条1項）。こうした遺贈や贈与のことを「特別受益」といい、遺贈や贈与の額を相続財産の中に計算上加えることを「特別受益の持戻し」といいます。

2　みなし相続財産と具体的相続分

共同相続人の中に特別受益を受けた者がいる場合には、公平を期するために、実質的な相続財産を算定しなければなりません。これを「みなし相続財産」といいます。

(1)　みなし相続財産

ア　相続開始の時に被相続人が有していた財産を相続開始時点の時価で評価します。本件では、区分所有マンション一室4,000万円、預金5,000万円で合計9,000万円となります（遺産総額）。

イ　次に、被相続人から生前に贈与された財産のうち、婚姻や養子縁組、又は生計の資本として贈与されたものは、相続分の前渡しの趣旨で行われたものと考えられるため、相続開始の時の評価でこれを相続財産の評価額に参入します。Aが亡くなる2年前にBが贈与を受けた自宅土地建物は、相続開始時は5,000万円、平成20年にCの婚姻に際して与えられた横浜市のマンションは相続開始時の時価が2,000万円になっていれば、その時価で評価します。同年のDの留学資金は生計の資本となったものでDだけの特別な高等教育といえるため特別受益として参入します。評価額は、貨幣価値の変動を考慮し、平成20年の物価指数98.6、平成30年の物価指数101.3とすると、贈与時の

1,000万円は相続開始時に約1,027万円の価値を有することになります(1,000万円×101.3÷98.6=1,027.38万円)。

以上より、生前贈与の合計は5,000万円+2,000万円+1,027万円=8,027万円となります。

ウ　上記アとイを合算すると、相続開始時に有していた積極財産の額に、相続人が受けた贈与の額を加算した17027万円が「みなし相続財産」となります（なお、ここで「遺贈」は加算しません)。

⑵　具体的相続分

ア　「みなし相続財産」に、各共同相続人の相続分を乗じて各相続人の相続分(一応の相続分、抽象的相続分)を算定します(後記表1★参照)。

イ　次に、一応の相続分から各自が遺贈又は生前贈与を受けた分の価額を差し引いた額をもって特別受益者が現実に受けるべき相続分（相続開始時点での相続分）を算定します（具体的相続分)。本件の場合、具体的相続分は表1☆のとおりとなります。

ウ　具体的相続分に代えて、具体的相続分率を算出することもできます(表1※)。

エ　遺産の評価に関する二段階評価方法によれば、次に、実際に分割する遺産の遺産分割時の評価を算定します（特別受益とされる財産については、遺産分割時には相続財産ではありませんので、遺産分割時の評価は不要です。)。

3　相続開始時と遺産分割時の間に時間的隔たりが少ない場合若しくはそれらの評価にほとんど差がない場合

このような場合は、当事者の間で、相続開始時及び遺産分割時の評価額を同額と合意することが多く、その場合には、現存しているアの区分所有マンションと預金の合計9,000万円を具体的相続分のとおり分配することになります（Bは35,135,000円、Cは8,378,333円、Dは18,108,333円、Eは

28,378,333円）。

表1

		B	C	D	E	
	法定相続分	1/2	1/6	1/6	1/6	上段（みなし相続財産）
	抽象的相続分★	85,135,000	28,378,333	28,378,333	28,378,333	170,270,000
	具体的相続分☆	35,135,000	8,378,333	18,108,333	28,378,333	90,000,000
遺産						下段（遺産総額）
	相続開始時					
マンション	40,000,000					
預金	50,000,000					
遺産総額	90,000,000					
特別受益						
B　自宅土地建物	50,000,000					
C　横浜マンション	20,000,000					
D　現金	10,270,000					
特別受益総額	80,270,000					
みなし相続財産	170,270,000					
具体的相続分率（%）	※	39.03888889	9.309259259	20.12037037	31.53148148	

4　相続開始時と遺産分割時の評価額が異なる場合

遺産		B	C	D	E	
	遺産分割時					
マンション	60,000,000					
預金	50,000,000					
遺産総額	110,000,000					（遺産総額）
	具体的取得分	42,942,778	10,240,185	22,132,407	34,684,630	110,000,000

相続開始後、長い間遺産分割協議が行われず、物価の上昇や下落によって、貨幣価値や不動産価額が大きく変動した場合、**3**のように、相続開始時の評価額と遺産分割時の評価額を同額にしたのでは、当事者間の公平を害する場合があります。そこで、その場合には、遺産分割時の評価も当事者間で合意し、公平を図る必要があります。

例えば、遺産分割時には区分所有マンションが6,000万円になっていた場合を考えます。預金は通常額面で評価するため、貨幣価値が変動しても預金額面4,000万円は変わりません。この場合、**2**(**1**)アの合計額（遺産総額）は11,000万円となり、相続開始時（合計9,000万円）と遺産分割時の評価額が大きく異なることになります。

ただし、具体的相続分は相続開始時点で定まっており、2(2)イ及びウで算出した割合であることは分割時においても変わりませんので、遺産分割時の評価額11,000万円に各自の具体的相続分率を掛けることで、実際の取得額は算出できます。それが上記表最下部の「具体的取得分」となります（Bは42,942,778円、Cは10,240,185円、Dは22,132,407円、Eは34,684,630円）。

5 特別受益額が一応の相続分を上回る場合（超過特別受益）

もしCがもらった横浜のマンションの相続開始時評価額が3500万円だった場合、表2のように、みなし相続財産から法定相続分に則して算出した抽象的相続分の金額を、生前贈与や遺贈の金額が上回り、その結果、当該特別受益者が受け取ることになる金額が、計算上はマイナスになることが考えられます。この場合、超過特別受益者は、法律上、新たに財産を取得することはできない（民法903条2項）とされる一方、計算上マイナスになった部分を他の相続人に返還する必要はないとされています。

これは、その相続人に多額の遺産が相続されることを望んでいた被相続人の意思を尊重することと、超過分を返還することにすると、特別受益を受けた相続人に不測の損害が生じ、法律関係が複雑となることが理由とされています。

その結果、不足額（本件では4,121,667円）は、他の相続人（本件では、BとD、E）が負担しなければならないとされています。

負担額に関しては次の計算方法があります（実際の計算は表2のとおりです）。

① 具体的相続分を基準に按分する方法

具体的相続分－不足額×B、D、E具体的相続分の割合

② 本来的相続分を基準に按分する方法

具体的相続分－不足額×B、D、E法定相続分の割合（1/2：1/6：1/6＝3/7：2/7：2/7）

なお、超過特別受益者は、超過特別受益を、他の相続人に返還する必要はありませんが、それにより他の相続人の遺留分が侵害された場合は、他

表2

		B	C	D	E	
	法定相続分	1/2	1/6	1/6	1/6	上段（みなし相続財産）
	抽象的相続分	92,635,000	30,878,333	30,878,333	30,878,333	185,270,000
	具体的相続分	42,635,000	-4,121,667	20,608,333	30,878,333	90,000,000
遺産						下段（遺産総額）
	相続開始時					
マンション	40,000,000					
預金	50,000,000					
遺産総額	90,000,000					
特別受益						
B　自宅土地建物	50,000,000					
C　横浜マンション	35,000,000					
D　現金	10,270,000					
特別受益総額	95,270,000					
みなし相続財産	185,270,000					
	具体的相続分	42,635,000		20,608,333	30,878,333	94,121,667
	具体的相続分率（%）	45.29775291		21.8954187	32.80682769	

〈①具体的相続分を基準にする方法〉

(具体的相続分)	(不足額)			(B・C・Dの具体的相続分割合)		(実際の取得分)
42,635,000	−4,121,667×	42,635,000	／	42,635,000＋20,608,333＋30,838,333	=	40,767,978
20,608,333	−4,121,667×	20,608,333	／	42,635,000＋20,608,333＋30,838,333	=	19,705,877
30,878,333	−4,121,667×	30,878,333	／	42,635,000＋20,608,333＋30,838,333	=	29,526,145
						90,000,000

〈②本来的相続分を基準にする方法〉

(具体的相続分)	(不足額)	(B・C・Dの法定相続分割合)	(実際の取得分)
42,635,000	−4,121,667×	3/7（1／2：1／6：1／6）=	40,868,572
20,608,333	−4,121,667×	2/7（1／2：1／6：1／6）=	19,430,714
30,878,333	−4,121,667×	2/7（1／2：1／6：1／6）=	29,700,714
			90,000,000

の相続人は、遺留分減殺請求、遺留分侵害額請求の手続きにより、遺産を返してもらえる場合があります。

6 特別受益に関する改正

ところで、「民法及び家事事件手続法の一部を改正する法律」（平成30年法律第72号。以下「改正法」と言います。）では、婚姻期間が20年以上の夫婦の一方が他の一方に対して居住用不動産の贈与等をした場合、持戻し免除の意思表示があったものと推定するとの規定が設けられました（民法903条4項）。これは、婚姻期間の長い夫婦において贈与を行う場合、長年の貢献に報いるとともに、その老後の生活保障を行う趣旨でなされたものと考えられ、被相続人においては持戻しをして他方配偶者の取り分を減らす意図は有していないと考えられることからです。

改正法は、令和元年7月1日から施行され（附則2条）、施行日前にされた遺贈又は贈与には適用されない（附則4条）ため、本件では対象にはなりませんが、Bが自宅土地建物をAから贈与を受けたことに関しては、留意が必要です。

7 保険金の扱い

共同相続人の一人が受取人である生命保険について、取得した死亡保険金は、原則として特別受益とはなりませんが、「保険金受取人である相続人とその他の共同相続人との間に生ずる不公平が民法903条の趣旨に照らし到底是認することができないほどに著しいものであると評価すべき特段の事情が存する場合」は特別受益に準じて持戻しの対象となる場合があります。（最二小決平成16年10月29日民集58巻7号1979頁）

特段の事情としては、受取保険金の額、この額の遺産の総額に対する比率のほか、同居の有無、被相続人の介護等に対する貢献の度合いなどが挙げられます。受取保険金の遺産総額に対する比率が100パーセント、61パーセントの場合、特別受益性が認められた裁判例があります（同6.1パーセントの場合は否定）。

本件においては、相続開始時の遺産総額9,000万円に対して保険金額が2,000万円ですので、22パーセント程度であり、持戻しの対象とはならないと考えられます。ただ、持戻しをすべきとした場合の価額は、保険料の総額なのか保険金額なのか、保険金額修正説などもあり一様ではありません。

参考文献

・片岡武＝管野眞一『家庭裁判所における遺産分割・遺留分の実務〔第4版〕』（日本加除出版、2021年）
・片岡武＝管野眞一『改正相続法と家庭裁判所の実務』（日本加除出版、2019年）
・東京家庭裁判所家事第5部における相続法改正を踏まえた新たな実務運用（家庭の法と裁判号外）
・東京高決平成17年10月27日家月58巻5号94頁
・名古屋高決平成18年3月27日家月58巻10号66頁
・大阪家堺支審平成18年3月22日家月58巻10号84頁
・平成18年度主要民事判例解説（判例タイムス1245号）135頁～136頁

Case 39 寄与分、特別の寄与

●相談の概要

① Aは細々と薬局を営んできましたが、長男Bが大学を卒業して薬局を手伝うようになると、A名義で土地を購入して支店を出すなど経営拡大し、Aの遺産が増加しました。

② Aは自己の名義でマンションを購入し、同名義で住宅ローンを組んでいましたが、返済開始後10年目に病気となり働けなくなりました。そこで、離れて暮らすAの長男Bが自己の収入から毎月返済を継続し、10年後に完済しました。その5年後、Aが死亡し、B以外の兄弟が遺産分割を申し入れてきました。

③ Aは脳梗塞発症後、麻痺が残り、自力で立ち上がりや歩行が困難な要介護3の認定を受けています。特養に空きがなく入所できず、自宅に他人を入れることを拒否して介護サービスも利用していません。Aのために、近所に住むAの長男Bの妻Cが毎日Aの食事・排泄・入浴の世話をするなど3年にわたって介護をしました。特別の寄与の制度について知りたいのですが。

④ Aには8人の子どもがいますが、子どもの一人であるBは18年間にわたりAを引き取って面倒を見、遺産である不動産の火災保険、補修、改造、公租公課など計825万円以上の負担をして、相続財産の減少を防いでいました。

⑤ Bは老朽化したAの自宅兼賃貸住宅を取壊すに際して、借家人の立退交渉や建物の解体・滅失登記手続、売買契約の締結等に努力し、それによって売却価格が増加しました。

●相談を受けた弁護士の回答

①は「家業従事型」、②は「金銭出資型」、③は「療養看護型」、④は「扶養型」、⑤は「財産管理型」の類型です。それぞれの類型ごとに要件に当てはまるかを検討し、寄与分が認められるかを考えます。

解　説

1　寄与分とは

共同相続人の中に、被相続人の遺産の維持又は増加について特別の寄与をした者がいる場合、共同相続人間の実質的衡平を図る見地から、寄与した相続人に対して法定相続分以上の遺産を取得させる制度です（民法904条の2）。寄与分の法的性質については、身分的財産権説と調整説との対立がありますが、実務では双方への配慮がなされているようです。寄与分を受ける者は相続人に限定されています（民法904条の2第1項）。

寄与行為の態様としては、①「家業従事型」②「金銭出資型」③「療養看護型」④「扶養型」⑤「財産管理型」があります。

2　要件等

⑴　寄与行為が「特別の寄与」と評価し得ること

a被相続人と相続人の身分関係に基づいて通常期待されるような程度を大きく超える貢献であること　類型によって、b無償性　c継続性　d専従性などが必要とされます（表参照）。

⑵　寄与行為により、被相続人の遺産が維持又は増加したこと（因果関係）

⑶　寄与行為の評価基準時

民法904条の2第1項の文言から相続開始時とするのが通説です。

したがって、特別受益と同様、相続開始時と遺産分割時の2時点での評価が必要になります。

⑷　寄与分算定の方法

・相続財産に対する割合を定める方法

・具体的な金額を定める方法

・相続財産中の特定物をもって寄与分と定める方法

なお、寄与分算定のための基礎財産は、積極財産のみであり、消極財産を差し引いた額ではありません。

3 設例について

① 家業従事型

BがAの薬局を手伝い規模を拡大して遺産が増加した点について、因果関係はありそうです。Bの行為が「特別の寄与」といえるためには、Aとの身分関係に基づき通常期待される程度を超える貢献があり、Bの労務の提供が一定期間以上に及び（継続性）、労務内容が片手間ではなく自己が従事すべき仕事と同程度に関わっていること（専従性）が必要です。また、Bは家業に従事するにあたり、Aから通常、生活費、給料又は報酬等の給付を受けているため、完全に無償というのは稀ですが、Aが第三者を従業員として雇用した場合より著しく少額な報酬しか受けていない場合には無償性が認められるでしょう。

〈算定方法〉

寄与者が通常得られたであろう相続開始時の年間給与額※1×（1－生活費控除割合※2）×寄与期間

※1 相続開始年の賃金センサスなどにより家業と同種同規模の事業に従事する寄与者と同年齢層の年間給与額を基準とします。

※2 被相続人から受けていた生活費相当額

例えば、Bの給与相当額が年収240万円、生活費控除割合が50%、寄与期間7年の場合、寄与分は、240×（1－0.5）×7=840万円となります。

② 金銭出資型

BがAを債務者とする住宅ローンを10年目から10年間支払って完済したことにより、住宅が遺産として残っているので因果関係は認められそうです。Bとしては、生前Aに対する住宅ローンの第三者弁済により事務管理による費用償還請求権を取得しており、これを行使することも考えられますが、財産法上の請求権を取得している場合であっても、遺産分割という清算の好機に、紛争の一回的解決の観点から、寄与分を主張することも可能です。A名義の住宅ローンを支払うことはAとの身分関係に基づく通常期待される範囲を超えており、Aからの対価の支払いがない場合無償性は認められるでしょう。この類型の場合、継続性・専従性は特に求められていません。

〈算定方法〉

贈与金額×貨幣価値変動率×裁量割合

提供された財産の相続開始時における価額を寄与分算定の基準として計算します。必ずしも、提供された財産全額について認められるわけではなく、財産の種類及び価額、事情及び意図等一切の事情を考慮し、裁量割合を加味して事案毎に個別判断となります。

③ 療養看護型

相続人が、病気療養中の被相続人の療養看護に従事したことによって、医療費や看護費用の支出を免れることができ、相続財産の維持又は増加した場合が該当します。本件では、Aは空きがなく特養入所ができない要介護3の状態ですので、療養介護の必要性があるといえ、寄与者の療養看護により施設に支払う出費を免れたという結果があって、また、被相続人との身分関係に基づき通常期待される程度以上の貢献が無報酬又はこれに近い状態でなされていれば認められそうです。

ただし、Aの相続人BではなくCによる介護である点について、裁判例は、夫の寄与分の中で妻の寄与行為を考慮し、妻を「履行補助者」として夫である相続人自身の貢献とみなすことで解決を図っていました（東京高決平成22年9月13日家月63巻6号82頁、東京家審平成12年3月8日家月52巻8号35頁、神戸家豊岡支審平成4年12月28日家月46巻7号57頁など)。これを受けて、改正法では、相続人ではない被相続人の親族が被相続人の療養看護に努めるなどの貢献を行った場合、一定の財産を分け与えることが被相続人の推定的意思に合致し実質的公平にも叶うとして、「特別寄与料」を請求できる制度を新設しました（民法1050条）。（後述）

〈算定方法〉

単価（介護報酬基準額）×療養看護の日数×裁量割合（0.5から0.8）

介護報酬基準額は看護や介護の有資格者に対する報酬であり、扶養義務等を負う親族や素人である寄与者自身の報酬額とは異なるので、様々な要素を考慮した裁量割合にて修正されます。

④　扶養型

大阪家審昭和61年1月30日（家月38巻6号28頁）の事案であり、相続人が被相続人を扶養したことにより、被相続人が出費を免れ財産が維持された場合です。

Bは扶養義務者であり、Bが自身の扶養義務の範囲を超えて扶養した場合、他の扶養義務者に対して求償請求することができ寄与分を認めるべきではないとの考え方もありますが、扶養の分担義務の範囲を超えるか否かは別途審判により確定するため具体的権利ではなく、被相続人の中に扶養能力がない場合は清算ができず衡平を欠くこと、遺産分割の際に扶養に関する清算を行いたいとする寄与者の意思があり、いずれを選択するかは寄与者の選択に委ねられることなどから、要件が揃えば寄与分を認めるのが相当とされています。

〈算定方法〉

扶養のために負担した額×裁量割合

現実に負担した額×（1－寄与相続人の法定相続割合）とする場合もあります。

⑤　財産管理型

長崎家諫早出張所審昭和62年9月1日家月40巻8号77頁の事案であり、被相続人の財産を管理したり、維持管理費用を負担することにより、財産の維持形成に寄与した場合です。審判例では、「借家人の立退交渉や建物の解体・滅失登記手続、売買契約の締結等に努力した」ことについて、「不動産仲介人の手数料基準をも考慮し」300万円の寄与分が認められています。なお、昨今では、不動産仲介業者、管理業者などの職業専門家が手数料を徴収して国交省等のルールに沿って業務を処理することが一般的となっており、素人の相続人がこれらの類型で寄与分を認められる余地は少なくなっていると見る向きもあります。他に財産を管理する者がいる場合には、「財産管理の必要性」がないとなります。また、寄与相続人が被相続人所有の不動産を無償で利用している場合などは、一般的にその使用利益（賃料相当額）が裁量割合の中で減額されることになります。

〈算定方法〉

第三者に管理を委任した場合の報酬額×裁量割合

4 特別の寄与制度の創設（民法1050条）

前述のとおり、改正法では、相続人ではない者が被相続人の療養看護に努めるなどの貢献を行った場合、一定の財産を分け与えることが実質的公平に叶うとして、「特別の寄与」制度を新設しましたが、条文の位置付けからも、その者を遺産分割の当事者に含めることはせずに、遺産分割の手続外で相続人らに対する金銭請求を認め（民法1050条1項）、又は家庭裁判所に対して、協議にかわる処分の請求ができます（同条2項）。

⑴ 適用要件

a 被相続人の親族であること

b 無償で療養看護、その他の労務の提供をしたこと（「労務の提供」に限定）

c 被相続人の財産の維持又は増加

d bとcの因果関係

e 特別の寄与 ←×「通常期待される程度の貢献を超えるもの」を意味しない。

「その者の貢献に報いるのが相当と認められる程度の顕著な貢献があったこと」（片岡武＝管野眞一『改正相続法と家庭裁判所の実務』164頁（日

本加除出版、2019年))

相続開始までの寄与行為が対象

⑵ **特別寄与料の額**

当事者の協議（民法1050条1項）又は家庭裁判所の考慮事項（同1050条3項）

算定方法：寄与分における「療養看護型」等が参考になります。

被相続人が相続開始の時において有した財産の価額から遺贈の価額を控除した額を超えることができない（同1050条4項）。つまり、基本的には、「相続人が相続財産から現に受ける利益の価額を上限にする」（堂薗幹一郎＝野口宣大編『一問一答　新しい相続法〔第2版〕―平成30年民法等（相続法）改正、遺言書保管法の解説』188頁（商事法務、2020年））ものと解されています。

⑶ **権利行使期間の制限（民法1050条2項）**

調停・審判の申立ては、最長でも相続開始から1年以内に申立てが必要。

a　特別寄与者が相続の開始及び相続人を知ったときから6ヶ月以内

又は

b　相続開始の時から1年以内（いずれも除斥期間）

除斥期間を徒過した場合、従前のように、特別寄与者の貢献を相続人自身の貢献とみなす扱いは可能と考えられます。

参考文献

・堂薗幹一郎＝野口宣大編『一問一答　新しい相続法〔第2版〕―平成30年民法等（相続法）改正、遺言書保管法の解説』（商事法務、2020年）

・片岡武＝管野眞一『家庭裁判所における遺産分割・遺留分の実務〔第4版〕』（日本加除出版、2021年）

・片岡武＝管野眞一『改正相続法と家庭裁判所の実務』（日本加除出版、2019年）

・東京家庭裁判所家事第5部における相続法改正を踏まえた新たな実務運用（家庭の法と裁判号外）

民法904条の2「特別の寄与」について

	家事従事型	金銭出資型	療養看護型	扶養型	財産管理型
内容	被相続人の事業に関し、労務の提供を行う場合。事業とは、農業、商工業などが典型であるが、医師・税理士等も含まれる。	被相続人に対し、財産上の利益を給付した場合。被相続人が不動産を購入する際に、資金援助をした、ローンの返済を継続的に援助した、被相続人名義の家の改修費など	病気療養中や要看護、介護状況にある被相続人の療養看護、介護を行ったこと。 ◎「療養介護の必要性」要介護2以上が目安。 △施設入所、入院中	被相続人に十分な収入がない場合などに、継続的に扶養した場合。生活費などの金銭的援助や同居して衣食住の面倒を見たなど。 ◎「扶養の必要性」	被相続人の財産の管理、維持管理費用の負担により、財産の維持形成に寄与した場合。賃貸管理、立退き交渉など占有者の排除、売買契約の締結、建物の維持管理費、不動産の公租公課の負担 ◎「財産管理の必要性」
特別の貢献	被相続人との身分関係に基づいて通常期待される程度を超える貢献であること。	上記のようなある程度高額の出資であることが必要。 ×小遣い程度提供した財産の額、趣旨等。←儀礼的なものとの区別	被相続人との身分関係に基づき通常期待される程度を超える貢献であること。 ×同居やそれに伴う家事分担、仕事の傍ら通って介護した場合	被相続人との身分関係に基づいて通常期待される程度を超える貢献であること。 ×同居やそれに伴う家事分担のみ ×小遣い程度	被相続人との身分関係に基づいて通常期待される程度を超える貢献であること。 ×被相続人宅の庭先の雑草を季節毎に刈り取った。
無償性	完全な無償でなくとも世間一般の労働報酬を著しく下回る報酬しか得ていなければ認められうる。	財産給付が無償又はこれに近い状態でなされていること。貸付けは該当しない。	無報酬又はこれに近い状態で行われている、もしくは、通常の介護報酬に比べ著しく少額	無報酬又はこれに近い状態で行われている、もしくは、通常の介護報酬に比べ著しく少額	無報酬又はこれに近い状態であること、もしくは、本来の管理報酬に比べて著しく少額
	住居の負担、生活費の分担の有無		寄与者の居住の利益を考慮	寄与者の居住の利益を考慮	被相続人の資産や収入で生活、寄与者の使用利益分を考慮
継続性	一時的なものでは足りない。個別判断であるが概ね3～4年	不要	一時的なものは除かれる。個別判断であるが少なくとも1年以上。	相当期間に及ぶことが必要。わずかな期間の生活費援助では足りない。	相当期間に及ぶことが必要。×被相続人の骨折の際2～3ヶ月
専従性	片手間ではなく、本来自己が従事すべき仕事と同程度に携わっていることを要する。週1、2回の手伝いでは、要件に欠けるとみられる。	不要	片手間ではなくかなりの負担を要するもの。他の仕事を兼務することも許されるが、裁量的割合により調整される。	不要	不要
評価方法	寄与者が得られたであろう相続開始時の年間給与額×(1−生活費控除割合)×寄与期間	贈与金額×貨幣価値変動率×裁量割合	介護報酬基準額×療養看護の日数×裁量割合	扶養のために負担した額×裁量割合など	第三者に管理を委任した場合の報酬額×裁量割合

Case 40 分割方法、一部分割

●相談の概要

① Aが死亡して遺産の土地・建物を分割することにしましたが、建物は現実には分割できず、相続人の一人が土地・建物を相続して他の相続人に代償金を支払うこともできないので、土地・建物を売却してその代金を分配したいとも、どのようにすべきであり、留意すべき点は何でしょうか。

② Aが死亡し、遺産は自宅の土地・建物のみです。Aと同居していたBは、当該土地・建物を取得したいが、そうすると、他の相続人には分割する遺産がありません。どのようにすべきでしょうか。

③ 被相続人Aが死亡し、相続人間で遺産分割協議を行ったが、相続税の申告期限までに話し合いがまとまりません。遺産は土地と預金ですが、預金のみを分割して相続税の支払いに充て、土地はまたその後に話し合うという分け方はできますか。

●相談を受けた弁護士の回答

①は換価分割、②は代償分割、③は一部分割を行うことにより遺産分割が可能です。

解　説

1　遺産分割の方法

遺産を分割する場合、大きく分けて、①遺産そのものを現物で分ける方法（現物分割）、②一部の相続人が現物を取得する代わりに、他の相続人に対し債務を負担する方法（債務負担の方法による分割又は代償分割）、③遺産を処分してその代金を分ける方法（換価分割）、④遺産を相続人が共有物として取得する方法（共有分割）がありますが、いずれを選択する

かは遺産に属する物、権利の種類・性質、各相続人の年齢、職業、心身の状態、生活の状況その他一切の事情を考慮して行われます（民法906条）。分割方法の順位は上記①から④とされ、現物分割が原則とされています（大阪高決平成14年6月5日家月54巻11号60頁）。

「遺産分割は、共有物分割と同様、相続によって生じた財産の共有・準共有状態を解消し、相続人の共有持分や準共有持分を、単独での財産権行使が可能な権利（所有権や金銭等）に還元することを目的とする手続であるから、遺産分割の方法の選択に関する基本原則は、当事者の意向を踏まえた上での現物分割であり、それが困難な場合には、現物分割に代わる手段として、当事者が代償金の負担を了解している限りにおいて代償分割が相当であり、代償分割すら困難な場合には換価分割がされるべきである。

共有とする分割方法は、やむを得ない次善の策として許される場合もないわけではないが、この方法は、そもそも遺産分割の目的と相反し、ただ紛争を先送りするだけで、何ら遺産に関する紛争の解決とならないことが予想されるから、現物分割や代償分割はもとより、換価分割さえも困難な状況があるときに選択されるべき分割方法である。」

2 設問について

①遺産の土地・建物について、建物が建っていない部分の土地を分筆する、若しくは建物を取り壊して土地を分筆、区分して取得する等の合意ができれば現物分割も可能ですが、分筆のための測量及び場合によっては建物取壊しが必要となり、そこにかける労力・時間は膨大なものになりますので、当事者が現物の土地・建物にこだわりがなければ、代償分割、換価分割も検討します。ただし、代償分割については、取得者に資力が必要ですので、支払い能力に難があれば換価分割の適用となります。

換価分割については、当事者が合意すれば、高値での売却が期待できる任意売却の方法を、合意できなければ競売での分割もやむを得ないこととなります。任意売却の際には、相続人間で、最低売却価額、売却担当者（仲介業者と連絡を取り合う相続人の定めなど)、売却代金から控除する費用の項目（測量費、仲介手数料など)、相続登記手続及び所有権移転登記手続の費用や司法書士費用の精算方法などを決めておき、いつまでも売却できない状態が続かないよう売却の期限も決め、売却が期限内に完了しない場合の措置、売却担当者の経過報告や頻度、協力義務等の取り決めをした上で、売却手続に入るのがよいでしょう。

調停条項としてこれらを合意した場合、売却が終了するまで調停が続いているわけではないので、相続人どうしで協力しあう姿勢が大切です。家庭裁判所の終局審判として換価分割を命じる場合もあります（家事事件手続法194条1項2項)。

条項案（家庭裁判所で例示として設けられている案)

〈土地の分筆による現物取得〉

【申立人・相手方】____は、別紙遺産目録記載____の土地のうち、別紙図面イ、ロ、ハ、ニ、イの各点を順次直線で結んで囲まれた部分を取得する。

〈任意売却条項〉

・当事者【全員・双方】は、令和____年____月____日までに別紙遺産目録記載____の不動産につき、その売却に関する一切の権限を【申立人・相手方・代理人】____に委任してこれを売却した上、売却代金から不動産仲介手数料及び測量費等の売却に要する費用を控除した残金を【法定相続分の割合で・各____分の____の割合で】取得する。

・当事者【全員・双方】は、別紙遺産目録記載____の不動産を相互に協力して売却するものとし、その売却代金から不動産仲介手数料及び測量費等の売却に要する費用を控除した残金を【法定相続分の割合で・各分の____の割合で】取得する。なお、売却における期限を令和____年____月____日とし、最低売却価額を____万円とする。

〈期限を過ぎても売却できない場合〉

当事者【全員・双方】は、任意売却期間が経過したときは、別紙遺産目録記載____の不動産につき、単独で競売申立てをすることができる。

②遺産の土地・建物を取得したいBとしては、「(自己に) 債務を負担させる方法による遺産分割 (代償分割)」を検討すべきでしょう。これは、相続分よりも多く遺産を取得する相続人が、他の相続人に金銭を支払うなどして過不足を調整して行う遺産分割の方法です。金銭の他に自己の固有財産を提供することでも遺産取得の代償とすることもできます (最一小判平成20年12月11日家月61巻4号82頁、判タ1289号81頁)。

遺産分割協議や調停においては、合意による代償分割も広く認められますが、審判による場合には例外的な場合 (「特別の事情」がある場合 (家事法195条)) にこの方法による分割ができます。「特別の事情(事由)」とは、「①現物分割によることが物理的、社会的あるいは経済的に不可能であること、②現物分割が可能であっても、遺産の内容・性質や相続人の職業・年齢等一切の事情 (民法906条) から代償分割によるのが合理的と判断される場合であること、③共同相続人間において、代償分割によることを不相当と判断せざるを得ないような際立った対立がないこと、④以上いずれの場合においても債務の支払が確実であること」(石村太郎『債務負担の方法による分割をめぐる問題点』/判タ688号 235頁、大阪高決平成3年11月14日家月44巻7号77頁参照) とされています (最一小決平成12年9月7日家月54巻6号66頁、大阪高決昭和54年3月8日家月31巻10号71頁など)。

いずれの場合も、債務を負担することになる相続人の資力が不十分なときはこの方法を採ることは適当ではありません。そこで、家庭裁判所では、「融資証明書、預金の残高証明書、預金通帳の写しを提出させる」(片岡武=菅野眞一『家庭裁判所における遺産分割・遺留分の実務〔第4版〕』411頁) こともあります。

代償金の支払いは、公平の観点から即時一括払いが原則です。事情によっては分割払いや期限の猶予を設けたり、利息支払いの約束をするなどして履行を促す工夫も必要でしょう。

なお、不動産取得の代償として代償金を支払った場合、当該相続人は、相続開始の時に不動産を単独取得したこととなるので、当該不動産の売却時における譲渡所得の計算に当たっては、相続前から引き続き所有していたものとして取得費を考えることになり、代償金を当該不動産の取得費に算入することができないことに注意すべきです（最三小判平成6年9月13日家月47巻9号45頁）。

条項案〈代償分割〉

【申立人・相手方】____は、【申立人・相手方】____に対し、第__項の遺産を取得した代償として、____万円を支払うこととし、これを令和____年____月____日限り、下記の口座に振り込む方法により支払う。（なお、振込手数料は振り込み人の負担とする。）
〈懈怠条項〉
【申立人・相手方】____が、第____項の分割金の支払いを怠り、その額が____万円に達したときは当然に期限の利益を失い、【申立人・相手方】____は、【申立人・相手方】____に対し、第____項の金員から既払い金を控除した残金及びこれに対する期限の利益を喪失した日の翌日から支払済みまで年____パーセントの割合による遅延損害金を支払う。

③事例は、遺産を構成する土地と預金のうち、一部の遺産である預金のみを先に分割し、土地の分割は後日とする「一部分割」です。遺産分割は、様々な構成財産から成る遺産の総合的分割であるので原則として一時に行うべきものですが、財産の種類や状態、相続人の諸事情によって段階的に一部ずつ分割することも、遺産の処分権限を有する相続人の意思があれば、必要でもあり、許されると考えられます。例えば、a預貯金を相続税の支払いに充てる場合、生活に困窮している一部の相続人が早急に現金を必要とする場合、b遺産の範囲に争いがあり民事訴訟が係属している場合、c一部の財産の調査や換価に時間がかかる場合などに見られます。改正法においても、民法907条1項で、「遺産の全部又は一部の分割をすることがで

きる」と明文化しました。ただ、後に予定されている残余財産の分割の際に、一部分割の結果を反映させるのかという問題が残ります。

(1) 協議による一部分割をする際に留意すべき点は、残りの遺産につき分割協議が成立せず、調停又は審判となった場合、前に行われた一部分割の協議の効力をめぐって紛争が生じるおそれがあります。例えば、遺産は、土地が5,000万円、預金が3,000万円だったとき、先に預金のみを法定相続分で分け、後に土地も同割合で分けるのであれば問題はありませんが、先に預金をA：2,000万円とB：1,000万円に分けた後、土地について、先の協議の結果を容れてA：2,000万円とB：3,000万円に分けるのか、それとは無関係に土地は法定相続分で分けるのか、当時の当事者の意思がどうだったのかが問われます。

また、土地にはAが建物を建てて住んでいた場合、先に預金のみを分割してしまうと代償金支払い能力についての預金の調整機能が図られなくなることも考えられます。さらに、Aに特別受益があり持戻し分を反映させた適正な分配額（具体的相続分）が一部分割時には不明な場合は、後日の分割に影響が出る場合もあります。

そこで、一部分割の協議書を作成し、一部分割と残りの遺産の分割との関係を協議書に明確に記載することが望ましいでしょう。

(2) 調停による分割の場合も、一部分割の結果が残余の遺産の分割に際して考慮されるべきか否か、当事者の意思を明確にした上で、「他の共同相続人の利益を害するおそれ」（民法907条2項）がない場合であれば、一部分割も認められると考えられます。

(3) 審判による分割の場合、「その要件として、『一部分割をするについて合理的な理由があり、かつ一部分割をしても残りの遺産を分割することにより遺産全部につき具体的相続分と民法906条の分割の基準に従った分割ができること』を要すると解するのが審判例、通説である」（判タ1100号399頁）とされていましたが、改正法907条2項では、「他の共同相続人の利益を害するおそれがある場合」すなわち、「一部分割をすることにより、最終的に適正な分割を達成し得るという明確な見通しが立たない場合」（堂薗幹一郎＝野口宣大編『一問一答　新しい相続法〔第2版〕平成30年民法等（相続法）改正、遺言書保管法の解説』90頁（商事法務、2020年））には一部分割はできないとして、実務の扱いを明文化しています。

条　項　案

〈一部分割の効力が残部に影響しない場合の条項〉
当事者全員は、目録記載＿＿及び＿＿の遺産について、前項の分割とは別個独立にその相続分に従って分割することとし、上記遺産の一部分割がその余の遺産分割に影響を及ぼさないことを確認する。
〈一部分割の効力が残部に影響する場合の条項〉
当事者全員は、目録記載＿＿及び＿＿（以下「残余の遺産」という。）の遺産分割について、①残余の遺産分割において、前項により分割された遺産を含めて、遺産の総額を評価し、②その総額に各共同相続人の法定相続分を乗じて算定された具体的相続分額(特別受益・寄与分による修正を含む。)から前項により取得した遺産額を控除した額に基づき、各共同相続人の残余の遺産に対する具体的相続分率を算出し、③引き続き本件手続きにおいて、残余財産の分割を協議することを確認する。

参考文献

・野田愛子＝若林昌子ほか編『家事関係裁判例と実務245題（判例タイムズ臨時増刊1100号）』（判例タイムズ社、2002年）
・野田愛子ほか編『遺産分割・遺言215題（判例タイムズ臨時増刊688号）』（判例タイムズ社、1989年）
・片岡武＝管野眞一『家庭裁判所における遺産分割・遺留分の実務〔第4版〕』（日本加除出版、2021年）
・片岡武＝管野眞一『改正相続法と家庭裁判所の実務』（日本加除出版、2019年）

Case 41 遺産の中に土地所有者不明土地がある場合

●相談の概要

被相続人Aが死亡し、相続人は妻Bと子Cの2名です。Aの遺産には30年以上前から家族で住んでいる土地建物があります。相続手続に際して、Cが改めて土地建物の状況を確認してみたところ、実は、建物の一部が土地の境界を越えて、隣地にはみだしてしまっていることが判明しました。隣地の登記簿には、以前隣に住んでいたDが所有者として記載されていますが、Dは10年以上前に亡くなっており、相続人は不明です。また、Dの死後、隣地は空き家であり、人が出入りしている気配もありません。この場合、BとCは建物の敷地として占有していた隣地部分を含めて取得することはできますか。また、誰に対して、どのような手続きをとればよいのですか。

●相談を受けた弁護士の回答

Aは、隣地の一部を、自己の建物の敷地として30年以上にわたり占有しているので、土地の所有権を時効取得していると考えられます。戸籍や住民票からDの法定相続人を割り出して、Dの法定相続人に対して、時効援用の意思表示や、土地の時効取得を原因とする所有権移転登記手続請求を行うことになります。相続人が判明しない場合には、相続財産管理人の選任を申し立てたり、相続人は判明したもののその所在が不明の場合は不在者財産管理人の選任を申し立てることになります。

解　説

1　隣地の時効取得

Aは、30年以上にわたって、隣地の一部を、自宅建物の敷地として使用してきたので、他人の物を所有の意思をもって平穏かつ公然に占有していたといえ、占有部分の所有権を時効取得できる可能性があります（民法162条1項）。そのため、ＢとＣは、隣地所有者に対して、時効の援用（民法145条）をしたうえで、占有部分の分筆や所有権移転登記手続等を請求することができます。

2 所有者不明土地

ＢとＣは、土地の時効取得を主張するためには、隣地の現在の所有者に対して時効援用の意思表示や所有権移転登記手続の請求を行わなければなりません。通常は、土地の所有者は不動産登記を見れば確認ができるはずですが、本件では、隣地の登記簿上の所有者は10年以上前に死亡したＤのままとなっており、その後誰が相続したのか、誰が管理しているのかも分からない状況です。

このように、不動産登記簿等により所有者が直ちに判明しない土地や、又は判明しても連絡が付かない土地のことを「所有者不明土地」といいます。このような所有者不明土地は、現在、日本の国土全体の20%近くを占めるといわれており、大きな社会問題となっています。そのため、令和3年の民法等の一部を改正する法律（令和3年法律第24号）では、相続登記の義務化（改正不動産登記法76条の2）や、後述する所有者不明土地管理制度（改正民法264条の2～）等の所有者不明土地の発生を防止したり、現在すでに所有者不明土地になっている土地の有効活用を促進する法改正がなされています。

3 所有者不明土地についての時効取得の手続

所有者不明土地においては、登記簿の記載から現在の所有者が明らかにならないので、他の方法で現在の所有者を調査する必要があります。本件では、登記簿上の所有者であるＤが亡くなっているので、一般的に考えればＤの相続人が土地を相続したと考えるのが自然です。そのため、戸籍や住民票を辿ってＤの相続人を特定し、その相続人に対して、時効援用や、所有権移転登記請求を行うことになります。

なお、追跡調査によっても現在の所有者が判明しないという場合もあり得ます。例えば、相続人の存在は確認できたもののその所在が分からない場合や、そもそも相続人がいないような場合です。

前者の場合は、現在の所有者自体は存在しているものの所在が不明ということになるので、家庭裁判所に不在者財産管理人（民法25条～29条）の選任を申し立てて、その者に対して時効の援用や所有権移転の手続を求めることになります。

また、Dに身寄りがないときや相続放棄されたとき等、そもそも相続人が明らかでないということもあり得ます。この場合は、相続財産管理人（民法952条）の選任を家庭裁判所に請求し、選任された相続財産管理人に対して、時効の援用や所有権移転登記手続の請求を行うことになります。

4 所有者不明土地管理命令制度

上述のとおり、現在の所有者やその所在が判明しない場合であっても、不在者財産管理人や相続財産管理人の制度を利用して手続をすることは可能です。しかし、これらの制度は、紛争になっている本件土地だけでなく、不在者の財産全体や相続財産の全部についての管理に関するものなので、請求者に無関係なその余の財産にまで効力が及んでしまい、制度の活用がしにくいという問題点もありました。

そこで、前述の令和3年の民法改正では、特定の所有者不明土地について、所有者不明土地管理人を選任し、その管理人において土地の管理や処分等を行うことができる制度が新設されました。この制度においては、所有者不明土地管理人は、当該土地に関してのみ管理が命じられることになるので、機動性が高いことが期待されています。また、土地の共有者のうち複数名が不在者である場合に、従前の制度では不在者毎に不在者財産管理人の選任が必要でしたが、所有者不明土地管理制度では一人の所有者不明土地管理人を選任すれば足りるので、その意味でも有効活用ができるでしょう。

改正法は令和5年4月1日以降段階的に実施される予定ですが、施行後は所有者不明土地管理人の選任を申し立てて、その者に対して時効援用や所有権移転登記手続請求をすることも考えられるでしょう。

Case 42 相続税納税義務が生じているにもかかわらず、手元現金がない場合

●相談の概要

被相続人Aが死亡し、その相続人は長女Bと二女Cの2名です。Aの遺産としては、自宅の土地建物（相続税評価8,000万円）のほか、賃貸アパートとその敷地（相続税評価1億2,000円）がありますが、金融資産はほとんどありません。相続税を納税しなければなりませんが、Bは納税に足りるだけの自己資金を持っているものの、Cは十分な手持ち現金を有していません。このような場合、Cは相続税をどのように納税すればよいですか。

●相談を受けた弁護士の回答

納税期限までに不動産を売却して納税資金を作るか、代償分割を活用して現金の形で遺産を獲得することが考えられます。また、相続税の延納・物納の手続を検討することもあり得ます。

不動産を売却する場合には、相続税の算定に際して小規模宅地等の特例を使えなくなることや、別途譲渡所得税も課税されることになるので、注意が必要です。

また、代償分割を行う場合、不動産の価値を適切に評価して代償金額を定めることや、納税期限までに確実に代償金を受け取れるよう合意をすることが必要です。

相続税の延納や物納の検討も考えられるが、要件が厳しく、容易に利用できるわけではないことや、また一定の担保や利子税が必要となる場合もあるので、慎重な検討が必要です。

解　説

1　相続税の申告・納税

相続により財産を取得した場合、遺産総額が基礎控除額の範囲を超えて

いれば、相続税の申告・納税が必要となります。

基礎控除額は、「3,000万円＋（600万円×法定相続人の数）」で計算されますが、本件Aの相続に際しては、法定相続人はBとCの2名なので、相続税の基礎控除は、3,000万円＋（600万円×2）=4,200万円となります。遺産総額が相続税評価で1億6,000万円ですので、相続税の申告と納付が必要になると言えるでしょう。

相続税の申告・納付期限は、その相続の開始があったことを知った日の翌日から10か月以内と相続税法で決められています。ここでいう「相続開始があったことを知った日」とは通常、被相続人が死亡した日であることが多いため、一般的には相続開始から10か月以内に申告と納税まで終了しなければならないということになります。

なお、申告・納付期限までに遺産分割が完了していない場合であっても、一旦は法定相続分で申告と納税を行わなければならないので、申告や納税を回避する理由にはなりません。

2 遺産の換価

税金は金銭でかつ一括で納付するのが原則です。相続財産を現預金で取得する場合には、これを納税のために用いればよいので、難しいことはありませんが、遺産の中に現預金がなく、また相続人自身も納税に足りるだけの現金を持っていない場合には、遺産の換価を検討することになります。本件だと、不動産の売却を検討することになるでしょう。

(1) 遺産分割が整っている場合

既に遺産分割協議が整い、自己が取得する不動産が確定した場合には、当該相続人が単独で自己が取得した財産を売却すれば足ります。

ただ、申告・納付期限までに不動産を売却する場合には、相続税の申告時に小規模宅地等の特例（一定の要件を満たした場合に、土地の評価を減額して評価することができる制度）の要件を満たさなくなり、特例の適用を受けられない場合があるので、注意をしてください。

また、不動産の売却に際しては、相続税とは別途、譲渡所得税の課税もなされることになります。ただし、取得費加算（相続税として納付した金額の一部を、譲渡所得税の申告時に取得費として加算できる制度）により納税の負担が過大にならないようになっているので、譲渡所得税の申告の際に利用するとよいでしょう。

⑵ 遺産分割が未了の場合

遺産分割が未了の場合、各相続人が取得する財産が確定していないので、不動産の売却の換価はＢとＣが協力して行うことが必要です。

この場合、不動産は未だ共有のものですから、売却の手続をどのように行うか、売却金額をどのように分けるのか等について、トラブルにならないよう、暫定的な取り決めをしておくことが必要です。

なお、不動産の売却により、相続税の申告時に小規模宅地等の特例の適用が受けられないことや、譲渡所得税の課税があることは、遺産分割が整っている場合と同様です。

3 代償分割の活用

相続財産の中には、直接納税資金に充てられる金融資産がない場合でも、共同相続人の中に十分な金融資産を持つ者がいる場合には、代償分割の活用により、納税資金を確保することも考えられます。

具体的には、自己資金を潤沢に持っているＢが不動産の現物を多く取得することにし、その代わりに、Ｃに対して、Ｂの手持ち資産から代償金を支払う形で、実質的な取得額のバランスをとるという遺産分割の方法です。

ただし、この代償分割を活用する場合には、不動産の価値をどのように評価して代償金をいくらと定めるのか、後々トラブルにならないように慎重に合意をする必要がありますし、また、納税資金の確保のためにこのような合意をする以上、納税期限までに確実に代償金を受け取れるよう支払期限まで明確な合意をすることが重要と言えます。

4 相続税の延納（相続税法38条～）

遺産のうち相続人が居住する自宅を相続した場合など、安易に売却をできない場合もあるでしょう。このような場合は、相続税の分割での納付である延納制度の活用を検討することになります。

延納制度は、次の4つの要件をすべて満たす場合に利用可能です（同法39条）。

① 相続税額が10万円を超えること

② 金銭で納付することを困難とする事由があり、かつその納付を困難とする金額の範囲内であること

③ 延納税額及び利子税の額に相当する担保（国債、地方債、一定の有価証券、土地など一定のもの）を提供すること。ただし、延納税額が100万円以下で、延納期間が3年以下の場合には担保不要。

④ 相続税の納付期限までに、延納申請書に担保提供関係書類を添付して税務署長に提出すること

延納制度を利用する場合、担保の提供が必要なことに加え、本来の相続税額に加えて、利子税の納付も必要となるので、注意が必要です。利子税は、相続財産に占める不動産等の割合によって3.6％～6.0％の範囲で決められています。

延納申請書が提出された場合、税務署長は要件を調査し、その結果に基づいて延納申請期限から3か月以内に許可又は却下を行うことになります。

5 相続税の物納（相続税法41条～）

延納しても相続税の納付が困難な場合には、金銭ではなく、現物で相続税を納付する物納という制度もあります。

物納制度は、次の要件をすべて満たす場合に利用可能です。

① 延納によっても金銭で納付することを困難とする事由があり、かつ

その納付を困難とする金額を限度としていること

② 物納する財産が、日本国内に所在する次の財産であり、かつその順位に従っていること

第1順位：不動産、船舶、国債、上場株式等

第2順位：非上場株式等

第3順位：動産

③ 物納に充てる財産が管理処分不適切財産に該当しないこと、及び物納劣後財産に該当する場合は他に適当な財産がないこと

※管理処分不適切財産とは、境界が明らかでない、権利帰属に争いがある、担保が設定されている等の換価が困難な事情のある財産をいいます。

※物納劣後財産とは、違法建築建物やその敷地、建築基準法の接道要件を充足していない、現に納税義務者が使用している等、換価が困難とまではいえないものの、他により売却しやすい財産があればそちらを優先すべき財産である財産をいいます。

④ 物納しようとする相続税の納付期限、又は物納申請期限までに、物納申請書に物納手続関係書類を添付して税務署長に提出すること

なお、物納は、管理処分不適格財産に当たらないことが必要ですが、これは申請の時点で満たしていなければなりませんので、将来、物納の予定がある場合には、相続が発生する前から、境界や権利関係を明らかにしておくなどの準備をしておくことが必要です。

物納申請書が提出された場合、税務署長は要件の調査を行い、その結果に基づいて物納申請期限から3か月以内に許可又は却下を行うことになります。

参考文献

・奈良恒則＝佐藤健一＝田中康雅＝野口賢次＝佐藤量大共著『改訂版　相続相談標準ハンドブック』（日本法令、2019年）

・渡邉正則『Q&A相続税・贈与税実務家必携ハンドブック』（一般財団法人大蔵財務協会、2013年）

Case 43 遺産の中に共有土地があり共有者の一人が行方不明の場合

●相談の概要

被相続人Aが死亡し、相続人は妻Bと子Cの2名です。Aの遺産として更地となっている土地があり、BとCは、隣地に住むDから、家を増築したいので、この土地を売るか賃貸してほしいと頼まれています。しかし、実はこの土地はAの単独所有ではなく、Aが持分3分の2、Aの甥に当たるEが持分3分の1の共有となっています。ただし、Eは20年以上前から所在不明で、Eの両親もすでに他界し、連絡先も分からない状態です。この場合、BやCはどのような手続をとってDに土地の利用をさせればよいですか。また、BとCは、本件土地について、当面の間、相続登記を行わず、Bの相続が開始したときにまとめて登記をすればよいのではと考えていますが、問題はないですか。

●相談を受けた弁護士の回答

まずは、Eの所在を調査して連絡をし、承諾を得て売買や賃貸の手続をとるのが相当です。調査をしてもEの所在が確認できない場合、令和3年改正民法の規定の適用を受けることができる場合には、5年以内の賃借権を設定するか、裁判所の許可を得て通常の借地権を設定することが考えられます。また、土地の売買を行うには、改正民法262条の2に基づきEの持分をBかCが取得するか、改正民法262条の3に基づきEの持分を譲渡する許可を裁判所に求めることが必要となります。

相続登記については、相続開始から3年以内に登記を行うことが義務化されたので、速やかに登記手続を行うべきです。

解　説

1　関係者の所在の調査

ＢとＣは、Ａの遺産である土地を有効に利用したいと思っていますが、共有地の賃貸や売買を行うには、原則として共有者であるＥの協力が必要となります。そのため、まずは共有者であるＥの所在を調査し、Ｅの承諾を得て、本件土地の賃貸や売買を検討するのが筋道といえます。

調査の方法としては、不動産の登記事項証明書の記載の他、職務上請求で戸籍や住民票を辿り、Ｅの現住所を確認するという方法があるでしょう。また、Ｅの過去の自宅や携帯電話の電話番号が分かる場合には、弁護士会照会（弁護士法23条の2）により通信事業者に対して、契約者情報の照会をするという手段もあります。

調査の過程で共有者が死亡したことが判明した場合には、戸籍及び住民票による相続人調査が必要となります。

2　所在等不明共有者の持分を含む土地の賃貸

調査を尽くしてもＥの所在が分からない場合もあります。このような場合に土地の使用ができないとなると、ＢやＣはせっかく相続で取得した土地の有効利用ができないことになってしまい、不都合が生じますし、また、土地を公共事業等に適切に使用することも困難となるため社会的にも損失です。そのため、土地所有者・共有者が不明な土地を一定の要件のもとで合理的に利用できるよう、令和3年に民法改正がなされました（「民法等の一部を改正する法律」（令和3年法律第24号）の施行日は、令和5年4月1日以降段階的に施行される予定です。）。

その一つとして、持分の過半数を有する共有者は、一定期間内（樹木の植栽又は伐採を目的とする山林の賃借権は10年、これ以外の土地賃借権は5年）の短期賃貸借を設定できることが明確になりました（改正民法252条4項）。ＢとＣは、二人で本件土地の3分の2の持分を有しているので、5年以内の賃貸借契約であればＥの承諾がなくとも結ぶことが可能です。

とはいえ、Dは自宅の増築のために土地の使用権を求めているので、短期賃貸借ではなく、通常の借地契約を望む可能性が高いでしょう。短期賃貸借を超える期間の借地権の設定は共有物の変更に当たるので、基本的には共有者全員の同意が必要です。しかし、民法改正により、共有者が、他の共有者を知ることができず、又はその所在を知ることができないときは、裁判所の裁判を得て、共有物の変更を行えることとなりました（改正民法251条2項）。そのため、BとCは、裁判所に本件土地に借地権を設定することの許可を裁判所に求め、その許可決定を得て、Eに本件土地を賃貸することができます。なお、裁判所の許可決定の手続きには、一定期間の公告を行い、所在不明共有者に知る機会を与えることが必要となります（改正非訟事件手続法85条）。

3 所在等不明共有者の持分の取得・譲渡

土地の売買を行う場合も、処分行為ですので基本的には共有者全員の同意が必要です。

これまでは、所在不明の共有者の持分を売買するには、家庭裁判所に不在者財産管理人を選任してもらい（民法25条1項）、家庭裁判所の許可を得て、持分を売買するという手続が必要でした（民法28条）。しかし、不在者財産管理人は、特定の財産だけでなく、不在者のすべての財産を管理することになるため、必要以上の手間やコストが掛かってしまい、使い勝手が良くありませんでした。

このような不都合を解消するため、令和3年の民法改正により、一部の共有者の所在が分からない場合、他の共有者が、裁判所の許可を得て、当該所在不明共有者の持分を取得する制度（改正民法262条2の2第1項・手続について非訟事件手続法87条）や、他の共有者全員の持分を第三者に譲渡する際に、所在不明共有者の持分も一緒に譲渡することができる制度（改正民法262条の3第1項・手続について非訟事件手続法88条）が新設されました（ただし、裁判所は、これらの持分取得決定や持分譲渡権限付与決定を行うに際し、申立て共有者へ供託を命じますので、申立人は裁判所の定める額の金銭を供託しなければならないことに注意します）。

以上により、BとCは、相続財産である持分売却の際に、裁判所にE持分の売却許可を得て、E持分を合わせて売却することができます。

4 相続登記の義務化

これまで、相続登記は当事者の意思に任せられており、義務的なものではありませんでした。しかし、相続登記がなされないまま長年土地が放置されることで、登記簿から所有者が判明しない土地が増え、土地の円滑・適正な利用に支障が生じることとなりました。そのため、令和3年法律第24号の不動産登記法改正により、相続により不動産を取得したときは、相続開始を知り、かつその不動産を取得したことを知った日から3年以内に相続登記を行うことが義務化されました（改正不動産登記法76条の2）。

これに伴い、相続登記はこれまで基本的に相続人全員で行うことが必要でしたが、登記申請の促進のため、単独申請が可能となりました。

なお、相続開始から3年以内に遺産分割が整わない場合、一旦法定相続分で登記手続をするか、相続人であることの申し出を法務局に行い（相続人申告登記制度）、遺産分割の成立から3年以内に改めて登記手続をすることが必要です。

これらの登記義務を怠った場合、10万円以下の過料が課されることがあるので注意しましょう（改正不動産登記法164条1項）。

■ 参考文献

・荒井達也『Q&A令和3年民法・不動産登記法改正の要点と実務への影響』（日本加除出版、2021年）
・法制審議会／民法・不動産登記法部会資料

第3　相続・遺産分割　5　遺留分

Case 44　遺留分の侵害の有無の確認、侵害している場合の対応

●相談の概要

被相続人Aには、妻B、長男C、二男Dがいます。Aの遺産は、不動産5,000万円、株式等の有価証券2,000万円、預金3,000万円であり、債務300万円があります。

Aは、公正証書遺言を作成しており、その内容は次のとおりです。

・Bに不動産を相続させる。
・Cに有価証券及び1,000万円を相続させる。
・Dに1,000万円を相続させる。
・Eに1,000万円を遺贈する。

また、Aは、生前、次の内容の贈与をしていました。

・妻Bに200万円（15年前）
・長男Cに300万円（15年前）
・二男Dに300万円（5年前）

Dは、自身の遺留分が侵害されているのではないかと考えています。

●相談を受けた弁護士の回答

遺留分侵害の有無を確認するために遺留分の算定等を行いつつ、遺留分侵害額請求の消滅時効等の期間制限に留意しながら、権利行使を行う必要があります。

解　説

1　遺留分制度の概要

遺留分は、被相続人が有していた相続財産について、その一定割合の取得を一定の法定相続人に保障するために、被相続人の意思にかかわらず、被相続人の財産から最低限の取り分を確保する制度です（民法1042条以下）。相続人が保障されたはずの遺留分に満たない財産しか得ることができない場合、被相続人から遺産を受け取った受遺者又は受贈者に対し、侵害された遺留分に相当する金銭の請求（遺留分侵害額請求）をすることができます（民法1044条）。

遺留分権利者は、兄弟姉妹以外の相続人です（民法1042条）。胎児も相続人なので（民法886条1項）、遺留分もありますが、権利行使は出生時となっています（同条2項）。

2　遺留分侵害額の計算

(1)　遺留分侵害額計算の進め方

遺留分侵害額の計算は、次のとおり行います（民法1046条2項）。

①　遺留分を算定するための財産価額の算定（民法1043条、1044条、1045条）

遺留分を算定するための財産の価額
＝（相続開始時における被相続人の積極財産の金額）
　＋（生前贈与の額）
　　（相続人に対する生前贈与の場合原則10年以内）
　　（第三者に対する生前贈与の場合原則1年以内）
　－（被相続人の債務額）

②　遺留分率の算定（民法1042条）

③　①財産額と②遺留分率から遺留分を算定（民法1042条、1043条）

④　③の遺留分から、

(i) 当該遺留分権利者の特別受益を控除（民法1046条2項1号）

※民法1046条2項1号は、遺贈又は民法903条1項に規定する贈与の価額を控除すると規定しており、民法1044条とは異なって、1年又は10年の限定がありません。

(ii) 遺産分割未了財産から当該遺留分権利者が取得すべき財産を控除（民法1046条2項2号）

(iii) 当該遺留分権利者が承継する債務を加算する（民法1046条2項3号）

遺留分侵害額 ＝（遺留分）……③ －（遺留分権利者が得た遺贈又は特別受益の額）……④(i) －（遺留分権利者が遺産分割において取得すべき財産の価額）……④(ii) ＋（遺留分権利者が相続によって負担する債務の額）……④(iii)

(2) Dの遺留分侵害の有無

相談の事例におけるDの遺留分侵害の有無は、次のとおり算定します。

① 遺留分を算定するための財産価額の算定

1億円 ＝（積極財産）不動産5,000万円＋株式等の有価証券2,000万円＋預金3,000万円 ＋Dに対する生前贈与額300万円 －債務額300万円

※ B及びCに対する生前贈与は、15年前であるため加算しません。

② Dの遺留分率

1／8

=1／2（民法1042条1項2号）×法定相続分1／4（民法900条1号）

③ Dの遺留分

1,250万円

=1億円×1／8

④ Dの遺留分侵害額

25万円

＝遺留分1,250万円－遺言によって取得した1,000万円

－特別受益300万円

＋債務額75万円（債務額300万円×法定相続分1／4）

⑶ 遺留分侵害額請求の順序（負担割合）

遺留分侵害額請求は、受遺者又は受贈者に対して行います（民法1046条1項）。また、受遺者又は受贈者に対する請求の順序（負担割合）は、民法1047条に従って定められます。

ア 遺贈と贈与

① 1番目

受遺者と受贈者がいる場合には、受遺者が先に遺留分侵害額請求を負担することになります（民法1047条1項1号）。

なお、特定財産承継遺言は、遺贈と同順位と考えられています。

② 2番目

受遺者が複数いる場合には、遺言者の別段の意思が表明されていない限り、遺贈の目的額割合に応じて負担することになります（民法1047条1項2号）。

③ 3番目

受遺者に対する請求を行っても、遺留分侵害額に満たない場合には、受贈者に対し、遺留分侵害額請求をすることになります（民法1047条1項1号）。

④ 4番目

受贈者が複数の場合には、新しい贈与を受けた者から遺留分侵害額を負担することとなり（民法1047条1項3号）、贈与が同時の場合には贈与の目的財産の価額割合に応じて負担となります（民法1047条1項2号）。

イ 死因贈与の取扱い

相続法の改正によっても、明文規定は設けられておらず、死因贈与の

取扱いは解釈に委ねられています。なお、東京高判平成12年3月8日判時1753号57頁によれば、遺贈、死因贈与、その他の生前贈与の順になると考えられます。

ウ　受遺者等が相続人の場合の取扱い

受遺者又は受贈者の遺留分侵害額の負担額は、民法1047条に定められており、原則として、遺贈又は贈与の目的の価額を上限としています。もっとも、受遺者等が相続人の場合において、遺留分侵害額を定めるときは、当該相続人の遺留分の額を控除した額が上限となります（民法1047条1項柱書括弧書）。

⑷　未分割遺産の取扱い

ア　未分割遺産の取扱い

遺留分侵害額算定において、遺留分権利者が遺産分割において取得すべき財産の価額が控除されます。このとき、遺言で記載のない遺産がある場合、どのように取り扱うべきか問題となります。

民法1046条2項2号は、「第900条から第902条まで、第903条及び904条の規定により算定した相続分」に応じて、と規定しており、法定相続分ではなく、具体的相続分に応じて遺留分権利者が取得すべき財産を控除することとしています。なお、寄与分については考慮されません。

例えば、被相続人の相続人が子X、Yのみで（法定相続分は各1／2）、Yは15年前に1,000万円の生前贈与を受けており、遺産5,000万円のうち4,000万円は相続人外のZに遺贈する内容の遺言があるが、他に指定がないという場合の遺留分侵害額を算定すると、次のとおりとなります。

（具体的相続分・取得額の算定）

・Xの具体的相続分　500万円=1,000万円×1／2

・Yの具体的相続分　－500万円=1,000万円×1／2－1,000万円

⇒　Xが遺産のうち遺贈を除く1,000万円を取得する。

（遺留分）

※Yに対する15年前の生前贈与は、遺留分の基礎財産を算定する際には加算されませんが、Yの遺留分侵害額を算定する場合には控除されます。

・Xの遺留分侵害額＝遺産5,000万円×1／2×1／2
　－1,000万円（遺産分割から取得する価額）
　=250万円

・Yの遺留分侵害額＝遺産5,000万円×1／2×1／2
　－1,000万円（特別受益）
　－0円（遺産分割から取得する価額）
　=250万円

イ　金銭債務の取扱い

遺留分侵害額の算定において、遺留分権利者が相続によって負担する債務がある場合、この金額が加算されます（民法1046条2項3号）。これは、遺留分権利者が相続債務を支払ったあとの残額として、最低限の取得分である遺留分を得られるようにするためです。このとき加算する相続債務は、法定相続分又は指定相続分に応じて遺留分権利者が負担すべき金額です。

金銭債務は、相続により当然に共同相続人に法定相続分に従って承継され（最二小判昭和34年6月19日民集13巻6号757頁）、遺言で特定の相続人に債務を相続する旨記載しても、債権者に対して対抗することはできません。そのため、遺言書に記載をしても、当然に債務を承継することにはならず、金融機関等の債権者から承諾を得て、他の共同相続人を免責する免責的債務引受（民法472条）を行う必要があります。なお、相続分の指定を行う場合は、相続法改正によって最三小判平成21年3月24日民集63巻3号427頁の考え方が明文化され（民法902条の2）、債務に関する相続分の指定にかかわらず、債権者は相続分に従った請求ができますが、債権者が承諾した場合にはこの限りではなく、債務を承継した相続人にのみ請求できることとなります。

相続分の指定がある場合に、遺留分侵害額を算定する際に加算する債務額は、債権者の承諾の有無とはかかわりなく、相続人間の内部負担割合を基準とするために、民法1046条2項3号では、「第899条の規定により遺留分権利者が承継する債務…の額」と定められています。

なお、被相続人は、積極財産と債務を個別に決めることはできません。例えば、全財産を相続人Aに相続させるという特定財産承継遺言をしつつ、債務については相続人Bがすべて相続するとして相続分を定めるといった方法をとることはできません。被相続人は、自ら負担した債務に関する処分権原はなく、民法899条は、「各共同相続人は、その相続分に応じて被相続人の権利義務を承継する。」と定めており、被相続人は、相続分の指定を通じて、「権利」である積極財産の承継割合を定め、これに応じて、「義務」である債務の承継割合を定められるにすぎません。

3 形成権の行使

(1) 遺留分権利者の権利行使によって遺留分侵害額に相当する金銭債権が生じますが（民法1046条1項）、この権利行使については、形成権の行使であるとされています。そのため、形成権行使の時点では、金額を明示する必要はないと考えられています。また、形成権行使によって生ずる遺留分侵害額に相当する金銭債務は、期限の定めのない債務であるため、金額を明示して履行を請求した時点で、履行遅滞に陥ると考えられています（民法412条3項）。

ただし、形成権の行使と金銭債務の履行請求は、通常同時に行われ、その際の方法は、内容証明郵便の方法によることになると考えられます。

(2) 遺留分侵害額請求権は、遺留分権利者が相続の開始及び遺留分を侵害する贈与又は遺贈があったことを知ったときから1年間行使しないときは、時効によって消滅します（民法1048条前段）。また、権利行使によって生じた金銭債権は、民法166条1項1号の5年間の消滅時効にかかります（債権法改正施行前の場合には旧法167条1項の10年間の消滅時効）。さらに、相続開始のときから10年間の除斥期間が定められています（民法1048条後段）。

遺留分侵害額請求をする場合には、これら各期間制限に留意しながら権利行使をする必要があります。特に、形成権行使の期間は、遺留分権利者が相続の開始及び遺留分を侵害する贈与又は遺贈があったことを知ったときから1年間と短いため、金額の算定はさておき、遺留分侵害があるのであれば、少なくとも形成権行使だけは行っておくことも考えられます。

4 その他

上記のほか、遺留分侵害額請求の制度等に関して、紙面の都合等で説明仕切れなかった内容等については、下記参考文献もご参照ください。

参考文献

・堂薗幹一郎＝野口宣大編著『一問一答　新しい相続法〔第2版〕―平成30年民法等（相続法）改正、遺言書保管法の解説』122 ～ 159頁、170 ～ 171頁（商事法務、2020年）

・森公任＝森元みのり『法律家のための遺言・遺留分実務のポイント遺留分侵害額請求・遺言書作成・遺言能力・信託の活用・事業承継』2 ～ 110頁（日本加除出版、2021年）

・片岡武＝管野眞一『家庭裁判所における遺産分割・遺留分の実務〔第4版〕』548 ～ 599頁（日本加除出版、2021年）

依頼者の争続を防ぐための
ケーススタディ遺言・相続の法律実務

令和４年２月15日　第１刷発行

編　集　東京弁護士会弁護士業務改革委員会
　遺言相続法律支援プロジェクトチーム

発　行　株式会社ぎょうせい

〒136-8575　東京都江東区新木場1-18-11
URL：https://gyosei.jp

フリーコール　0120-953-431
ぎょうせい　お問い合わせ　検索　https://gyosei.jp/inquiry/

〈検印省略〉

印刷　ぎょうせいデジタル(株)

ISBN978-4-324-11107-9
(5108780-00-000)
〔略号：ケーススタディ遺言相続〕